内容提要

新时代的国家安全呈现出新的图景和场景，出现了新的盲点和争点。本书聚焦数字货币安全、外空安全、制裁背景下的海外权益保护和企业合规，以及科技竞争视角下的知识产权司法保护，并以风险为导向、安全为背景、法治为依据、应对为思路，对所涉的法律、体制、执行、案例进行多视角的比较研究，充分说明总体国家安全观作为一种方法所特有的完整性和全视角。本书的读者可以是国际政治、国际关系和国际法理论界、司法界及实务界的专家人士。

图书在版编目（CIP）数据

国家安全制度的新视角：货币、科技和权益保护 / 董卫民，沈伟主编． -- 上海：上海交通大学出版社，2025.4． --（国家安全法治研究丛书）． -- ISBN 978-7-313-32417-7

Ⅰ．D631；F832.1

中国国家版本馆 CIP 数据核字第 2025ZV7568 号

国家安全制度的新视角：货币、科技和权益保护
GUOJIA ANQUAN ZHIDU DE XINSHIJIAO：HUOBI，KEJI HE QUANYI BAOHU

主　　编：董卫民　沈　伟				
出版发行：上海交通大学出版社		地　　址：上海市番禺路 951 号		
邮政编码：200030		电　　话：021 - 64071208		
印　　制：上海万卷印刷股份有限公司		经　　销：全国新华书店		
开　　本：710 mm×1000 mm　1/16		印　　张：17		
字　　数：256 千字				
版　　次：2025 年 4 月第 1 版		印　　次：2025 年 4 月第 1 次印刷		
书　　号：ISBN 978 - 7 - 313 - 32417 - 7				
定　　价：70.00 元				

国家安全法治研究丛书

国家安全制度的新视角

货币、科技和权益保护

National Security System's
New Perspectives
Currency, Technology and Rights Protection

董卫民　沈　伟　主编

上海交通大学出版社
SHANGHAI JIAO TONG UNIVERSITY PRESS

国家安全法治研究丛书

编 委 会

总主编：董卫民

编　委：沈　伟　陈浩哲　韩　燕　杭　燕　巫社广

总　序

　　国家安全是安邦定国的重要基石,围绕国家安全法治开展多视角、多领域、多法域和多方法的深度研究,是学习和落实总体国家安全观的现实需要。法治是治国理政的基本方式,保障国家安全是现行法律的应有之义。有感于此,我十分乐意为这套"国家安全法治研究丛书"写序,既为推荐,更是共勉。

　　法律是治国之重器,良法是善治之前提。从社会主义法制到社会主义法治,从依法治国到全面依法治国,从形成中国特色社会主义法律体系到建设中国特色社会主义法治体系,一幅波澜壮阔的法治画卷正在徐徐绘就。党的十八大以来,我国的国家安全法治建设取得历史性成就,发生历史性变革,以《中华人民共和国国家安全法》实施为引领,《中华人民共和国反恐怖主义法》《中华人民共和国网络安全法》《中华人民共和国香港特别行政区维护国家安全法》等20余部国家安全专门立法接连出台,110余部含有国家安全条款的法律法规相继制定、修订。我本人从事法治研究40余年,时至今日,最直接的感悟就是中国法治环境的持续改善,法治为强国建设提供了坚实支撑。

　　当前,世界百年未有之大变局加速演进,以中国式现代化全面推进中华民族伟大复兴进入关键阶段,面对风高浪急甚至惊涛骇浪的重大考验,我们所面临的国家安全问题的复杂程度、艰巨程度明显加大,如何维护国家安全,法治既是当务之急,又是重中之重。

　　本系列丛书以国家安全为主轴,对传统安全和非传统安全的各个领域展开系统化研究,既有美国高校使用的专业课教材,也有国际前沿领域专家学者论文的精选;既有国家安全问题的专著,也有专题文献的汇总。每一部书深入、详尽地分析与国家安全有关的理论、案例、问题和制度,从一个核心问题出发,由浅及深地阐述,有助于读者在国内法、比较法和国际法的不同视野下,在世界之变、时代之变、历史之变的大背景下理解国家安全法治的重要意义，了解其他国家的国家安全法律体系和制度，特别是思考在非传统安全领域的新型安全问题所面临的风险和挑战。本系列丛书将开放地吸收国家安全研究的最新成果，将我国和世界其他国家的经验、教训、理论、实践加以归纳和总结，以达到探讨、反思、学习和借鉴的目的。

对我而言，阅读本系列丛书的过程，也是进一步学习和研究国家安全法治的过程。世界各国几乎都有保障国家安全的立法。美国是国家安全法律体系最为完备的国家，最早专门就国家安全进行立法，从1787年通过《美利坚合众国宪法》之后，又陆续出台了国家安全领域的综合性、系统性法律法规，国家安全立法可谓贯穿其整个历史，涵盖内容无所不及。因此，全面理解和认识美国的国家安全法律体系，特别是在中美关系日益复杂、美国全面遏制我国的背景下，对我们做好国家安全工作有着重要的借鉴意义。

我国的国家安全法治体系建设，需要在理论研究方面有所挖掘和创新，更好服务国家安全的战略需求，需要在实践层面有所探索和突破，从法律制度的运行实践中发现问题、总结经验、认识规律，推进国家安全体系和能力现代化。此外，非传统国家安全领域和新兴国家安全议题值得关注。进入数字时代，数字经济是继农业经济、工业经济之后的主要经济形态之一，是高质量发展之路的重要引擎，是新一轮国际竞争重点领域。例如，数字货币这一挑战国家现有主权货币的重大变化，有可能成为未来金融体系的重要组成部分，中国也在积极研发和推出央行数字人民币，走在全球前列，为数字经济竞争创立新的优势。与此同时，数字货币也产生了一系列风险，例如价格波动、安全性问题和监管难题等，需要加强法律制度建设。本丛书对于数字货币的系统研究尤其具有现实意义。

利莫大于治，害莫大于乱。国家安全是国家发展的重要基石，确保国家安全和长治久安必须在法治的轨道上，久久为功、驰而不息。

是为序。

*

---

* 周汉民系全国政协常委、民建中央原副主席、十三届上海市政协副主席、上海中华职教社主任、上海公共外交协会会长。

大国博弈背景下的国家安全既有国内安全的因素，又有国际安全和涉外安全的挑战，具有复杂、多元、交叉的特性。总体国家安全观是一个内容丰富、开放包容、不断发展的思想体系，其以人民安全为宗旨，以政治安全为根本，以经济安全为基础，以军事、科技、文化、社会安全为保障，以促进国际安全为依托。中国国家安全领域主要包括政治安全、国土安全、军事安全、经济安全、文化安全、社会安全、科技安全、网络安全、生态安全、资源安全、核安全、海外利益安全、生物安全、外空安全、极地安全、深海安全、金融安全、粮食安全、人工智能安全、数据安全领域等。

本书的五个专题分别讨论和分析数字货币安全、外空安全、制裁背景下的中企海外权益保护和企业合规，以及科技竞争视角下的知识产权司法保护，涉及经济安全、金融安全、外空安全、海外利益安全、科技安全，人工智能安全、数据安全，是国家安全领域新的场景、风险和挑战。这些讨论聚焦规则适用、执行机制和应对对策。

当然，限于篇幅和这些场景本身仍在发展过程之中，本书难免存在以偏概全及不足之处，期待读者的批评、指正。

编　者

2025 年 1 月 8 日

CONTENTS 目录

经济全球化背景下我国数字货币安全监管制度构建[*]

程雪军[**]

摘要： 回顾历史，货币的演化主要从信用与技术的双重维度推进，并受制于国家权力与私人权利的博弈，逐步形成了目前以中央银行为主导的法定货币模式。在经济全球化背景下，随着数字技术特别是区块链技术的广泛应用，各种新型数字货币大量涌现，其主要发展动因在于通过全程数字化技术可以助力数字货币交易效率提升，通过发展法定数字货币有利于各国掌握货币主权与安全，并推进本国货币的国家化。虽然区块链技术与经济全球化驱动下的数字货币带来了创新性的变革，但也衍生出数字货币的"不等边三元悖论"问题，即它不可能同时实现币值稳定、信用载体以及去中心化供给的三元目标，极易引发不等边的法律风险、金融风险与技术风险，并会对传统法定货币及其监管产生冲击。本文通过采用法律经济学分析方法，从私人数字货币角度切入，透视数字货币行业"不等边三元悖论"下的风险问题。通过综合采用卡-梅框架（C&M Framework）分析方法与比较分析方法，发现全球主要国家对数字货币的综合监管制度建设可分为三类：以英美国家为代表的海洋法系国家秉承财产规则，采取开放性监管政策；以日本为代表的大陆法系国家秉承责任规则，强调整体福利的法律保障；以韩国为代表的大陆法系国家恪守禁易规则，严格禁止私人数字货币交易。最后，本文通过结合数字货币的本土化客观发展情况及其国际综合监管制度

---

[*] 本文系上海市法学会国家安全法律研究会课题结项报告。

[**] 程雪军，现任同济大学法学院副教授，高级经济师，法学博士、经济学博士，研究方向：经济法，本课题主持人。课题组成员：尹振涛、许多奇、马平川。

经验，认为我国可以从法律、金融与技术监管视角构建符合自身特色的数字货币安全发展的综合监管制度体系：采取分类监管原则，明晰数字货币的法律属性；创新金融监管体制，坚持行为监管及其智慧监管；深化技术监管应用，促进数字货币的稳健与国际化发展。

关键词： 区块链技术；数字货币；不等边三元悖论；货币安全；监管制度；法律经济学

随着经济活动的全球化、技术发展的趋同化，以及国际监管协作常态化，经济尤其是金融全球化趋势在不断深入的过程中对货币监管提出了新的要求与挑战。在 2022 年"俄乌冲突"中，尽管欧美国家基于"货币霸权"通过国际资金清算系统（SWIFT）对俄罗斯进行金融制裁，导致卢布汇率价格下跌，但是数字货币（例如以太坊、比特币等）基于去中心化、不可篡改、跨界流通等属性，反而获得了快速发展。以比特币为例，根据加密数字货币机构（Crypto company）的数据，比特币（Bitcoin）的价格从 2009 年的 0 美元/枚上升至 2022 年 12 月的 17 551.72 美元/枚，其市场规模从 2009 年的 0 美元发展至 2022 年 12 月的 3 329.5 亿美元，并呈现出剧烈的币值震荡性与风险性。

习近平总书记在 2019 年 10 月 24 日主持中共中央政治局第十八次集体学习时强调："区块链技术的集成应用在新的技术革新和产业变革中起着重要作用，要把区块链作为核心技术自主创新重要突破口，加快推动区块链技术和产业创新发展。"[①]在全球范围内，区块链技术不断发展演进，深度应用于货币金融行业，促进了数字货币的快速发展，然而，数字货币在带来颠覆性创新的同时也面临着相应的障碍与挑战，[②]集中体现为数字货币的综合性风险。若以私人数字货币为切入点，数字货币呈现出显著的"不等边三元悖论"的特性（币值稳定性、信用载体性、技术去中心化），给社会发展带来了法律风险、金融风险与技术风险，亟待加强相应的综合监管制度构建。在经济全球化背景下，为应对数字货币的创新变革，我国需要充分借鉴不同法

---

① 新华社：《勇立潮头御风行：以习近平同志为核心的党中央 2019 年治国理政评述》，http://www.gov.cn/xinwen/2020-01/01/content_5465713.htm，最后访问日期：2023 年 2 月 6 日。

② 赵磊、石佳：《依法治链：区块链的技术应用与法律监管》，《法律适用》2020 年第 3 期，第 33—49 页。

系下的数字货币监管经验,积极探索本土化的综合监管体系,而非法律或者金融的单维监管。具体而言,不能囿于传统货币的概念去定义数字货币,应该从数字货币"不等边三元悖论"原理出发,充分吸收法律经济学视角下的卡-梅框架理论成果与国际经验,从法律监管、金融监管以及技术监管维度全面构建我国数字货币安全发展的综合监管制度。

一、从货币理论透视货币的演进维度

何为货币? 它是"吾以吾之所有予市场,换吾之所需",其本质是个体与社会的信用契约,[①]主要具备四种用途:现金购物(交易媒介);持有作为满足未来之需的储备(价值储藏);作为延迟支付的标准;可靠的会计单位(计价单位)。[②] 关于货币的理论演进,主要包括货币金属论、货币名目论、自由货币论、社会共识论。货币金属论又称为"货币金属主义",盛行于资本主义萌芽时期,历经重商主义和古典经济学派阶段。首先,货币金属论将货币的本质与贵金属联系在一起,主张货币的价值取决于其贵金属的价值,认为货币天然是金银,[③]即"金银天然不是货币,但货币天然是金银"。[④] 其次,货币名目论认为货币并不具有普通商品的属性,而且没有实际价值。该理论主张货币是国家通过法律规定的符号,其本质是一种票券或符号,购买商品或清偿债务的任何物品都可视为货币。[⑤] 货币名目论的主要代表学说有:英国经济学家尼古拉斯·巴本的货币国定说、英国经济学家詹姆斯·斯图亚特的货币职能说,以及德国克拉普的货币票券说和货币抽象说。再次,自由货币论又称为货币的非国家说,[⑥]其主张任何一种货币,无论发行主体是谁,只要货币币值稳定、能够发挥交易中介作用、准确衡量商品价值,就可以作为通货。哈耶克是非主权货币理论的典型代表,他认为市场是有效的,"健全货币"的存在可以让市场机制能够合理地将市场信息传递给每一个市

① 戴金平、黎艳:《货币会消亡吗? ——兼论数字货币的未来》,《南开学报(哲学社会科学版)》2016 年第 4 期,第 141—149 页。

② [英]弗里德里希·冯·哈耶克:《货币的非国家化》,姚中秋译,海南出版社 2019 年版,第 65—67 页。

③ 王国刚:《马克思的货币理论及其实践价值》,《金融评论》2019 年第 1 期,第 1—14、23 页。

④ 马克思:《资本论》(第 1 卷),人民出版社 1975 年版,第 100 页。

⑤ [美]弗雷德里克·S. 米什金:《货币金融学》,马君潞等译,机械工业出版社 2011 年版,第 42 页。

⑥ 杨延超:《机器人法:构建人类未来新秩序》,法律出版社 2019 年版,第 235—239 页。

场主体，使得市场资源能够得到充分有效的利用。他提出市场经济本质上是私人经济，因此"健全的货币"应该是"非国家化的"。正是国家垄断了货币的发行权以及政府对私人经济的干预，导致市场机制失灵，进一步诱发了资本主义社会的通货膨胀和失业；他主张政府放开货币的发行权，允许私营银行发行货币，同时，他深知要求政府放弃发行货币的垄断权几乎难以实现，因此提出开展自由货币运动，向社会公众宣传数字货币知识，通过营造社会氛围促进自由货币化的实现。① 最后，社会共识论认为货币的表现形式和内容并非一成不变，货币的价值源于社会公众和组织约定的共同标准。社会公众的认可赋予了货币可以作为衡量其他商品价值的标准，货币在外在物质形态上可以表现为小麦、贝壳、金属货币、纸币或数字货币，但其本质上是社会公众认可的共识，它是集体选择的结果与共识系统。

回顾货币的发展历史，它主要从信用与技术的双维度演进，每一种货币体系背后的信用支撑以及技术能力在不同的历史时期各有不同（见图1）：一方面，从信用演进角度看，货币从个人信用（商品货币）发展到企业信用（银行货币），再发展到以国家信用为基础的法定货币，并进一步演进至基于社会共识的数字货币；另一方面，从技术演进角度看，货币的"物理载体"从商品货币发展至金属货币，并最终向纸质货币、电子货币以及数字货币的方向演进。在法定数字货币领域，根据国际清算银行（BIS）2021年的调查研究，超过90%的中央银行（被调研中央银行为81家）具有发行法定数字货币的动机和意图；在非法定数字货币领域，私人数字货币与稳定数字货币呈快速发展态势。②

马克思在《资本论》中曾说："从商品到货币是一次惊险的跳跃。如果掉下去，那么摔碎的不仅是商品，而是商品的所有者。"③可见，货币不是从来就有的，它是信用与技术发展到一定阶段后产生的。在奴隶社会时期，无论是我国春秋战国时期的诸侯列国，还是"两河流域"的巴比伦王国，都从出土的大量文物中发现了用于交易的商品货币（贝壳），其货币支撑是以物易物

① ［英］弗里德里希·冯·哈耶克：《货币的非国家化》，姚中秋译，海南出版社2019年版，第188—198页。
② Anneke Kosse and Ilaria Mattei. Gaining Momentum: Rusults of the 2021 BIS Survey on Central Bank Digital Currencies. *BIS Papers*, No.125, pp.1-2.
③ 许多奇、肖凯：《加密数字货币的定性困境与间接监管出路》，《中国应用法学》2020年第3期，第25—43页。

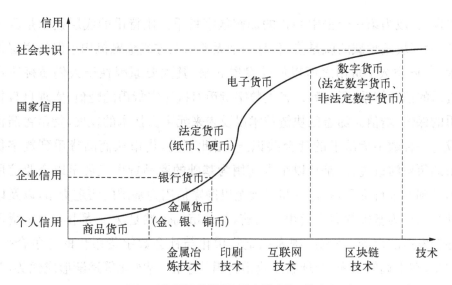

图 1　货币演进的"信用＋技术"双维度

下的个人信用。在封建社会时期,随着金属冶炼技术的逐步成熟,各国陆续
出现了金属货币(例如铜币、金币、银币等)。从封建主义社会末期至资本主
义社会初期,社会上出现了基于企业信用的"银行货币",例如文艺复兴时期
意大利的"银行货币"以及清朝末期的"票号货币"。此后,随着印刷技术的
深度发展以及现代国家的日益崛起,全球盛行以国家信用为支撑的法定货
币(包括纸币与硬币);1971 年,美国宣布法定货币(美元)与黄金彻底脱钩,
标志着社会彻底进入纯信用货币时代。① 不过,中央银行基于国家信用大
量发行法定货币,依然存在两个问题:一是法定货币具有物理载体,在货币
存储、支付、转移等方面存在不足;二是有些国家可能通过过度宽松的货币
政策刺激经济,极易诱发政策失误、通货膨胀等问题。为缓解第一个问题,
在互联网信息技术的驱动下,电子货币应运而生,但这种货币本质上是传统
法定货币的电子化,无法从根本上解决第二个问题。在 2008 年全球金融危
机的背景下,中本聪(Nakamoto)发布了比特币的白皮书,白皮书开篇即认
为"比特币:一种点对点的电子现金系统"。② 比特币于 2009 年 1 月 3 日正

---

① 刘勇等:《金融科技十讲》,中国人民大学出版社 2020 年版,第 158—159 页。
② Nakamoto S. Bitcoin: A Peer-to-Peer Electronic Cash System. bitcoin.org/bitcoin.pdf,最后访问日期:
2023 年 12 月 1 日。

式发行，成为第一个去中心化的加密数字货币。比特币的底层技术是区块链，而区块链承载的就是信用，是一个无需第三方或金融机构担保的底层技术。[①] 此类数字货币之所以能够发展起来，其主要原因在于人们质疑法定货币的信用体系，通过购入各类数字货币对抗法定货币的贬值，实现自身货币的保值、增值。随着区块链技术以及未来元宇宙技术的发展，货币将演化成为一种数字货币下的社会共识。[②] 由此可见，货币从商品货币到数字货币的历史演进过程，是从以个人信用为基础的商品货币发展至以企业信用为基础的银行货币，并进一步发展至以国家信用为基础的法定货币，以及以社会共识为基础的数字货币。当前，货币市场依然是法定货币与数字货币融合发展的市场，呈现出国家法定货币化与社会数字货币化的竞争合作。但是，在不远的未来，全球数字货币将因数字化、智能化等逐渐形成优势，并出现法定和非法定数字货币双轨相容发展的趋势。[③]

二、数字货币的基本内涵及其发展动因

每一次技术的发展演进，都会或多或少地对传统社会经济带来影响。当技术深度应用于货币领域之时，并与信用维度相结合后，便导致货币从个人信用（例如商品货币）发展到企业信用（例如银行货币）、国家信用（例如法定货币），并进一步演进至基于社会共识（consesus）的法定数字货币（包括央行数字货币与央行数字账户），这既是技术发展层面的必然，也是信用深化层面的应然，从而驱动每一次时代的变革及其创新发展。

（一）数字货币的基本内涵与外延

数字货币（Digital Currency）是区块链技术深化应用的创新型金融产物之一。不过，关于数字货币的概念厘定，目前学术界与实业界都没有形成定论。本·布劳德本特（Ben Broadbent）从英格兰银行视角研究了中央银行

---

① 许多奇：《从监管走向治理：数字货币规制的全球格局与实践共识》，《法律科学（西北政法大学学报）》2021年第2期，第93—106页。
② 吴桐、李家骐、陈梦愉：《法定数字货币的理论基础与运行机制》，《贵州社会科学》2020年第3期，第139—146页。
③ 齐爱民、张哲：《论数字货币的概念与法律性质》，《法律科学（西北政法大学学报）》2021年第2期，第80—92页。

与数字货币之间的关系;①世界银行(World Bank)认为加密货币(crypto currency)是依靠加密技术达成共识的数字货币子集;国际货币基金组织(IMF)认为通过密码学和分布式账本技术,可以助力加密资产(crypto assets)价值的数字化实现,是一种"价值的数字表达";谢平、石午光首次从基本原理、货币特征与争议、发展演变、支付创新与合法监管等角度深入剖析数字货币;②盛松成等认为数字货币并非真正的货币;③齐爱民等则认为数字货币是不代表实质商品或货物,发行者没有兑现实物义务的通货。④ 由此可见,大家普遍认为数字货币是指一种以数字化形式呈现的货币,它只是承担了某些实体货币的职能,具有一定程度的价值属性。

从数字货币的外延边界来看,数字货币与第三方支付平台、网络社区虚拟代币等具有显著区别。

表1　数字货币的外延边界及其主要特征

货币属性	非法定数字货币					法定数字货币
货币种类	私人数字货币			稳定数字货币		央行数字货币、央行数字账户(CBDA)
主要细分货币	原生代币	资产支持代币	首次交叉发行的资产衍生代币	法币储备性稳定数字货币	风险资产超额抵押性稳定数字货币	央行数字货币(CBDC)
货币代表	比特币(BTC)、以太币(ETC)	首次币发行(ICO)	比特热点(BTH)、比特现金(BCC)	Diem	泰达币(USDT)	数字人民币(e-CNY)
发行主体	"矿工"(私主体)			Diem协会	Tether公司	国家
信用基础	技术信用			一揽子银行存款及短期国债		政府信用

---

① ［英］本·布劳德本特:《中央银行与数字货币》,蔡萌浙译,《中国金融》2016年第8期,第11—13页。
② 谢平、石午光:《数字加密货币研究:一个文献综述》,《金融研究》2015年第1期,第1—15页。
③ 盛松成、蒋一乐:《央行数字货币才是真正货币》,《中国金融》2016年第14期,第12—14页。
④ 齐爱民、张哲:《论数字货币的概念与法律性质》,《法律科学(西北政法大学学报)》2021年第2期,第80—92页。

续　表

价值稳定	不稳定	较稳定	稳定
技术原理	区块链技术	区块链技术	技术中性
发行模式	去中心化	去中心化	中心化
匿名性质	完全匿名	完全匿名	可控匿名
网络支持	在线	在线	"双离线支付"

首先，在数字货币内部，根据是否法律确权与国家信用背书，数字货币可以分为法定数字货币以及非法定数字货币（见表1）。法定数字货币是由中央银行或由其授权的主体发行的具有法定货币效力的数字货币，这种数字货币既可以通过区块链技术，也可以采用传统货币电子化的方式发行，并有别于通过网络传输机制存储和交易的电子货币，因此本质上是一种数字化的法定货币。与此相对应的是非法定数字货币，可以分为稳定数字货币与私人数字货币。其中，稳定数字货币主要依赖于企业机构（例如 Meta Platforms）与合作伙伴的商业信用以及抵押的一揽子货币资本，具有一定的稳定性，主要包括法币储备型（例如 Diem）、风险资产超额抵押型货币（例如 USDT）。私人数字货币本质上不是货币，因为其信用基础是私人信用，多被用于投机和博彩，价格波动大，不具有稳定性及其法偿性。其具体包括三种类型的数字货币：一是区块链底层技术的原生代币，主要指在区块链系统正常运行中产生的体现权益的记账单位，例如比特币（Bitcoin）和以太币（ETC），其价值由区块链系统中群体的数量和质量决定；二是资产支持代币，它基于区块链底层技术通过首次币发行（initial coin offering, ICO），代表某些外部资产和利益，例如路引与量子链，其价值主要取决于发行方的实力和服务质量；三是通过首次分叉发行（initial fork offering, IFO）的资产衍生代币，例如比特热点（bitcoin hot, BTH）、比特现金（bitcoin cash, BCC）等。[1] 值得注意的是，尽管有些学者[2]认为，私人与稳定数字货币采用去中心化区块链技术路线设计了一套共识机制，因此私人数字货币毫无疑

---

[1] 周永林：《揭密加密数字货币》，《金融市场研究》2018 年第 4 期，第 74—79 页。

[2] Nakamoto S. Bitcoin: A Peer-to-Peer Electronic Cash System, https://bitcoin.org/bitcoin.pdf. 最后访问日期：2023 年 12 月 1 日。

问属于"货币"的范畴,但是更多学者从债权论、①物权论、②准货币论、③物权债权两分论④等不同理论视角提出了反对意见,因为"货币"是一致同意的货币共识,需要同时符合形式和实质两个标准。私人与稳定数字货币虽然在形式上设计了共识机制,但是根据纳什均衡理论,其交易费用与共识成本并非最优选择,因此其并非真正的"货币"。⑤ 相较于私人数字货币,法定数字货币的社会共识的基础更加广泛且经济成本(交易费用)更低,更符合一致同意的货币共识,应当认定为货币。对于如此复杂多变的数字货币范畴,需要从数字货币安全的综合监管制度建设角度,明确界定其基本内涵与外延边界。

其次,与第三方支付平台(例如支付宝、微信支付等)基于中心化数据库账本技术所形成的电子货币不同,私人数字货币往往利用去中心化的数据库,采取全网节点协作记账与核账,每次记账形成一个新区块,每个区块只能有一个节点打包,经哈希算法判定信息合法后,再向全网进行广播,添加至上一区块的尾部并被其他节点记录,按照时间顺序由此形成的账本链条即为区块链。为激励区块链系统上的记账者,该系统将会给记账者一定的数字货币奖励,这个过程被称为"挖矿"(mining)。⑥ 不过,由于某些数字货币的供给总数有限(比特币的总量上限为2 100万枚),故随着"挖矿"的深入,数字货币的奖励将会减少。在有限的供给背景下,随着数字货币的需求放大,形成了数字货币具有价值和价值升值的共识基础。

最后,与传统中心化网络社区的虚拟代币(腾讯Q币)相比,绝大多数非法定数字货币(私人与稳定数字货币)的创新性在于它们普遍采用区块链技术,基于加密算法技术和分布式记账技术所产生的字符串,依托点对点技

---

① [日] 道垣内弘人:《比特币的法律性质与交易所破产取回权的成立与否》,刘慧明译,渠涛:《中日民商法研究(第16卷)》,法律出版社2017年版,第157—159页。
② 赵磊:《数字货币的私法意义:从东京地方裁判所2014年(ワ)第33320号判决谈起》,《北京理工大学学报(社会科学版)》2020年第6期,第115—122、152页。
③ 杨延超:《论数字货币的法律属性》,《中国社会科学》2020年第1期,第84—106、206页。
④ 李敏:《数字货币的属性界定:法律和会计交叉研究的视角》,《法学评论》2021年第2期,第107—120页。
⑤ 姚前:《共识规则下的货币演化逻辑与法定数字货币的人工智能发行》,《金融研究》2018年第9期,第37—55页。
⑥ 赵越强:《公共和私有部门数字货币的发展趋势、或有风险与监管考量》,《经济学家》2020年第8期,第110—119页。

术通过大量计算产生。此类数字货币通常被视为一种数字资产,既可进入金融市场参与投资活动,也可被用于真实的商品交易和服务。与此相对应,传统的网络社区的虚拟代币是非法定货币的电子化,只能用于购买其发行者提供的特定的网络商品和服务,常为某个特定空间的游戏代币(token),[①]仅是封闭空间上的商品,[②]并不具有金融监管意义上交易媒介、价值储藏及其计价单位等这些货币职能。[③] 在虚拟代币中,游戏用户可以用一定数量的法定货币单向购买网络游戏虚拟代币,并使用其兑换该企业开发的在线游戏服务,包括为游戏预付金额或兑换积分。以腾讯公司的 Q 币为例,使用者通过法定货币向腾讯购买 Q 币,并可以按照指定用途在特定网络空间使用(例如在腾讯游戏平台购买游戏装备或者道具),此种中心化网络社区的虚拟代币必须由其发行机构背书,建立相应的信用机制,虚拟货币的流通范围只限于其发行机构管控的特定平台,既不可在各平台之间交易,也不可反向赎回法定货币,因此用户使用网络游戏虚拟代币面临的风险较小,金融监管当局也容易针对其运行特征制定相应的监管机制。

综上所述,数字货币以区块链技术为底层依托,对传统货币内在制度的革新,需要通过重塑监管路径应对。[④] 有些学者从数字货币法定性要求的角度去论证监管的必要性;[⑤]还有些学者认为对数字货币实施一揽子禁止的直接监管容易导致监管失灵,建议引用"间接监管理论",[⑥]对数字货币采取间接监管、"沙盒监管",[⑦]甚至是共同监管模式。[⑧] 不同法系国家因对区块链技术认知和应用程度以及数字货币风险防范能力具有差别,所以对数

---

① 李翀:《虚拟货币的发展与货币理论和政策的重构》,《世界经济》2003 年第 8 期,第 75—79 页;孙宝文、王智慧、赵胤钘:《电子货币与虚拟货币比较研究》,《中央财经大学学报》2008 年第 10 期,第 28—32 页。

② 付竹:《以 Q 币为视角探析虚拟币对现行货币体系的影响》,《金融经济》2007 年第 4 期,第 16—17 页。

③ 吴云、朱玮:《数字货币和金融监管意义上的虚拟货币:法律、金融与技术的跨学科考察》,《上海政法学院学报(法治论丛)》2021 年第 6 期,第 66—89 页。

④ Philipp Paech. The Regulation of Blockchain Financial Networks. *The Modern Law Review*, No.6, 2017, pp.47-54.

⑤ 马更新:《我国数字货币法定化的构想及展望》,《社会科学辑刊》2021 年第 3 期,第 137—146 页。

⑥ Athanassiou P. Hedge fund Regulation in the European Union: Current Trends and Future Prospects. *Wolters Kluwer Law & Business*, Vol.5, 2009, p.226.

⑦ 杨东:《Libra:数字货币型跨境支付清算模式与治理》,《东方法学》2019 年第 6 期,第 51—57 页。

⑧ 许多奇:《从监管走向治理:数字货币规制的全球格局与实践共识》,《法律科学(西北政法大学学报)》2021 年第 2 期,第 93—106 页。

字货币采取宽严不一的监管模式,大致可以分为以英国为代表的放任监管模式、以俄罗斯为代表的控制模式、以美国为代表的风险预防模式。[①] 笔者从数字货币的综合风险角度出发,采用法律经济学下的卡-梅框架(C&M Framework)研究视角,结合域外海洋法系(以英国与美国为代表)与大陆法系(以日本与韩国为代表)数字货币的监管经验,探求我国数字货币的监管制度体系。

(二)数字货币创新发展的主要动因

随着区块链技术的日益兴起,尤其是 2008 年全球金融危机后,人们为破解传统法定货币的信用载体、货币成本[②]以及货币"脱实向虚"的问题,[③]催生了非法定数字货币(私人与稳定数字货币)与法定数字货币。此类数字货币之所以能够快速发展起来,其主要发展动因在于通过全程数字化技术,助力数字货币交易效率提升,而发展法定数字货币有利于各国掌握货币主权与安全,并可推进本国货币的国际化。

1. 通过全程数字化技术,可助力数字货币交易效率提升

在区块链技术的驱动下,私人数字货币并没有对接中央信任机构(例如中央银行),它不依赖网络以外的任何实体,因此可以在物理层面削减交易成本,减少传统金融机构的深度介入。它可以基于全程数字化方式最大限度地降低金融中介费用,只需支付少量的私人数字货币给"矿工"作为激励。此外,区块链技术驱动私人数字货币基于 P2P 网络方式进行交易,这意味着它不需经过传统中介金融机构的响应与审核,只需将数据信息传递给全球的账本终端即可完成交易。相较于传统中介金融机构的长周期审核,私人数字货币可以在数分钟内甚至数秒内完成交易,有效降低了金融交易的时间成本。

此外,数字货币对技术具有高度依赖性,可以反推动区块链与数字技术进步。由于私人数字货币高度依赖哈希加密算法,助力其实现防伪与去中心

---

① 陈姿含:《加密数字货币行政监管的制度逻辑》,《北京理工大学学报(社会科学版)》2020 年第 5 期,第 134—143 页。

② 戚聿东、刘欢欢、肖旭:《数字货币与国际货币体系变革及人民币国际化新机遇》,《武汉大学学报(哲学社会科学版)》2021 年第 5 期,第 105—118 页。

③ 姚前:《法定数字货币对现行货币体制的优化及其发行设计》,《国际金融研究》2018 年第 4 期,第 3—11 页。

化,故其交易过程高度依赖互联网信息平台。不难预见的是,对于私人数字货币的研究,势必涉及区块链技术以及哈希加密算法,并推动区块链以及数字技术进步。如今,私人数字货币公司大量出现,在推动数字金融不断创新的同时,间接发展了密码学与区块链技术,应不断改进哈希加密算法,提高碰撞阻力。不仅如此,区块链技术的不断创新还推动了区块链技术与新业态的融合,催生出私人数字货币外的新兴产品,例如,非同质化代币(non-fungible token,NFT)具有不可分、唯一性等特点,较好解决了比特币等私人数字货币可分性的问题,通过与艺术、游戏、电子政务及司法等领域高度结合,它可以生成区块链技术模式下的新型资产模式,创造出具有高保值性的数字资产。[①]

2. 发展法定数字货币有利于各国掌握货币主权与安全

近年来,国际上众多发达国家(英国、日本、新加坡等)陆续加快了法定数字货币的研发进程,使法定数字货币竞争呈现出日趋激烈化的趋势。可以说,哪种法定数字货币的解决方案能够争取到更多的用户,便可以获得更多的经济利益以及更强的国际话语权。在经济全球化背景下,各国对于法定数字货币主要处于研究与开发阶段,目前没有任何国家在该领域拥有绝对的话语权。由此可见,在数字货币成为"通用货币"之前,法定数字货币的推出有其重要的战略价值。2019 年,脸书公司(Facebook,现为 Meta Platforms)发布了名为天秤币(Libra,现为 Diem)的机构数字货币白皮书,其打着"普惠金融"的口号欲实现数字货币的全球化,在组织、宗旨、性质、稳值、规模、技术、成本和覆盖面等方面,Diem 具有显著的特点。[②] 未来私人、机构乃至国家之间的支付结算方式都有可能被重塑,这类数字货币对现代国际货币体系和人民币国际化可能产生较大的影响,[③]加速数字货币市场竞争的激烈化态势。法定数字货币的发行与流通对于各国发展数字经济,并赢取货币竞争、提高本国货币主权及其国际话语权具有重要作用。

从国内层面来分析,近年来以私人数字货币与机构数字货币为代表的

---

① 尹华容、王惠民:《非同质化通证的法律规制路径研究》,《湘潭大学学报(哲学社会科学版)》2022 年第 6 期,第 84—90 页。

② 王国刚、方明浩、潘登:《Libra 的主要特点、机制矛盾和中国对策》,《金融评论》2020 年第 1 期,第 1—12 页。

③ 赵红、付俊文:《浅析 Libra 对国际货币体系的可能冲击:基于数字货币视角》,《世界经济与政治论坛》2020 年第 1 期,第 114—127 页。

非法定数字货币快速发展,已经掀起了对数字货币讨论的高潮。非法定数字货币对于各国主权货币与金融稳定带来了较大影响,然而,因为非法定数字货币缺乏相应的国家信用支撑,难以解决货币信任问题,导致其币值具有严重的波动性。[①] 其中,一些学者认为私人数字货币是现行货币体系的"影子货币",其大规模滥用可能会导致货币市场的信任缺失,不利于货币金融市场的稳定。在这样激烈的数字货币竞争背景下,发展本国法定数字货币具有必要性,对此,我国自 2014 年起便着手数字人民币的研发。数字人民币基于国家信用与中心化技术,在上海、北京、深圳等地试点推广,其主要目的在于通过数字信息技术实现货币竞争的"弯道超车",提高我国人民币在国际货币竞争中的话语权以及货币主权,防范经济全球化背景下的"美元霸权"风险,从而在我国实施有效的宏观调控与金融监管。

3. 通过发展数字货币,有利于推进本国货币的国际化

私人数字货币基于去中心化点对点的全球网络架构,用户可以在全球范围使用私人数字货币进行交易,区块链技术地址在物理属性上也摆脱了空间的限制,客观上具有跨国使用的潜力。

一方面,去中心化的私人货币系统有利于促进传统货币跳出国际政治力量的博弈,摆脱国别限制,成为国家地理空间区域之上的国际货币。同时,由于私人数字货币并无中央发行机构,其天然具有反货币霸权的特征,符合部分国家对公平、公正的国际货币体系的诉求,具有较好的需求基础。随着跨国私人数字货币的兴起,国际货币的理念将深入人心,在一定程度上为货币的国际化道路奠定了坚实的群众基础。

另一方面,发行主体、网络架构、加密手段的不同填补了私人数字货币领域的空白,有利于推动私人数字货币走向国际化与体系化,将私人数字货币的理念深入人心,并以新兴优势抢夺传统货币在货币领域的话语权,这有利于打破布雷顿森林体系后的美元霸权体系,[②]消除国际金融体系下全球经济失衡的不稳定因素。[③] 具言之,私人数字货币的公开性、去中心化以及

① 封思贤、丁佳:《数字加密货币交易活动中的洗钱风险:来源、证据与启示》,《国际金融研究》2019 年第 7 期,第 25—35 页。
② 李向阳:《布雷顿森林体系的演变与美元霸权》,《世界经济与政治》2005 年第 10 期,第 14—19 页。
③ 何帆、张明:《国际货币体系不稳定中的美元霸权因素》,《财经问题研究》2005 年第 7 期,第 32—37 页。

总量固定属性，能够消除对"货币权力"的国家之争，[①]有效规避中心化的发行机构为敛财进行货币的超印与超发，以保护国家的金融主权安全，防止世界货币的主权国将本国经济失衡的风险通过货币政策不断转嫁给其他国家，避免导致国际金融危机与经济失衡。私人数字货币的存在将不断影响各国的货币体系，成为促使其进行改革的重要推手，推动其向着更加公平、公正、公开的方向不断发展，并助力数字货币在货币领域的话语权提升。

三、经济全球化背景下数字货币的"不等边三元悖论"与综合风险

诚如波兹曼所言："每一种技术既是包袱又是恩赐，不是非此即彼的结果，而是利弊同在的产物。"[②]作为以区块链技术为代表的信息技术驱动下的金融产物，数字货币满足了高效支付的需求、独特的隐私交易需要、自主的跨界支付体系构建，[③]促进了现代货币体系发展，但同时也衍生了相关的风险。然而，大多数学者主要从数字货币的形成机制探求宏观风险，包括价格泡沫、技术破坏、金融欺诈、协助犯罪、动摇法币地位等，[④]或者从结构角度剖析微观层面的风险，包括数字货币平台风险、[⑤]洗钱犯罪风险、[⑥]数据监管风险、流动性风险等。[⑦]尽管这些学者的研究具有较高的研究价值，但是这些学者并没有从数字货币的发展缘由及其综合风险角度出发，更多的是从单维度讨论法律风险、金融风险或者技术风险。在经济全球化背景下，区块链技术驱动下的数字货币获得了前所未有的发展。区块链技术是一把"双刃剑"，一方面，它驱动了数字货币的创新性变革；另一方面，区块链技术衍生出"不等边三元悖论"问题，即它不可能同时实现币值稳定、信用载体以及去中心化供给的三元目标，它不是"等边三元悖论"问题，而是"不等边三元悖论"，即引发了不等边的法律风险、金融风险与技术风险。

---

① 兰永海、贾林州、温铁军：《美元"币权"战略与中国之应对》，《世界经济与政治》2012 年第 3 期，第121—137、159—160 页。

② ［美］尼尔·波斯曼：《技术垄断：文化向技术投降》，何道宽译，北京大学出版社 2007 年版，第 2 页。

③ 许多奇、肖凯：《加密数字货币的定性困境与间接监管出路》，《中国应用法学》2020 年第 3 期，第 25—43 页。

④ 惠志斌：《数字加密货币的形成机制与风险监管研究》，《探索与争鸣》2018 年第 9 期，第 91—95 页。

⑤ 樊云慧：《比特币监管的国际比较及我国的策略》，《法学杂志》2016 年第 10 期，第 116—123 页。

⑥ 巫文勇：《货币数字化场景下洗钱犯罪形态和刑法重构》，《中国刑事法杂志》2020 年第 3 期，第 109—124 页。

⑦ 张焯：《加密数字货币风险及规制》，《证券市场导报》2021 年第 2 期，第 72—79 页。

（一）数字货币的"不等边三元悖论"与价值选择

回顾货币发展史，其从商品货币到金属货币，再到法定货币（纸币、硬币等）与数字货币，背后既是信用与技术的双维度，也是国家权力与私人权利博弈的结果。当前，货币博弈的结果是中央银行主导货币权力，以保障法定货币（纸币、硬币）的国家信用，当然中央银行也可能存在"监管失灵"（regulation failure），例如采取各种量化宽松政策诱发通货膨胀、债务危机的发生，导致社会公众对法定货币的国家信用产生担忧。

在经济全球化背景下的传统货币时代，货币全球化的潮流始于强化货币在国际贸易领域的应用。[①] 英镑的全球化始于伦敦银行为进出口贸易提供资金，美元对英镑的取代也是通过强化国际贸易中美元的交易媒介职能，[②]随后由完善的支付系统和金融服务夯实美元的国际支配地位，并逐步形成了"美元霸权主义"。在这样的环境下，一个国家或者地区的经济政策目标常常出现"三元悖论"（mundellian trilemma）问题，亦被称为"三难选择"（the impossible trinity）问题。它是由美国经济学家保罗·克鲁格曼（亦有学者认为是蒙代尔，根据蒙代尔的三元悖论，一国的经济目标有三种：各国货币政策的独立性；汇率的稳定性；资本的完全流动性）就开放经济下的政策选择问题所提出的，[③]其主要含义是：在开放经济条件下，本国货币政策的独立性、汇率的稳定性、资本的完全流动性不能同时实现，最多只能同时满足两个目标，而放弃另外一个目标。[④]

然而，在经济全球化背景下的数字货币时代，为有效破解传统货币政策悖论，区块链技术驱动数字货币日益兴起，并对传统法定货币带来了挑战，激化了传统法定货币"中心化"与数字货币"去中心化"矛盾，并衍生了数字货币"不等边三元悖论"（见表2）：对于数字货币而言，不可能同时实现三元目标（币值稳定、信用载体与去中心化供给），最多只能实现三元目标中的两项，即如果数字货币欲实现去中心化，又要求信用载体，那么，就难以保持币

① 李建军、甄峰、崔西强：《人民币国际化发展现状、程度测度及展望评估》，《国际金融研究》2013 年第10 期，第 40 页。
② G. Gopinath, J.C. Stein. Banking, Trade and the Making of a Dominant Currency. *NBER Working Paper*, No.24485, 2018, p.39.
③ 王大卫、叶蜀君：《资本自由流动、货币政策独立性、汇率制度稳定性三元发展趋势研究：基于三元悖论理论》，《北京交通大学学报（社会科学版）》2021 年第 2 期，第 50—57 页。
④ 乔桂明：《国际金融学》，苏州大学出版社 2017 年版，第 264 页。

值稳定；如果数字货币欲实现币值稳定和信用载体，就必须放弃去中心化设计。[①] 一方面，在数字货币"不等边三元悖论"所欲实现的三元目标中，币值稳定目标体现的是经济秩序价值，去中心化目标展现的是经济平等价值，信用载体目标体现的是经济正义价值；另一方面，区块链技术的崛起，使传统货币政策目标的禀赋发生了内在变化，导致数字货币的三元悖论并非传统金融学理论中的等边三角，而是不等边三角，即数字货币所欲实现的三元目标不是"等边"价值，而是"不等边"价值。换言之，数字货币的三元目标（币值稳定、信用载体与去中心化供给）并非完全相等的，而是不对等的。因为从法律经济学原理来看，价值具有位阶性原则，即高位阶价值高于低位阶价值，一般认为自由价值高于正义价值以及秩序价值。同理，经济正义价值显然高于经济秩序价值，并高于经济平等价值。

表 2　数字货币的"不等边三元悖论"及其价值冲突

代　表	类　　型			价值体现
	私人数字货币	稳定数字货币	法定数字货币	
	比特币（BTC）	泰达币（USDT）	数字人民币（DCEP）	
币值稳定	*	**	***	经济秩序
去中心化	***	***	*	经济平等
信用载体	*	**	***	经济正义

注：星标 * 代表其重要性，越多越重要。

第一，对于以区块链技术为基石的私人数字货币，具有币值非稳定、去中心化、私人信用载体属性。从币值稳定性看，私人数字货币（例如比特币）并不是法律上的传统货币，其表现出强烈的价格波动性，在不同的私人数字货币交易场所具有较大的价格差异，致使其难以成为稳定的记账单位。此外，数字货币的价值不受其他法定货币的约束，其兑换美元或美元兑换其他外汇、黄金的汇率没有相关性，难以实现货币的套期保值等金融功能。从去中心化属性看，私人数字货币以区块链技术作为技术基础，具有显著的去中心化属性，即摒弃了传统货币所采取的中心化发行模式。从信用载体性看，

---

① 景欣：《法定数字货币中智能合约的构造与规制》，《现代经济探讨》2021 年第 10 期，第 126—132 页。

私人数字货币的不稳定且不受中心机构控制等缺陷会影响其信用,其本质上是私人信用而非普遍所认为的社会信用。

第二,对于以机构发行为代表的稳定数字货币,具有币值相对稳定、去中心化、机构信用载体属性。从币值稳定性看,稳定数字货币(例如泰达币)是一类加密数字货币,其试图通过由特定资产支持(例如与美元等货币绑定)或者使用算法根据需求调整其供应,从而为投资者提供价格稳定性,但是这种稳定性只是相对于私人数字货币的稳定,而不是绝对的稳定。2020 年,稳定币的市场规模快速扩张,两年间其总市值增加了近 28 倍,并呈现以泰达币等 5 类稳定币为主导的市场特征,但受 2022 年 5 月以来算法稳定币暴跌的影响,稳定币市场整体受挫。这表明稳定币既不是完全意义上的货币,也不具有绝对的稳定性,存在运营风险、非法交易等诸多潜在风险,给宏观政策带来了挑战。[①] 从去中心化属性看,目前全球范围内主流稳定数字货币,无论是脸书公司发行的天秤币,还是以太(ether)公司发行的泰达币,它们都普遍采用区块链技术的去中心化发行模式。从信用载体性看,稳定数字货币不受货币当局控制等缺陷影响其信用基础,尽管它与某些传统货币挂钩,但是依然难以摆脱其机构信用而非国家信用的属性,从而会带来相关的信用风险。

第三,法定数字货币是法定货币的数字化,具有币值稳定、技术中性(可以选择去中心化或者中心化技术路径)、国家信用载体的属性。对于法定数字货币,它通常是由货币当局基于国家信用而发行的数字货币,与传统法定货币(纸币、硬币)等价,所以,法定数字货币具有币值的高度稳定性以及国家信用载体属性。但是,从技术应用路径来看,不同国家采取了不同的发展路线,部分国家仍采用传统中心化的技术,因为这样才可以实现法定数字货币的可控匿名。目前,我国上海、苏州、深圳等地试点推行的数字人民币(DC/EP)采取的就是中心化技术路径。根据国际清算银行(BIS)近两年的调查研究,2020 年,超过 80% 的中央银行(被调研中央银行为 66 家)正在从事法定数字货币的研发工作,[②]而 2021 年超过 90% 的中央

---

① 张蓓、张晓艳、张文婷:《稳定币发展现状与潜在宏观政策挑战》,http://kns.cnki.net/kcms/detail/11.3799.F.20220927.1331.002.html,最后访问日期:2023 年 2 月 7 日。

② Boar C., Holden H. and Wadswort A. Impending Arrival: A Sequel to the Survey on Central Bank Digital Currency. *BIS Papers*, No.107, Jan., 2020.

银行(被调研中央银行为 81 家)具有发行法定数字货币的动机和意图。为何越来越多的中央银行正在研发法定数字货币尤其是央行数字货币(CBDC)？因为从法律经济学原理看，数字货币监管制度总价值是币值稳定(经济秩序价值)、去中心化(经济平等价值)以及信用载体(经济正义价值)的加权综合，尽管在数字货币的"不等边三元悖论"下，任何监管制度都无法同时实现三元目标，最多只能实现不等边的双元目标，但是相较于私人数字货币与稳定数字货币，法定数字货币的监管制度总价值(经济秩序、经济平等及其经济正义的价值总合)应当是最高的。

(二)从私人数字货币透视"不等边三元悖论"下的风险

目前，全球主要国家都在加快区块链技术的布局，各种公有链、联盟链、私有链与各产业的广泛结合可谓突飞猛进，其中私人数字货币的发展速度尤为惊人，成为数字货币的代表。[①] 诚然，虽然私人数字货币带来了创新性的金融变革，但在区块链技术尚不成熟之际，一些机构或团体利用其自身的资金、数据以及技术优势，主动绕开或者规避传统金融监管，从事数字货币的交易投机甚至违法犯罪活动，引发了法律、金融和技术风险。"币值非稳定性"使其成为法律风险的高发地；"信用非法定性"滋生了影子货币体系，进而引发系统性金融风险；"技术去中心化"高度依赖算法程序，从而衍生了算法黑箱等技术风险问题。

1. "币值非稳定性"使其成为法律风险的高发地

信任是个复杂的概念，信任机制的建立是一个长期性的系统工程，而长时间建立的信任机制又可能在很短的时间内崩溃。在区块链技术背景下，由于去中心化的交易记录存在脆弱性，信任会随时消失，如果数字货币停止运行，其价值也将随之消失。即使信任机制能够有效维持下去，数字货币也会导致巨大的能源消耗，所以，数字货币去中心化的技术无论多么复杂、设计多么精妙，都会被视作传统货币运行机制的不良替代品。[②]

---

① Hong K. H. Bitcoin as an Alternative Investment Vehicle. *Information Technology and Management*, No.4, 2016, pp.1 - 11.

② Zharova A., Lloyd I. An Examination of the Experience of Cryptocurrency Use in Russia: In Search of Better Practice. *Computer Law & Security Report*, No.6, 2018, pp.1300 - 1313.

　　数字货币法律风险是指数字货币的发展创新所带来的一系列法律方面的风险,主要发生在市场交易和场外交易中,包括无法可依、法律冲突等导致的法律关系效力不确定。① 私人数字货币是数字货币的重要构成,若法律监管机构不从法律规范层面对私人数字货币加以监管,则它很有可能沦为违法犯罪活动的工具。例如,2021年《关于进一步防范和处置虚拟货币交易炒作风险的通知》提到的"滋生洗钱、非法集资、诈骗、传销等违法犯罪活动"。一方面,数字货币采取点对点(Peer to Peer, P2P)的网络交易方式避开了金融机构的介入,交易过程脱离监控,执法机构无法追查到犯罪嫌疑人的真实身份。违法犯罪机构可以利用数字货币的价格波动,不断炒作与操纵数字货币市场,从而带来价格的暴涨或暴跌,从中获取高昂的违法收益。例如,前1 000位投资者持有超过40%的比特币,完全具备操纵数字货币(比特币)市场的可能性。另一方面,数字货币具有匿名性和难以追踪等特点,易被用于洗钱、支持恐怖融资等犯罪活动。例如,"丝绸之路"(silk road)事件的根源在于该网站允许用户通过数字货币(比特币)方式交易,并且采用各种先进的反监管技术,致使各类监管机构难以追踪其交易细节,从而催生了庞大的"暗网"交易与违法犯罪行为,加大了调查处理的难度,消耗了大量宝贵而有限的监管资源。

　　2."信用非法定性"滋生影子货币体系,容易引发系统性风险

　　私人数字货币是建立在去中心化的区块链技术基础上的,既没有中介机构对其进行有效监管,也没有国家信用作为后盾。换言之,私人数字货币的成功运行是构建在一种"虚幻"的"社会信任"基础之上的。一方面,私人数字货币没有控制发行和支付的核心枢纽机构,转账是由网络节点集体管理,各交易主体可以不提供真实的身份信息。② 虽然其并不具有法定货币的法律地位,但是可以行使法定货币的某些功能,例如支付、价值尺度等功能,促使其发展成为"影子货币"(shadow money)。中国人民银行等五部委于2013年12月5日下发了《关于防范比特币风险的通知》,该文件虽然认可了比特币的虚拟商品地位,但是不承认其货币地位,也不允许其在市场上

① 帅青红、李忠俊:《数字货币概论》,中国工信出版集团、电子工业出版社2022年版,第183—185页。
② 范方志:《影子货币及其影响货币政策传导的理论探讨》,《中央财经大学学报》2016年第11期,第39—46页。

作为货币流通使用。如果任其不加限制地扩大，私人数字货币可能会对现有金融体系造成冲击，引发系统性风险。另一方面，私人数字货币的去中心化特性，排除了货币发行当局的参与交易过程，其信用机制完全构建在双方交易之间的共识基础之上。私人数字货币既没有中心机构对其发行流通进行实时控制，也没有国家信用担保其安全稳定性，市场调节使得数字货币丧失了价值稳定的保障。在缺乏币值调控主体的情况下，资本的逐利性将导致投资者疯狂投机，甚至以身试法，严重破坏金融市场稳定和安全，并被大量用于某些黑市交易。由于私人数字货币的不断演变和自身局限性，及其"信用非法定"可能引发的系统金融风险性，结合国际上主流国家（英国、美国、日本、新加坡、加拿大等）已经对数字货币提出法定化发展的认知共识，我国中央银行需要推出具有主权信用的法定数字货币，即数字人民币，以促进人民币的数字化、法定化与国际化。①

3."技术去中心化"高度依赖算法程序，具有算法黑箱等技术风险

私人数字货币具有技术去中心化的显著特征，由于信息技术迭代速度快，由信息技术因素引发的数字货币安全与风险事件频发。众所周知，私人数字货币直接发行在区块链技术系统上，采取的是去中心化的区块链技术构建的货币机制。根据是否运用算法维持币值相对于法定货币的稳定，非法定数字货币可分为传统型、公共型的私人数字货币（例如比特币、以太币），以及稳定型、管理型数字货币。②

关于算法，从语义上来看，它最早源于古希腊语，它的本义是"计算的方法"。我国西汉时期《周髀算经》便有对"算法"的记载，北魏时期亦有"允尤明算法，为算术三卷"的算法语义记载。③ 从数学角度来看，算法是通过一系列步骤，用输入数据得出输出结果的过程，④在现代算法社会中，算法以各种智能终端作为信息载体，以二进制为基础，⑤并逐步发展出傅里叶、哈

---

① 何德旭、姚博：《人民币数字货币法定化的实践、影响及对策建议》，《金融评论》2019 年第 5 期，第 38—50，116—117 页。

② 徐忠、邹传伟：《金融科技前沿与趋势》，中信出版社 2013 年版，第 18—188 页。

③ 程雪军：《金融科技平台算法黑箱的法律规制研究》，《上海法学研究》2023 年第 5 卷，第 198 页。

④ Pablo J. Boczkowski. *Media Technologies: Essays on Communication, Materiality and Society.* Cambridge: MIT Press, 2014, p.167.

⑤ 张凌寒：《权力之治：人工智能时代的算法规制》，上海人民出版社 2021 年版，第 3—4 页。

希、随机森林等算法,被广泛应当用于匹配、加密等场景,[1]其中哈希算法被应用于数字货币领域。目前,学术界与实务界并没有对算法进行统一的界定,但一般认为算法是对问题解决方案的步骤描述,其本质是用输入数据得出输出结果的程序。[2] 在计算机科学领域,算法一般视为在有限且明确的操作步骤内,[3]将形式规范的输入值转化为输出值,以快速高效地解决某一特定问题的模式化过程。[4] 在算法的语境下,数字货币平台可以利用其自身具有海量的数据、强大的算力支持、雄厚的算法基础,运行事先设计好的、嵌入平台模型的计算机代码程序,通过"输入(input)—执行指令(command)—输出(output)"的固定运行模式,从而实现某种特定互联网场景下的"最优解"。换言之,只有在人工智能算法的助力下,数字货币平台才可以对市场主体和企业交易活动全面搜集数据信息及其匹配交易,克服传统企业活动中信息不对称、资源错配与效率低下等诸多问题,从而有效提高平台产出与生产效率。[5] 在数字货币平台累积了越来越多的数据生产要素,并掌握了绝对数量的数据资源后,便具有了潜在主导互联网活动和重新配置市场资源流动的力量。具体而言,人工智能算法通过对海量数据展开深度学习,驱动计算机自动编写代码程序并完成交易活动,体现了机器学习强大的自主功能,但由于其中间环节的具体执行过程往往难为外部所知悉,从而被学术界与实务界称为"算法黑箱"(algorithm black box)。[6] 实际上,数字货币利用人工智能算法尤其是深度学习模型所带来的算法黑箱,其根源在于互联网平台所定义的数据对象(例如人工神经网络,ANN)复杂程度日益加剧,而目前学术界并没有完整的理论对整个算法系统层面的算法模型可表达性、可训练性等描述与揭示,导致互联网平台只能获取输入、输出的数据,完全不知道其内部构造与运行机理的"算法黑箱"。总之,私人数字货币对互联网及其算法技术具有极高的依赖性,而这种构建于去中心化区块链技术

① [美]克里斯托弗·斯坦纳:《算法帝国》,李筱莹译,人民邮电出版社 2014 年版,第 132 页。
② 马长山:《迈向数字社会的法律》,法律出版社 2021 年版,第 55 页。
③ 孙家启、万家华:《新编大学计算机基础教程》,北京理工大学出版社 2015 年版。
④ 刘友华:《算法偏见及其规制路径研究》,《法学杂志》2019 年第 6 期,第 55—66 页。
⑤ 唐松、赖晓冰、黄锐:《金融科技创新如何影响全要素生产率:促进还是抑制?——理论分析框架与区域实践》,《中国软科学》2019 年第 7 期,第 134—144 页。
⑥ 汪世虎、马瑞乾:《金融数据安全背景下的智能投顾算法黑箱监管体系构建》,《社会科学辑刊》2022 年第 2 期,第 86—95 页。

与哈希算法基础上的私人数字货币，存在着技术上的不可控、不可知的风险，使其成为网络犯罪的主阵地。

　　私人数字货币自 2009 年诞生以来，其价值就经历着大幅度的波动，成为网络黑客关注的对象。随着私人数字货币的热度不断上升，勒索软件攻击现象屡次发生，私人数字货币成为利用受害者计算机挖矿的首选支付方式。[1] 网络黑客挖矿主要通过企业级计算能力进行，导致企业网络成为黑客潜入进行非法挖矿活动的攻击目标。例如，黑客利用去中心化金融（decentralized finance，DeFi）[2]协议攻击库币（KuCoin），导致 2.8 亿美元资金被盗取，企业网络不仅面临自有网站被攻破用来传播挖矿软件的风险，而且面临员工在内网浏览器中安装挖矿插件的风险。[3] 此外，来自拥有特权的内部员工攻击比普通的黑客攻击更难检测和预防，内部人员能将恶意软件列入白名单并覆盖反病毒警报。网络安全威胁每天都在发生，私人数字货币正在驱动新的具有挑战性的攻击媒介出现，任何强大的网络安全策略都必须解决新出现的问题，所以，端点活动的高度可见性是解决各种威胁的关键，不限于数字货币相关的网络攻击所带来的威胁。

四、卡-梅框架下数字货币的域外监管制度建设镜鉴

　　虽然数字货币在大数据、区块链及其人工智能技术等驱动下发展迅速，但是数字货币发展时间不长、发展速度较快。作为创新型金融业态，它既会对金融发展带来正外部性效应，也会带来相关的负外部性效应，其中数字货币风险便是负外部性的典型。然而，关于数字货币安全的法律制度研究相对较少，本文通过采用法律经济学理论下的卡-梅框架分析框架（C&M Framework），对不同法系（海洋法系、大陆法系）国家数字货币安全综合监管制度建设经验进行比较研究，并归纳不同法系下典型国家（英国、美国、日本、韩国）的监管制度建设的共性与个性，为构建我国数字货币安全的新型综合监管制度建设提供制度化借鉴。

---

[1] Aaron H. The Role of Crypto-Currency in Cybercrime. *Computer Fraud & Security*，No.7，2018，pp.13 - 15.

[2] 去中心化金融（DeFin），一般是指基于智能合约平台构建的加密资产、金融类智能合约及其协议。

[3] Tracey C. The Miners Strike: Addressing the Crypto-Currency Threat to Enterprise Networks. *Computer Fraud & Security*，No.5，2018，pp.8 - 14.

（一）基于卡-梅框架的域外数字货币监管制度建设

法律制度的意义在于规范技术上可管理的风险细节。[①] 从传统工业社会到数字社会，不同的法律体系塑造了各国差异较大的金融发展格局，也重新塑造了不同国家对数字货币的监管制度建设思路。马克斯·韦伯（Max Weber）指出，法律制度在社会、经济发展中具有重要作用。[②] 拉波塔（La Porta）、洛佩兹（Lopez）、施莱弗（Shleifer）和维什尼（Vishny）是当代法经济学理论的集大成者，他们剖析了法律制度与金融经济发展之间的关系，指出不同法系（geneology of law）决定一国法律规制的品质，导致各国金融发展水平与其所属的法系有直接因果关系，即海洋法系国家（英国、美国等为代表）注重投资者保护与信息披露机制，致其金融市场发达；[③]而大陆法系国家（德国、日本等为代表）因在投资者保护与信息披露机制监管方面的薄弱，致其金融市场不发达。[④]

对于数字货币的监管治理而言，法律经济学理论是一种非常适合的研究框架，其中法经济学理论下的卡-梅框架是典型，"卡-梅框架"是卡拉布雷西（Guido Calabresi）和梅拉米德（Douglas Melamed）于 1972 年在《财产规则、责任规则与不可让渡性："大教堂"的一幅景观》一文中所提出的，[⑤]学界称之为"卡-梅框架"。卡-梅框架从法律后果视角对不同的法律规则进行逻辑分类，这些法律规则主要依据受法律保护的法益（legal entitlement）在遭受侵害时所得到的法律救济不同而进行的区分。卡-梅框架基于不同国家对法律主体法益保护与干预程度的差别，将法律规则划分为三大类：财产规则（property rule）；责任规则（liability rule）；禁易规则（inalienability rule）。[⑥] 卡-梅框架具有两重区分标准：一是根据法律是否允许法益（legal entitlement）的交易与转移划分了禁易原则。所谓禁易原则，是指法律禁止双

---

① ［德］乌尔里希·贝克：《从工业社会到风险社会（上篇）：关于人类生存、社会结构和生态启蒙等问题的思考》，王武龙译，《马克思主义与现实》2003 年第 3 期，第 26—45 页。

② ［德］马克斯·韦伯：《经济与社会》（上卷），林荣远译，商务印书馆 1997 年版，第 345—374 页。

③ Rafaele La Porta, et al. Legal Determinants of External Finance. *The Journal of Finance*, No. 3, 1997, pp.1131 - 1150.

④ Ross Levine. Law, Finance and Economic Growth. *Journal of Financial Intermediation*, No. 8, 1999, pp.8 - 35.

⑤ ［美］吉多·卡拉布雷西、道格拉斯·梅拉米德：《财产规则、责任规则与不可让渡性："大教堂"的一幅景观》，凌斌译，［美］唐纳德·A.威特曼：《法律经济学文献精选》，苏力等译，法律出版社 2006 年版。

⑥ 凌斌：《法律救济的规则选择：财产规则、责任规则与卡梅框架的法律经济学重构》，《中国法学》2012 年第 6 期，第 5—25 页。

方当事人对相关法益进行转让,例如法律禁止对生命权的买卖。二是在法律允许法益交易与转移的基础上,根据是否允许法益的自愿交易,卡-梅框架可划分为财产规则和责任规则。所谓财产规则,是指法益的交易与转移必须征得法益所有者的同意并由其决定法益的交易价格,例如商业主体在市场中对产品的自由买卖;而责任规则是指法益的转移并不取决于法益所有者的同意,而是由国家设定交易价格。责任规则项下包含了意外事故等突发状况,还有需要特别考量公共利益的常规情况。① 具体到数字货币领域,不同法系国家结合自身的资源禀赋与利益考量侧重,普遍采取分类监管原则,选择了契合本国实情的监管制度规则(见表3):一方面,在法定数字货币层面,海洋法系国家(美国、英国)与中国秉承财产规则,实施相对开放性的法定数字货币监管政策,有条件地鼓励法定数字货币的自愿交易;在一部分大陆法系国家中,日本采用责任规则,其基于社会整体福利的考量,为法定数字货币提供法律保障,强调法定数字货币的非自愿交易;在另外一些大陆法系国家中,韩国采用禁易规则,为保障传统法定货币安全,对法定数字货币严格监管并禁止交易。另一方面,在非法定数字货币层面,大部分国家秉承与法定数字货币监管治理相类似的规则体系,但是,中国采取了截然不同的监管治理规则,即对非法定数字货币采取禁易规则,禁止相关的非法定数字货币交易,对法定数字货币(e-CNY)采取财产规则,鼓励其开展自愿交易。

表3　卡-梅框架下的数字货币分类及其监管规则

数字货币类型	分类属性	具体国家	法律保护诉求	监管制度路径
法定数字货币	不可交易的法定数字货币	大陆法系国家(韩国等)	货币安全	禁易规则
	非自愿交易的法定数字货币	大陆法系国家(日本等)	社会整体福利的保障	责任规则
	可自愿交易的法定数字货币	海洋法系国家(美国、英国等)、中国	货币流通与利用	财产规则

---

① 谢宜璋:《卡-梅框架下个人信息的分类及规制路径:兼评〈个人信息保护法(草案)〉》,《电子知识产权》2021年第5期,第29—38页。

数字货币类型	分类属性	具体国家	法律保护诉求	监管制度路径
非法定数字货币（私人、稳定数字货币）	不可交易的非数字货币	大陆法系国家（韩国、中国等）	货币安全	禁易规则
	非自愿交易的非数字货币	大陆法系国家（日本等）	社会整体福利的保障	责任规则
	可自愿交易的非数字货币	海洋法系国家（美国、英国等）	货币流通与利用	财产规则

（二）域外不同法系国家数字货币监管制度建设状况

1. 海洋法系典型国家对数字货币的监管制度建设概况

虽然数字货币的不断发展对金融风险防范与法律监管提出了巨大挑战，但是各国对以比特币为代表的数字货币持不同的监管态度。[①] 英国与美国对非法定数字货币采取积极监管态度，秉承财产规则，承认非法定数字货币流通的合法性，例如美国纽约州对非法定数字货币采取牌照（数字货币许可，Bitlicense）准入的监管方式，而且英国与美国还分别开始试点RScion系统与数字美元项目。

第一，英国鼓励金融创新，在开放的态度下谨慎监管。英国在对区块链技术规制时更强调法律规制和技术规范的重要作用，对区块链技术持开放态度。2016年1月，英国政府科学办公室发布《分布式账本技术：超越区块链（白皮书）》，第一次从国家高度对区块链技术的发展前景与应用加以全面分析，[②] 并明确指出政府应"双管齐下"，综合考虑单一技术规范与法律规则的优势和弊端，强调技术与法律制度的结合。2016年4月，英国内阁办公室部长马特·汉考克（Matt Hancock）认为，区块链技术为政府提供了一个公开可验证的方式监督管理资金，可以利用区块链的透明性、去中心化、不可

① 程雪军：《区块链技术驱动下私人数字货币的发展风险与系统治理》，《深圳大学学报（人文社会科学版）》2022年第3期，第62—73页。

② 吴燕妮：《金融科技前沿应用的法律挑战与监管：区块链和监管科技的视角》，《大连理工大学学报（社会科学版）》2018年第3期，第78—86页。

篡改性等特性对资金运用进行更好的监控，以更高效率帮助组织与个人。[①]

具体到数字货币领域，一方面，在非法定数字货币的金融监管层面，英国成立了由财政部、英格兰银行和金融行为监管局（FCA）等组成的非法定数字货币工作组，以加强对非法定数字货币的风险管控。具体而言，对于首次代币发行（ICO），虽然英国发布过首次代币发行风险指示，但目前并没有明确表明对首次代币发行进行支持还是封禁，也尚未出台金融监管办法。此外，英国对于非法定数字货币交易平台持开放态度，主张采取"监管沙盒"（regulatory sandbox）制度，提出可以为创新企业提供一个可以测试创新成果而不会引起不利监管后果的"安全空间"，[②]即非法定数字货币交易平台可申请进入"监管沙盒"，如果交易平台进行币币交易，则不受金融监管；一旦涉及法定货币或者金融衍生品工具，那么，非法定数字货币需要接受金融行为监管局的监管治理。当前，英国金融行为监管局已经将六批企业纳入"监管沙盒"测试，并公开了五组沙盒企业的测试情况。第一组中与分布式账本（区块链技术）、数字货币相关的测试企业占总测试企业的50％；第二组数字货币相关企业占总测试企业的38％；第三组数字货币相关企业占总测试企业的22％；第四组数字货币相关企业占总测试企业的45％；第五组数字货币相关企业占总测试企业的28％。由此可见，英国监管机构对数字货币及其基础技术（区块链技术、分布式账本技术等）的创新应用给予了高度关注。[③] 另一方面，为预防与应对非法定数字货币对传统法定货币的冲击，英国在2015年研发了法定数字货币原型系统（RSCoin），为正式推行法定数字货币提供了参考框架（见图2）。[④] RSCoin系统致力于解决法定数字货币的可扩展性、发行的可控性、货币的通用性问题。

相较于发展经济体，大多数发达经济体对法定数字货币的开发尚处于测试阶段。在发行类型上，除瑞典于2020年发行了电子克朗（e-krona），采取了零售型法定数字货币的发行模式，其他发达经济体大多采取批发型法定数字货币。在流通框架上，除加拿大采用混合流通框架外，其他发达经济

---

① 长铗、韩锋等：《区块链：从数字货币到信用社会》，中信出版社2016年版，第216—217页。
② Financial Conduct Authority：Regulatory sandbox. https://www.fca.org.uk/publication/research/regulatory-sandbox.pdf，最后访问日期：2023年2月6日。
③ 李晶：《"监管沙盒"视角下数字货币规制研究》，《电子政务》2020年第11期，第74—85页。
④ 黄光晓：《数字货币》，清华大学出版社2020年版，第241—245页。

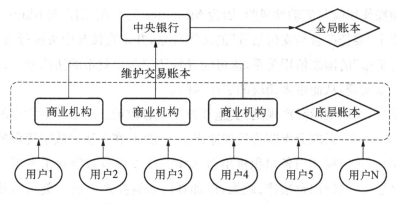

图2　英格兰中央银行数字货币 RSCoin 系统的总体架构

体大多采用"中央银行—商业银行"的双层流通框架。[1] 首先,在发行目的上,RSCoin 系统致力于解决 CBDC 的可扩展性、发行可控性、货币通用性问题。RSCoin 系统采用了加密数字货币的模型,由中央银行控制货币供应,被授权的商业机构验证交易,以防止用户的"双重支付"问题。而且,RSCoin 系统提供了一种数字货币平台,可以实现多种用途。其次,在发行类型上,英国对 RSCoin 系统采取批发型法定数字货币模式。所谓批发型法定数字货币,是指向持有中央银行存款的金融机构发行的法定数字货币,其主要用途在于资金批发机构之间的大额金额交易。与零售型法定数字货币不同,英国采取批发型法定数字货币,这有利于提高金融交易结算系统的综合效率,并拓展新的支付结算体系。[2] 最后,在流通框架上,英国对 RSCoin 系统采取双层流通框架,即"中央银行—商业银行"的运营机制。RSCoin 系统由三种实体组成,分别是中央银行、商业机构(mintette)以及用户。中央银行负责法定数字货币的产生,通过生成全局账本向 RSCoin 系统发布最终交易数据。中央银行对 mintettes 授权认证,并定期向 RSCoin 系统发布 mintettes 的授权列表。在得到授权后,mintettes 需要维护交易账本,通过收集与处理用户提交的交易信息,将验证信息生成底层账本,并定期将交易数据提交至中央银行,由中央银行汇总生成全局账本。[3] 然而,中央银行难

① 张莉莉:《法定数字货币应用的金融风险及其防范:基于金融消费者权益保护的视角》,《广西社会科学》2022年第5期,第19—24页。
② 封思贤、杨靖:《法定数字货币运行的国际实践及启示》,《改革》2020年第5期,第68—79页。
③ 帅青红、李忠俊:《数字货币概论》,电子工业出版社2020年版,第176—179页。

以控制操作风险与流动性风险，因为 Mintettes 的存在，用户与 Mintettes 之间构成了"委托存管与支付结算"的法律关系，并未直接与中央银行形成"中央银行货币"的国家信用关系，这可能导致法定数字货币的法律地位以及法偿性难以实现，从而带来相应的法律风险。

　　第二，美国秉承财产规则，实施开放型监管政策。对于数字货币的监管治理，美国同样采取分类监管治理原则。一方面，在非法定数字货币的法律监管层面，美国联邦与各州积极出台法律法规以规范数字货币发展。在联邦规制层面，陆续出台法律、政策，以加强区块链技术规制。美国财政部下属金融犯罪执法网络部门（Fin CEN）于 2013 年 3 月发布了《关于个人申请管理、交换和使用虚拟货币的规定》（简称《虚拟货币规定》），解释了《银行保密法》（BSA）中关于个人创建、获取、分配、交换、接收以及发送虚拟货币的适用范围，并要求区块链技术公司在开展业务时务必遵守《银行保密法》以及其他反洗钱法律规范。在《虚拟货币规定》中，将以虚拟货币兑换真实货币、资金或其他种类虚拟货币的人称为"交易者"，对将虚拟货币投入流通和可以决定虚拟货币退出流通的人称为"管理者"，交易者和管理者必须在 Fin CEN 监管下运行，并提出对"去中心化的虚拟货币"进行适当管理。关于数字货币的法律定性，美国商品期货交易委员会（CFTC）于 2015 年 9 月正式将比特币及其他数字货币定义为商品，并对这些数字货币的相关活动进行监管与规制。在州级层面，美国各州从各自区块链技术发展与规制实践出发出台法律法规，不同的州对非法定数字货币所采取的监管策略有所差异。2014 年 6 月，加利福尼亚州签署 AB129 法律，保障了区块链技术背景下的比特币及其他数字货币交易的合法化，包括数字货币的替代货币在购买商品、服务及传播中的使用。纽约州在 2014 年 7 月公布了对比特币与其他数字货币规制的提案，指出若在本州开展经营活动，从事数字货币的买卖、存储或兑换必须申请许可证，应从六个方面（消费者资产保护、消费者投诉、对消费者公开、反洗钱、网络安全、账簿与记录）进行重点规制；特拉华州于 2017 年 7 月正式签署有关区块链技术法案，对《特拉华州普通公司法》作出修改，允许实体公司通过区块链技术进行股票交易和记录，并拥有相关权利。①

---

① 朱思佳、崔建华：《美国比特币监管制度及启示》，《合作经济与科技》2016 年第 2 期，第 42—44 页。

在非法定数字货币的金融监管层面,美国对其实施联邦和州的分级监管:在联邦金融监管层面,美国证券交易委员会(SEC)、金融犯罪执法网络局(FinCEN)、国家税务局(IRS)、商品期货交易委员会(CFTC)、金融消费者保护局(CFBP)等均有监管权限;在州级金融监管层面,纽约州通过颁布《虚拟货币监管法案》,从法律上明确了非法定数字货币(例如比特币)的牌照管理制度,同时设立专门的研究与创新部负责发放该类牌照。在非法定数字货币的技术监管层面,美国对"挖矿"活动没有统一限制。其中,南卡罗来纳州对相关"挖矿"企业颁布相关的禁令,因为该州将非法定数字货币视为证券发行,相关机构在没有恰当监管的情况下,将非法定数字货币出售给当地居民是一种违法行为。

相较于发展经济体而言,美国对法定数字货币的研发进展更为平稳。在经济全球化与数字货币浪潮兴起的背景下,美联储对法定数字货币的态度发生转变,从保守否定转向审慎论证。2019 年 11 月,美联储主席杰罗姆·鲍威尔(Jerome Powell)曾致信美国国会众议院金融服务委员会成员,重申美国目前没有发行法定数字货币的计划与必要。2020 年,美联储表示将"加强对数字货币的研究和公众参与",2020 年 3 月,美联储公布了 2.2 万亿美元刺激法案初稿,提及了两种数字美元设计方案:一是数字美元与银行存款相类似,公众可直接在美联储开立账户;二是公众通过加密货币技术直接持有并交易美联储发行的数字美元。[1] 2021 年,美联储对法定数字货币关注度进一步提高,开始步入决策论证阶段。2022 年 1 月,美联储发布首份数字美元讨论文件,肯定了数字美元的潜在收益,认为数字美元有望成为支付系统的新基础,有助于维护美元现有的国际地位,为企业及其他组织带来相应的金融便利,有利于提升银行间市场及其跨境交易的结算效率等。不过,美联储同时表达了对数字美元可能带来的潜在风险的担忧:隐私泄露、冲击银行业和金融系统、影响货币政策和网络安全等。因此,在获得国会的法律授权和政府明确支持前,美联储并不打算发行数字美元。[2] 2022

---

① 陈若愚、李舞岩、张玘:《央行数字货币的发行:模式、评估与比较研究》,《西南金融》2022 年第 3 期,第 46—57 页。
② 黄燕飞、杨紫维:《世界主要经济体央行数字货币研发进展及其风险管理启示》,《财政科学》2022 年第 8 期,第 135—142 页。

年3月，美国总统签署《确保美国数字资产负责任发展》，一方面，美国鼓励美联储开展数字美元的研发工作，[①]数字美元将由美联储发行，是美联储向公众提供的数字负债，无流动性风险和信用风险，兼顾零售型和批发型两种模式，[②]其目的是在减少负面影响的前提下促进数字资产的技术进步、驱动金融创新，以确保美国以及美元在全球的领导地位；另一方面，美国要求财政部、司法部、商务部等行政部门评估使用数字资产带来的风险，重点关注对个人与企业的保护、促进金融稳定与法定数字货币、防范系统性风险、打击非法金融活动、国家安全与全球金融系统领导地位等问题，并责令相关行政部门提交评估报告。2022年11月，纽约联储银行创新中心（NYIC）声称将与包括花旗集团、汇丰控股、万事达卡等金融机构开展12周的数字美元试点，该试点项目被称为受监管负债网络美国试点项目（regulated liability network U.S. pilot，RLN）。RLN在测试环境中进行，并秉承开放、负责任的创新监管政策。

2. 大陆法系典型国家对数字货币的监管制度建设概况

货币发展的主要动力是加快货币流通速度、加强支付工具的可使用性和支付过程的可控制性，数字货币的兴盛不仅是区块链技术引入的结果，而且在一定程度上也是市场选择的结果。诚然，数字货币的创新发展对各国监管提出了重大挑战。但是，大陆法系下各国所采取的监管规则大有不同，例如日本秉承责任规则，强调对社会整体福利的保护，既赋予了比特币等非法定数字货币较高的法律地位，将其视为一种合法的支付手段，又与欧洲中央银行联合研发法定数字货币恒星（stella）项目，而同为大陆法系的韩国则恪守禁易规则，对数字货币交易与流通采取严格的监管措施。

第一，日本秉承责任规则，为数字货币提供制度保障。对于数字货币监管治理，日本采取分类监管原则，根据非法定数字货币与法定数字货币的不同属性实施不同的监管治理。一方面，在非法定数字货币的监管治理层面，日本赋予非法定数字货币较高的法律地位。为了提高货币流通的质量和效

---

① 黄燕飞、杨紫维：《世界主要经济体央行数字货币研发进展及其风险管理启示》，《财政科学》2022年第8期，第135—142页。

② 黄燕飞、杨紫维：《世界主要经济体央行数字货币研发进展及其风险管理启示》，《财政科学》2022年第8期，第135—142页。

率,日本中央银行正在实行减少现金支付份额的政策,并支持使用非法定数字货币。在非法定数字货币的法律监管治理上,日本于 2016 年通过《资金结算法(修正案)》,将私人数字货币纳入法律规制体系内,承认非法定数字货币是一种合法的支付手段;在非法定数字货币的金融监管治理上,日本非法定数字货币的监管由金融厅(Financial Services Agency, FSA)负责,主要体现为审慎监管、交易行为监管(非法定数字货币衍生品应适用金融商品衍生品交易的一般规定,例如缔约前书面告知义务、禁止虚假表示、禁止承诺与主动劝诱等)及其限制杠杆交易倍率,以防控非法定数字货币投资。[1] FSA 对首次币发行(ICO)持支持态度,采取适当监管的模式;对于非法定数字货币交易平台的监管,《资金结算法》规定,在日本设立的数字货币交易平台需要在 FSA 申请登记,持有 FSA 核发的交易牌照后就可以开展非法定数字货币服务,该制度同样适用于设立在日本境外的交易平台;在非法定数字货币的技术监管层面,日本并不支持"挖矿"技术发展,并加大了对数字货币"挖矿"软件的打击力度,将"挖矿"应用程序标记为"病毒",对各地支持"挖矿"的网络运营商处以相应的罚款,并开展了与"挖矿"相关的违规行为的调查。另一方面,在法定数字货币的监管治理层面,日本秉承责任规则,在谨慎监管的基础上注重合作发展。日本政府和央行推动本国法定数字货币研发,主要源于以下几个重要的时代背景:一是以区块链为底层技术的非法定数字货币增加金融监管难度;二是民间数字货币兴起对货币体系形成潜在挑战;三是全球法定数字货币研发成为国际货币竞争新领域;四是数字化成为日本经济增长新动力。[2] 2016 年 12 月,日本开展法定数字货币联合研究项目,旨在研究区块链技术在货币金融基础设施中的应用,评估现有支付体系是否可以基于分布式账本技术(Distributed Ledger Technology, DLT)[3]实现高效、安全地运转,[4]以夯实法定数字货币稳健发展的技术基础。

第二,韩国恪守禁易规则,对数字货币严格监管并禁止交易。无论是非

① 刘磊、吴之欧:《数字货币与法》,法律出版社 2022 年版,第 170—172 页。
② 刘瑞:《日本央行数字货币的制度设计及政策考量》,《日本学刊》2021 年第 4 期,第 83—117、146、150 页。
③ 巴曙松、姚舜达:《央行数字货币体系构建对金融系统的影响》,《金融论坛》2021 年第 4 期,第 3—10 页。
④ 帅青红、李忠俊:《数字货币概论》,电子工业出版社 2022 年版,第 64—66 页。

法定或是法定数字货币，韩国都秉承严格审慎的监管态度。一方面，在非法定数字货币的法律监管层面，韩国认为非法定数字货币只是被用于投机，而不是作为支付工具，非法定数字货币交易不属于金融服务。其中，韩国中央银行认为比特币等非法定数字货币是一种虚拟商品，韩国金融监管服务局（Financial Supervisory Services，FSS）认为非法定数字货币不是合法货币。另外，在非法定数字货币的金融监管层面，韩国将 ICO 视为非法行为，认为通过发行非法定数字货币筹集资金类似于赌博。FSS 在 2017 年宣布禁止通过各种形式的非法定数字货币进行资金筹集，并表示非法定数字货币交易需要受到严格的控制和监视。此外，韩国对非法定数字货币交易平台实施牌照制管理，并有明确的监管框架，严厉打击各种具有欺诈性质的非法定数字货币交易所。另一方面，在法定数字货币的监管治理层面，韩国央行认为法定数字货币可能对本国货币政策产生不利影响，若法定数字货币不能有效发挥作用，则可能导致本国金融市场不稳定，造成银行的流动性风险，并严重影响货币供应量及其市场利率。因此，在综合考量与权衡利弊之后，韩国央行明确表示没有任何发行法定数字货币的计划。①

五、经济全球化背景下我国数字货币安全的综合监管制度体系建构

随着区块链技术的成熟，权力可能会从权力机关制定的法律与规则向去中心化区块链网络支配的代码规则与协议加速转移。基于代码协议与算法决策，最终将控制数字货币系统的运作，并重塑法治与人际联系。而数字货币可能会从遵循法治（rule of law），逐步向不受任何第三方控制的代码之治（rule of code）转变。② 数字货币的实践领先于理论，突破了传统货币观念，难以用已有的模型来预测其最终发展结果。对数字货币进行监管的主导因素并非货币发行权的转移，而是其背后的区块链技术支撑。区块链的不可操作性导致对市场和伦理等治理的排斥，而完全放任代码治理并没有取得理想的效果，③亟待构建数字货币安全的综合监管制度。

---

① 柏亮：《数字货币极简读本：理想与现实之间》，东方出版社 2020 年版，第 153 页。
② Danaher J. The Threat of Algocracy：Reality, Resistance and Accommodation. *Philosophy & Technology*，No.3，2016，pp.245 - 268.
③ 陈姿含：《数字货币法律规制：技术规则的价值导向》，《西安交通大学学报（社会科学版）》2020 年第 3 期，第 64—71、80 页。

　　经济全球化背景下国家金融安全的维护是一项系统性的复杂工程,不只是单维度的法律监管或者金融监管的工程问题。为保障中国数字货币的布局先机能够转化为国家竞争优势,[①]基于数字货币的"不等边三元悖论",笔者结合我国本土化数字货币发展情况及其国际监管经验,从法律、金融与技术监管视角为我国数字货币安全发展构建综合监管制度(见图3),具体而言,即不能囿于传统货币的概念去定义数字货币,而应该从数字货币"不等边三元悖论"原理出发,充分吸收法律经济学视角下的卡-梅框架理论成果与国际经验,从法律监管、金融监管以及技术监管层面全面构建我国数字货币稳健发展的综合监管制度体系。借由数字货币这一载体,宏观经济监管手段之间的协调将更为顺畅。

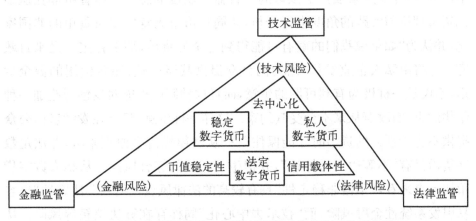

图3　数字货币"不等边三元悖论"下综合监管制度体系构建

　　(一)采取分类监管原则,明晰数字货币的法律属性

　　当下,数字货币已在世界范围内广泛应用,世界各国已逐步认识到数字货币在经济发展中的作用,并对其进行有效的法律监管。我国出于保障金融安全的目的,对数字货币采取的是"一刀切"式的禁易规则立法,这可能导致数字货币在民间的"灰色发展",货币金融行业的创新发展,亟待采取激励性的分类监管原则。[②] 与传统的法定货币相比,非法定数字货币(包

①　马扬、杨东:《数字货币研究的全景补齐:财政应用数字货币的分析框架》,http://kns.cnki.net/kcms/detail/11.3799.F.20220718.1455.002.html,最后访问日期:2023年2月6日。
②　赵莹:《数字货币激励性法律规制的逻辑与路径》,《法商研究》2021年第5期,第130—143页。

括私人数字货币、稳定数字货币）存在固有的缺陷，即无法以稳定的价值发挥交换媒介、记账单位以及价值储存的货币功能。[①] 这些缺陷决定了非法定数字货币既无法成为一国法定货币，也无法在全球范围内达成共识成为世界货币。我国监管部门应对非法定数字货币采取禁易规则，严格禁止其流通交易，但可以允许其在限定范围内单向兑换；对法定数字货币（数字人民币）可采取财产规则，市场主体可以自愿交易，其法律地位等同于现有货币。

第一，对非法定数字货币采取禁易规则，严格禁止其交易。目前，各国对非法定数字货币的态度不一，并不是所有国家都出台了相关的禁止令，对非法定数字货币的综合监管制度不同，这在一定程度上导致了需求波动和币值波动，并反过来强化了该国的综合监管制度的态度。尽管哈耶克从多元货币理论与实践的角度进行分析，认同货币市场竞争以及货币的非国家化，并认为"如果说我们的确有可能得到健全的货币，那么肯定不是来自政府。它将由私人企业发行，因为向公众提供其能信赖、愿意使用的健全货币，不仅是一桩极为有利可图的生意，而且这种制度也能对发钞者施加一种纪律约束，而政府从来不会受其约束。这样一桩生意，只有在发钞者向公众提供不劣于别人的货币时才能保住"。[②] 从法律经济学原理来看，非法定数字货币具有"不等边三元悖论"，并衍生了相关的综合风险。从私人数字货币切入点来看，"币值非稳定性"具有较高的法律风险，"信用非法定性"也容易引发系统性金融风险，而"技术去中心化"同样存在算法黑箱等风险。从我国本土化非法定数字货币的发展实践来看，非法定数字货币在我国发展速度过快，在多个层面突破了传统法律制度的监管，给我国金融风险与消费者权益保护带来了一定的危害。在传统社会经济中，与经营者的技术、实力、地位等相比，消费者处于弱势地位，其往往基于理性的成本—收益考虑而成为权利上的"睡眠者"；在区块链技术背景下的社会经济中，消费者相较于经营者更处于劣势，容易遭受利益失衡风险、隐私权保障风险以及财

---

① Pavel Ciaian, Miroslava Rajcaniova & d'Artis Kancs. The Digital Agenda of Virtual Currencies: Can BitCoin Become a Global Currency? *Information Systems and E-Business Management*, No. 4, 2016, pp.883-919.

② ［英］弗里德里希·冯·哈耶克：《货币的非国家化》，姚中秋译，海南出版社 2019 年版，第 188—189 页。

产受损风险。① 我国为防止非法定数字货币(本质上并不是法律意义上的货币,而是虚拟货币或数字资产)对人民币的侵蚀与威胁金融稳定,②应当恪守卡-梅框架下的禁易规则,禁止非法定数字货币的流通及其交易。③

第二,对法定数字货币采取财产规则,市场主体可自愿交易,其法律地位等同于现有货币。不同于非法定数字货币,法定数字货币具有国家信用的支撑保障,具有较高的公信力和可接受性,能够有效避免因数字货币产生的负外部性。截至 2021 年 12 月,我国法定数字货币(数字人民币,e-CNY)共开立个人钱包 2.61 亿个,交易金额超 876 亿元。与非法定数字货币相比,主权国家发行法定数字法币已经成为顺应经济全球化与区块链技术的发展趋势,我国数字人民币的研究与应用处于全球领先地位。当前,我国已进入了非现金支付的高速发展期,移动支付的应用度与普及度远高于其他国家,呈现出取代传统货币支付的趋势,促使传统现金社会逐步向无现金社会(cashless society)迈进。在这个数字社会渐进式形成过程中,民众形成了良好的数字支付习惯,这为法定数字货币的应用和推广奠定了坚实的技术与客户基础,可以有效降低法定数字货币应用落地的成本。④ 从法律属性上看,在非法定数字货币受到严格管制(禁止交易)的背景下,数字人民币可能成为我国境内唯一具有法偿性的数字货币。从功能属性上看,数字人民币在运营架构、账户结构和使用范围等多维设计上有助于提升其普惠性、高效性、便捷性,⑤有利于化解非法定数字货币的风险隐患,提高数字货币交易的数字化与智能化。而且,法定数字货币具有交易合法性,能够与传统法定货币挂钩,获得了国家信用保障,价值上具有相对稳定性,能够有效维护社会整体利益。参照法律经济学理论下的卡-梅框架,我国应当对法定数字货币采取财产规则,鼓励市场主体积极交易与流通,甚至可以在一定程度上与其他国家与地区的中央银行发起多边法定(央行)数字货币桥研究

---

① 程雪军:《区块链技术规制的国际经验与中国策略》,《中国流通经济》2021 年第 3 期,第 31—43 页。
② 周子衡:《变轨:数字经济及其货币演进》,中译出版社 2021 年版,第 58—59 页。
③ Alstyne V. Marshall. Why Bitcoin has Value. *Communications of the Acm*, No.5, 2014, pp.30-32.
④ 程雪军:《现代中央银行数字货币法治困境与体系构建:基于 2 147 份判决书的实证分析》,http://kns.cnki.net/kcms/detail/11.3664.F.20230113.1021.001.html,最后访问日期:2023 年 2 月 6 日。
⑤ 沈伟、靳思远:《信用货币制度、数字人民币和人民币国际化:从"数字钱包"到"多边央行数字货币桥"》,《上海经济研究》2022 年第 6 期,第 78—93 页。

项目（m-CBDC Bridge），通过搭建货币桥测试平台探索 CBDC 在跨境支付中的应用。①

（二）创新金融监管体制，构建行为监管及其智慧监管

虽然在数字货币尤其是非法定数字货币诞生伊始，诸多国家对其持怀疑态度，但是随着区块链技术的深化，新型数字货币尤其是法定数字货币的发展已成趋势。虽然数字货币存在法律、金融与技术等风险，使得现有金融监管体制在面对数字货币时常陷入困境，但是如果我国依然采取传统"分业监管"体制，可能难以应对数字货币的"混业经营"与综合性风险。针对以上困境，我国需要对金融监管进行改革。

第一，强化数字货币国内层面的行为监管理念，构建"多维一体"的金融监管体系。金融科技（包括数字货币）运行中的权利类型包括金融消费者的财产安全权和经营者的自由经营权，权力形态表现为监管机构的金融监督管理权，主要体现为金融监管体系下的金融监管权。② 数字货币发展时间短、速度快，目前我国对其监管并没有采取类似于其他国家的功能性监管体系，而是根据不同金融业务特征而采取的以机构（分业）监管为主的监管体系。"一行一局一会"是目前我国国家层面的金融监管机构，地方金融监督管理局是地方层面的金融监管机构，承担地方数字货币推广及监管职责。换言之，我国金融监管采取"多头分业"监管，而非行为（功能）监管。尽管这种金融监管体系有利于在有限的金融监管资源中提升金融监管的效率，对于业务分层明显的传统金融而言，具有监管效率高、监管职责明确等优势，但是一旦进入数字货币时代，区块链技术促使传统金融与信息技术深度融合与"混业经营"将会给金融监管体制带来重大挑战，引发金融监管漏洞与套利等问题。若缺乏有效的金融监管体制，则将导致金融监管目标发生冲突，既可能无法有效防范金融风险，又可能将金融机构的短期利益置于金融消费者权益之上，损害消费者的合法利益。由此可见，强化数字货币国内层

---

① 刘凯、李育、郭明旭：《主要经济体央行数字货币的研发进展及其对经济系统的影响研究：一个文献综述》，《国际金融研究》2021 年第 6 期，第 13—22 页。
② 靳文辉：《法权理论视角下的金融科技及风险防范》，《厦门大学学报（哲学社会科学版）》2019 年第 2 期，第 1—11 页。

面的行为监管、完善金融监管的顶层设计与监管体系,是我国数字货币稳健发展的重要前提。基于此,我国数字货币监管主体需要转变职能,强化行为监管,不能只局限于传统政府监管层面,而应该构建起叠加社会监督、行业自律与企业自治共同筑成的"多维一体"的数字货币监管体系。

为了实现对央行数字货币金融风险问题及时高效的监督和规范,笔者建议重新构建金融监管框架体系,建立"一行一局"标准化金融监管结构,明晰数字货币的监管权责。自 21 世纪初我国金融监管体制改革后,我国金融监管框架一直保持着中国人民银行、中国银监会、中国证监会、中国保监会"一行三会"分业监管的监管模式。随着市场经济的发展,职能细化、分业监管的模式已难以适应金融发展的需要。2018 年 3 月 14 日,中国银监会与保监会合并,正式开启了新时代重新构建金融监管框架体系的变革之窗,即从原来的"一行三会"向"一行一会"转变。德国与韩国,在金融监督管理上结合集中统一化趋势,成立了德国金融监管总局(BaFin)[①]和韩国金融监管局(FSS),[②]从而与本土中央银行形成了"一行一局"的创新金融监管框架。因此,我国也可以有条件地借鉴德国和韩国的金融监管经验,有序推进契合数字货币发展的金融监管框架(见图 4)。在国务院金融稳定发展委员会(简称金稳委)的协调与领导下,通过将中国银保监会与中国证监会合并组建中国金融监管总局,下设中国银监局、保监局,与中央银行形成"一行一局"的监管结构,推进契合信息化技术的现代化金融监管框架,并强化金融监管协调与宏观审慎监管。通过不断适应金融领域的"混业经营",解决金融监管空白和监管不到位等难题。同时,我国应当明晰各职能部门在数字货币发行、流通领域的监管权责,增强各金融监管机构的执行能力与效率,通过落实监管机制杜绝各监管机构相互推诿,健全信息分享机制以适应金融业务"混业发展"趋势,对数字货币的实际流通去向进行实时监控,防止因数字货币导致的跨市场与跨领域的风险传播,避免系统性风险的爆发。

---

① 吴淑君、徐小庆:《金融危机背景下德国的金融监管体制及其启示》,《中国行政管理》2009 年第 2 期,第 100—104 页。
② 陈卫东、熊启跃:《集中度与金融稳定:国际经验及对中国银行业的启示》,《国际金融研究》2021 年第 6 期,第 56—65 页。

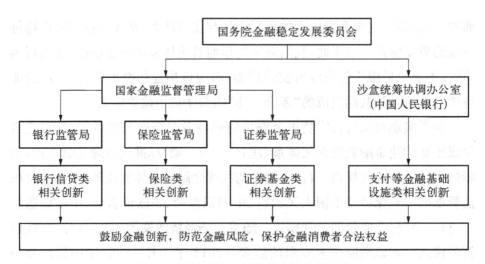

图 4　创新中国数字货币的金融监管框架

　　第二，为有效监管数字货币尤其是法定数字货币，在防范金融风险的前提下鼓励金融创新及其金融消费者合法权益，我国可以对创新技术秉承中性原则，并充分关注风险点，采取数字货币智慧监管模式[①]（见图 5）。智慧监管（smart regulation）是指根据数字货币相关企业的发展规模而开展的渐进式、智能化监管模式，数字货币监管机构需要考虑不同风险因素、企业成本因素以及消费者权益因素等，重点是不同阶段具有不同的优先考虑因素。[②]一是在数字货币相关企业导入期，监管机构不能过早代替市场进行判断，而应该了解企业的创新业务模式、组织机构等"柔性"风险因素，可以对其采取实验试点（testing and piloting），因为这可以减少信息不对称，避免潜在的"监管过激"而遏制创新。二是在数字货币相关企业成长期，监管机构可以采取"监管沙盒"模式，因为它有利于在风险可控与消费者权益保护的前提下，扩大前期实验试点的范围，消除监管机构的抑制因素；之后，监管机构可视沙盒测试情况而确定是否实施限制性许可或特许（restricted license or special charter）。三是在数字货币相关企业成熟期，基于规模与收入允许

① 李有星、王琳：《金融科技监管的合作治理路径》，《浙江大学学报（人文社会科学版）》2019 年第 1 期，第 214—226 页。
② Dirk A. Zetzsche, Ross P. Buckley, Janos N. Barberis, Douglas W. Arner. Regulating a Revolution: From Regulatory Sandboxes to Smart Regulation. *Fordham Journal of Corporate & Financial Law*, No.1, 2017, pp.98 - 100.

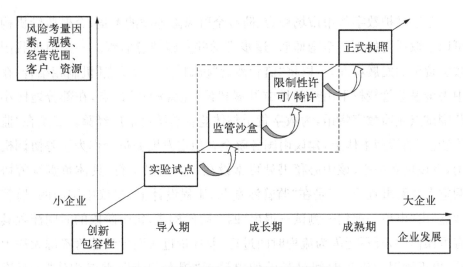

图5 构建中国数字货币的智慧监管模式

的情况,监管机构可以颁发相应的正式执照(full license)。近年来,在鼓励金融科技创新与有效防控金融风险之间寻求平衡已成为金融监管部门面临的重要问题。2015年,英国创造性地提出金融科技"监管沙盒"机制,形成了由流程设计、测试工具、准入标准、评估机制、风控措施等组成的一套完整的运作模式和制度体系。在"监管沙盒"机制中,英国监管机构起到设定政策目标、出台配套政策、发挥监管职能等重要作用。基于对英国"监管沙盒"制度设计的研究,如果中国在数字货币领域推行"监管沙盒"机制,需在目标定位、制度设计、监管框架、准入条件、监管弹性等方面强化监管引导功能。[1] 中国证券监督管理委员会北京监管局、北京市地方金融监督管理局已于2021年11月正式试点"监管沙盒",在首批公布的金融科技创新试点的16个项目名单中,将数字人民币(e-CNY)应用场景由批发、零售、政府拓展到金融机构,充分说明了"实验试点"与"监管沙盒"的实际可行性。数字货币"不等边三元悖论"在区块链金融领域表现得更为突出,亟须金融监管部门利用金融科技和数据优化传统金融监管方法和工具,实现以监管科技为核心的智慧监管。[2]

① 胡滨、杨涵:《英国金融科技"监管沙盒"制度借鉴与我国现实选择》,《经济纵横》2019年第11期,第103—114,2页。

② 沈伟:《数字经济时代的区块链金融监管:现状、风险与应对》,《人民论坛·学术前沿》2022年第18期,第52—69页。

　　基于维护数字货币市场稳定、防范金融风险外溢的考量，金融监管机构可以采取适度的创新金融监管，逐步推动并实施智慧监管。一是根据我国数字货币的发展境况，可以将"监管沙盒"机制与"实验试点"机制相结合，在中央金融监管授权下由部门地方开展建设"监管沙盒"试点，在部分地区小范围试点流通数字货币，为数字货币整体监管总结可推广经验。二是在"监管沙盒"的管理主体上，建议由国务院金融稳定发展委员会作为统筹协调机构，下设创新中心，该中心秘书处可常设在中国人民银行，具体负责统筹协调重大金融事宜。① 三是在"监管沙盒"的流程设计上，建议中国版的"监管沙盒"由"申请—评估—测试—退出"四个阶段构成，每个阶段的时间流程具有可操作性，既不能因为流程时间过短、业务量过大而导致监管资源无法承受，也不能因为流程时间过长致使申请者"望而却步"；重点构建"项目准入—运行管理—消费者保护—政策协调—项目退出"的五大机制，逐步完善数字货币的监管体系，在风险可控的前提下弥补法律监管缺失所带来的"灰色监管"地带，同时保持监管措施的灵活性，平衡数字货币的金融风险与创新发展之间的关系，以促进我国数字货币尤其是法定数字货币的合规化、智能化发展。

　　（三）深化技术监管应用，促进数字货币稳健与国际化发展

　　在经济全球化背景下，各种技术交流与合作的机会日益增多，在一定程度上促进了技术的进步，其中，区块链技术就是经济全球化尤其是次贷危机下的技术产物。近年来，区块链技术广泛应用于各类场景，包括数字货币、政务、教育、金融等领域。数字货币作为区块链技术最重要的应用领域，它的迅速发展壮大充分说明了区块链技术的变革性与前瞻性。当前，世界各国都在积极探索区块链改善监管体系和解决监管问题，区块链技术有效促进监管数字化、技术化的进程已经不可逆转。区块链技术具有公开、透明、去中介化等特性，可以有效降低监管成本，提升监管效率与水平，必将对监管制度工作产生越来越深刻的影响。作为信息领域的战略性前沿技术，区块链技术与其他产业的协同化发展，必将成为科技革新

---

① 程雪军、尹振涛、李心荷：《金融科技创新与监管路径探寻：基于监管科技的研究视角》，《电子政务》2021年第1期，第43—56页。

的战略要地。[①] 随着区块链技术与货币金融行业的深度融合,全球货币体系正处于从传统货币向数字货币的快速迈进时期,货币的质量与效率都得以有效提升。可以说,数字货币因区块链技术的发展而兴起,同时也要利用区块链技术实现"以链治链",深化数字货币的监管科技(regulatory technology,RegTech)发展,有效推进数字货币的技术监管。构建契合数字文明时代特征的区块链监管科技范式既是我国新型监管模式的宝贵探索,也是融合与创新在金融监管领域中应用的典型案例。[②]

第一,深化技术监管应用,尤其是区块链监管应用是国家治理体系和治理能力现代化及探索中国式现代化的重要内容。[③] 一方面,区块链技术的应用可有效提升数字货币的监管效率。通过区块链技术构建"数字政府"平台,可充分提升数据共享和利用效率,促进政府数据信息调查统计收集的准确性,对数字货币发展进行全方位、多层次的实时监测、预警和预测分析,有效保护金融消费者的信息安全,促进相关数据的开放共享,提高监管效率。在数字货币的技术监管中,可以充分利用区块链技术的不可篡改性。如果数字货币的法律合同被篡改了,那么,被篡改的法律合同通过哈希算法(hash algorithm)输出的二进制值就会被改变,被篡改的数据由于哈希指针的存在无法与之前区块形成链,进而无法被纳入认证的数据网络中。在此逻辑之下,任何篡改法律合同条款的行为都将无处遁形,届时法律合同必将严守,法律合同也因其需要转化为二进制值,其确定性将得到提高。另一方面,区块链技术的应用,可以有效提升数字货币的监管水平。对于非法定数字货币,它们通常运行在一个不同层级的区块链结构上,不受任何单一个体控制,不由任何中心化机构维护与运作。对于法定数字货币,有些国家采用了中心化的发行与运行模式,但同时充分借鉴了区块链技术理念。数字货币技术是无科层、无中心、无物相、无国界的事物,[④]应适应"链上治理",制

① 马欣员、钟若愚:《基于区块链创新耦合的新型供应链生态体系与制度建构》,《新疆师范大学学报(哲学社会科学版)》2021 年第 2 期,第 73—83 页。
② 徐冬根:《论法律语境下的金融科技与监管科技:以融合与创新为中心展开》,《东方法学》2019 年第 6 期,第 106—113 页。
③ 杨东:《"以链治链":面向元宇宙的区块链司法科技范式革命》,《中国应用法学》2022 年第 6 期,第 94—110 页。
④ 贾开:《双重视角下的数字货币全球治理:货币革命与开源创新》,《天津社会科学》2020 年第 6 期,第 100—105 页。

定相应的数字货币发行技术标准及其应急预案标准。① 在区块链技术冲击与经济全球化背景下，我国可以通过采用区块链技术有效构建数字监管平台，增强数字货币的监管分析和异常警告功能，对数字货币实行全产业流程的"穿透式监管"。不仅如此，数字监管平台可以将被监管对象的所有信息都记录在案，准确高效地监测和追溯监管对象的实时状况。一旦数字货币出现问题，数字监管平台可以利用区块链技术进行问题溯源，以提高数字货币的监管有效性，降低监管成本。

第二，在当前央行数字货币发展如火如荼的背景下，我国应当牢牢把握数字货币的发展趋势，利用技术转型升级的机会，全面深化法定数字货币的应用，促进本国货币主权与人民币国际化。关于人民币国际化实现的具体路径，大多数学者认为人民币国际化应该遵循渐进的方式推行。李稻葵和刘霖林提出，人民币国际化应采用渐进式、双轨制的模式；②王元龙、③巴曙松和王珂④的研究总结了人民币国际化职能扩展（结算—投资—储备）和空间扩散（周边化—区域化—国际化）的"三步走"路径。

笔者认为可以通过以下三种路径，实现数字货币的国际化突围。

一是通过国际大宗商品交易实现央行数字货币的规模化结算，构建数字人民币的数字货币区（digital currency Area，DCA），增强数字人民币的国际影响力和话语权。数字货币为重构网络外部性提供了新型"空间"载体，马库斯·K.布伦纳梅尔（Markrus K. Brunnermeier）提出了DCA 的概念，⑤DCA 被定义为一个数字网络，在该网络中使用特定数字货币进行交易和支付，通过虚拟空间穿透传统地理、司法、国界的约束，形成超规模、超高速的数字连接网络。⑥ 在现有的国际货币体系中，美元之所以成为全球化美元，其主要原因在于国际大宗商品（例如石油、黄金、煤炭等）采

① 李帅、屈茂辉：《数字货币国际监管的法律秩序构建》，《法学评论》2022 年第 4 期，第 148—160 页。
② 李稻葵、刘霖林：《人民币国际化：计量研究及政策分析》，《金融研究》2008 年第 11 期，第 1—16 页。
③ 王元龙：《关于人民币国际化的若干问题研究》，《财贸经济》2009 年第 7 期，第 16—22 页。
④ 巴曙松、王珂：《中美贸易战引致全球经贸不确定性预期下的人民币国际化：基于大宗商品推动路径的分析》，《武汉大学学报（哲学社会科学版）》2019 年第 6 期，第 89 页。
⑤ M. K. Brunnermeier, H. James, J. Landau. The Digitalizaiton of Money. *NBER Working Paper*, 2019, p.19.
⑥ 戚聿东、刘欢欢、肖旭：《数字货币与国际货币体系变革及人民币国际化新机遇》，《武汉大学学报（哲学社会科学版）》2021 年第 5 期，第 105—118 页。

取美元结算,而这些国际大宗商品都是具有商品属性并且用于工农业生产与消费的大批量的物质商品,具有"高频率、高价值"的战略意义,所以,增强了美元的使用与结算。在新兴技术革命与数字货币的背景下,我国数字人民币需要牢牢把握趋势,结合本国某些方面的资源优势,在稀有金属、煤炭、农产品等方面采取数字人民币结算,待相关条件成熟后,再逐步拓展更多国际大宗商品交易的规模化结算。

二是深化央行数字货币与各类消费场景的合作,促使其加强与电子商务、第三方支付、旅游酒店、出行交通、教育培训等消费场景紧密结合,拓展数字人民币在国内支付的使用空间。当前,尽管我国数字人民币在多个城市试点推行,但是由于没有像第三方支付那样应用到众多的应用场景,使其整体发展规模较小:在用户规模上,第三方支付的用户规模达到8.72亿,而数字人民币的个人用户钱包仅2 087万个;在交易规模上,第三方支付的交易规模接近150万亿元,而同期数字人民币的交易规模仅为345亿元;在应用场景上,第三方支付深入融合了便民生活、购物娱乐、财富管理、教育培训、公益事业等消费场景,而数字人民币通过个人用户钱包的快付管理功能,只连接了74个较为知名的线上消费场景。[①] 由此可见,我国数字人民币在用户规模、交易规模、应用场景等层面,具有明显弱于第三方支付的劣势。对此,我国数字人民币作为高信用水平、高隐私保护、支付即结算等优势的央行数字货币,需要加强与发展成熟的互联网平台场景合作,从电子商务、第三方支付、旅游酒店、出行交通等消费场景切入,实现支付业务的全面发展。

三是利用"一带一路"倡议和"自由贸易试验区"的跨境支付渠道,促成数字人民币的海外应用场景落地。在此前现钞人民币推行国际化进程中,由于传统货币在跨时空与跨边界上具有物理界限的阻隔,同时缺乏相应的双边与多边合作机制,使得人民币国际化进展相对缓慢。目前数字人民币已在国内投入小场景应用试验,其正式投入使用后跨境流动的必要性和需求是客观存在的,而在"一带一路"合作伙伴应用数字人民币也是其跨境流动的逻辑必然,这将有利于提高人民币的国际地位。[②] 尽管在短期内,央行

① 丁翠娥:《数字货币对金融体系的影响和作用》,《财会月刊》2022年7月,第110—112页。
② 师华、郭乔:《"一带一路"沿线国DC/EP跨境流动困境及规则构建》,《经济问题》2022年第10期,第43—50页。

数字人民币在"一带一路"区域化进程中会遭到来自相关国家和主要国际货币发行国的抵制,但是长期来看,新一代信息技术突破了跨时空、跨边界流动性问题,数字人民币只要在良好的双边与多边合作机制下便可以实现高效率、低成本的快速交易与流通,央行数字人民币在"一带一路"区域化博弈中倾向于采取"推出"策略,且"一带一路"合作伙伴也倾向于采取"接受"策略,沿线主要国际货币发行国以"合作"策略促进未来国际货币体系实现多元化发展,①有效提升了技术可得性与普惠性。

我国可以利用"一带一路"倡议和"自由贸易试验区"的跨界支付渠道提升国际应用场景。一方面,我国需要从政策上逐步鼓励数字人民币的跨时空、跨边界流通与场景合作,并在合法、合理的基础上,谨防出现不必要的法律风险;另一方面,我国需要从技术上提升数字人民币跨境支付的快速通道,使数字人民币从技术上率先具有世界货币的属性与能力,逐步推动数字人民币的国际化进程。

六、结语与展望

货币是社会生产力与生产关系发展到一定阶段的必然产物,其运行应当遵循当时的社会发展规律,从信用与技术的双维角度演进。从信用角度看,货币从个人信用发展到企业信用,再到国家信用,最后演进至基于社会共识的数字货币;从技术角度看,货币从商品货币走向金属货币,最终演化为纸质货币、电子货币和数字货币。在经济全球化背景下,人类社会正在从互联网技术时代向区块链技术时代迈进,数字货币在区块链技术与经济全球化驱动下获得快速发展,各种类型的非法定数字货币(私人、稳定数字货币)与法定数字货币(央行数字货币、央行数字账户)在全球范围内快速蔓延,并展开竞争。然而,关于数字货币的法律性质和合法性,不同国家对其认定不同,数字货币在创新发展的同时也给一个国家或者地区的社会经济带来了较大风险与安全问题。

近年来,在经济全球化与数字技术的时代背景下,我国一方面通过颁布《关于防范比特币风险的通知》《关于防范代币发行融资风险的公告》《关于

---

① 古广东、李慧:《央行数字人民币在"一带一路"区域化过程中的博弈分析》,《南京审计大学学报》2022年第6期,第101—110页。

进一步防范和处置虚拟货币交易炒作风险的通知》等文件,从法律制度层面禁止比特币等非法定数字货币的发行与交易,从源头上防范非法定数字货币的法律风险;另一方面,通过在北京、上海、深圳等地试点法定数字人民币,积极拓展法定数字货币的应用场景。

经济全球化背景下的货币安全对国家安全起着至关重要的作用,同时其也是数字货币风险防范的理论根基。从整体上来看,影响数字货币安全主要有两个方面的因素:一是内在因素,即数字货币自身引起的风险,包括数字货币对现有金融体系的冲击;二是外在因素,即国际数字货币的冲击竞争。[1] 通过采用法律经济学分析方法,本文基于数字货币的"不等边三元悖论",从币值稳定、信用载体、技术去中心化角度剖析私人数字货币的风险问题,通过借鉴法律经济学理论下的卡-梅框架,剖析域外数字货币的综合监管经验,为我国数字货币安全及其有序健康发展提出相应的综合监管制度建设策略,即在法律监管层面,对不同的数字货币应采取分类监管原则,明确数字货币的法律属性;在金融监管层面,需创新金融监管体制,坚持审慎监管与行为监管;在技术监管层面,应深化技术监管应用,以促进数字货币的稳健发展。

---

[1] 帅青红、李忠俊:《数字货币概论》,电子工业出版社 2022 年版,第 186—188 页。

中美科技领域知识产权司法、执法制度比较*

袁真富　徐　聪**

摘要：知识产权执法作为国际贸易与技术转移的重要保障，直接影响全球创新生态和经济竞争力。中美之间在知识产权执法机制、标准及实际操作中的差异，不仅对双边贸易关系产生了深远影响，而且为全球知识产权治理提供了经验和教训。为了比较中美两国知识产权执法体系，探讨其差异，以及对知识产权领域国家安全和涉知识产权跨境贸易的影响，本文采用比较法和实证分析法，收集了中美官方文件、相关判例，剖析两国知识产权执法机制。中美在知识产权执法理念和机制上存在显著差异，中国的知识产权执法在对海外知识产权的行政执法和刑事执法上呈防守型，对国内知识产权的行政执法呈扩张性型；美国的知识产权对他国进行行政执法呈扩张型，对其国内知识产权的行政执法呈协调型，即组织协调各部门进行知识产权保护，而不具有行政查处的职能。美国知识产权刑事执法的特点是严厉型，由于美国知识产权法定刑事犯罪的门槛较低，故美国刑事执法案例较多。

关键词：海关执法；行政执法；刑事执法；国家安全

* 本文系上海市法学会国家安全法律研究会课题结项报告。
** 课题负责人：袁真富，上海大学法学院副院长、知识产权学院院长、副教授，全国知识产权领军人才，兼任复旦大学知识产权研究中心特邀研究员、上海市静安区人民法院知识产权审判咨询专家、上海市知识产权研究会副秘书长、中国知识产权研究会高校知识产权专业委员会副秘书长等。
徐聪，意大利博洛尼亚大学法学博士，上海大学法学院（知识产权学院）副教授、上海大学科技与法研究中心研究员、德国马普创新与竞争研究所访问学者，入选上海市"浦江人才计划"。
课题组成员：王瑜敏、耿武洋、刘嘉琪。

一、美国知识产权法律制度

(一)概述

1. 历史沿革

美国关于版权的立法和政策在 19 世纪晚期开始成型。1976 年,虽然美国国会对版权法进行了重新修订,但其并没有完全与《伯尔尼公约》相统一,这是因为当时的美国还不是《伯尔尼公约》的成员国,直到 1989 年美国正式成为《伯尔尼公约》的成员国,美国的版权保护法的立法理念才与《伯尔尼公约》相一致。1790 年,美国制定了第一部《专利法》,该法历经多次修改,美国目前适用的专利法是其于 1952 年颁布的。《商标法》是美国于 1946 年颁布的,其立法根据是联邦宪法中的商业条款,之后历经了多次修改。1984 年针对故意从事假冒货物的交易,美国国会又制定了《商标假冒法》。1996 年 1 月,美国总统克林顿签署《联邦商标反淡化法》,这是美国加强对驰名商标特殊保护的重要举措。[①]

2. 主要法律

美国的法律分联邦法律和州法律两个体系。联邦法律全国适用,州法律则仅在本州适用。专利法、商标法、版权法均有联邦法律。[②] 商业秘密的保护除了州刑法,还主要体现在各州依据《统一商业秘密》(*Uniform Trade Secrets Act*)所制定的具体商业秘密保护规则和裁判案例,以及法院对《不正当竞争法》的解读和适用;商业秘密的保护在联邦层面主要遵循两个法案,即于 1996 年颁布的《经济间谍法》(*Economic Espionage Act*,*EEA*)和于 2016 年颁布的《保护商业秘密法》(*Defend Trade Secrets Act*,*DTSA*)。[③]

(1) *EEA*。*EEA* 赋予了美国联邦调查局对美国境外所发生的窃取美国企业或者个人的商业秘密案件进行调查的权利,一旦窃取商业秘密的事实成立,美国法院则对其有管辖权,美国联邦检察官可以对美国境外的商业秘密窃取行为人提起诉讼。*EEA* 将侵害商业秘密的犯罪种类分为为外国

① 李平:《美国的知识产权保护制度对我国的启示》,《世界经济与政治论坛》2003 年第 2 期,第 14—17 页。
② 张有立:《美国知识产权保护概览》,《中国版权》2015 年第 3 期,第 67—71 页。
③ 王润华:《第四知识产权:美国商业秘密保护》,知识产权出版社 2021 年版,第 3—4、13 页。

政府、机构或代理人利益而在明知的情况下窃取商业秘密的行为的经济间谍罪(第1831条)；为他人的经济利益窃取州际商业秘密的窃取商业秘密罪(第1832条)。由于美国商业秘密刑法域外适用会给当事人带来更为严厉的刑事处罚，一旦美国法院滥用其长臂管辖权，将会给我国高科技领域的企业和科技人员造成较大的刑事法律风险。

(2)DTSA。美国在2016年制定的《保护商业秘密法》，将《经济间谍法》中规定的侵犯商业秘密罪的域外适用制度延伸到商业秘密民事诉讼案件。近年来，美国法院在商业秘密民事诉讼领域频繁适用其域外效力条款，已形成域外适用的具体规则，值得我国企业和公民保持关注，以规避和防范其商业秘密域外适用带来的法律风险。

对于涉外民事诉讼案件的执行，如果当事人在美国没有可执行的资产，则需要到他国申请跨国判决的承认与执行。2017年6月30日，湖北省武汉市中级人民法院出于互惠原则，裁定承认并执行美国加利福尼亚州洛杉矶法院的第EC062608号判决。

(3)《2022年保护美国知识产权法案》(Protecting American Intellectual Property Act of 2022，PAIPA)。PAIPA的核心内容是根据该法案第2节的授权，美国总统应在法案签署生效后180天内向国会提交关于涉及侵犯美国商业秘密的相关外国主体的报告，并对相关报告后续进行年度更新，同时对识别的相关外国实体施加经济制裁措施，其中涉及侵犯美国商业秘密的相关外国主体包括：一是在知晓的情况下开展重大窃取美国人商业秘密的行为，或从该等行为中获益。只要该类重大窃取商业秘密的行为发生在PAIPA生效日之后，且该类行为可能会导致或实质性促成对美国国家安全、外交政策、经济健康或金融稳定的显著威胁。二是对前述窃取商业秘密行为提供明显的经济、物质、技术支持，或提供货物或服务用以支持该类窃取商业秘密行为且从中获益。三是由前述外国实体所持有的或控制的(直接或间接代表相关实体行事、意图代表相关实体行事)的实体。四是前述两类主体所述外国实体的首席执行官或董事会成员。

法案规定的制裁措施基本涵盖了美国现有经济制裁机制下主要的经济制裁措施，并全面扩张了制裁手段的范围，尤其是切断了金融结算的相关制裁。制裁的对象包含除美国境外的一切主体及个人，无论其是否在美国经营或设立,并强调了对个人部分责任的追究。

由于制裁措施的实施不以司法认定为前提,这意味着美国行政机关可以不经法院审理,而直接对参与窃取属于美国商业秘密的某些外国个人和实体实施制裁,同时该法案也未包含任何可能使制裁得到解除的情形,以及任何救济途径。

(4)《芯片与科学法案》(*Chips and Science Act*,CSA)。CSA2020 由三部法案组成:《2022 年芯片法案》(*Chips Act of 2022*,CA2020)、《研究和创新法案》(*Research & Innovation*)和《美国最高法院安全资金法案》(*Supplemental Appropriations to Address Threats to the Supreme Court of the United State*)。主要内容分为:① 在资金补贴与科研投入方面,CSA2020 授权拨款约 527 亿美元,旨在提升美国本土半导体制造能力;《研究和创新法案》授权拨款约 2 000 亿美元,旨在促进未来 10 年人工智能、量子计算等前沿领域的科研创新。② 税收减免方面,2023—2027 年为半导体制造业提供 25% 的税收减免,减免范围包括半导体制造厂商及半导体生产设备厂商,预计共减免 240 亿美元。③ 限制性条款方面,主要集中在半导体制造领域。一是"护栏条款"(guardrail provision),即接受美国联邦政府援助的实体,在 10 年内不得参与在中国或其他"受关注国家"(foreign country of concern)对先进半导体研发制造进行实质性扩张的重大交易,否则,将回收全部资助。二是要求接受补贴的企业每年披露其海外财务安排,尤其是在受重点关注国家(中国等)的投资情况。如果美国商务部认定相关交易安排违反限制性条款,则有权全额收回补贴。《研究和创新法案》还提到中国企业除非获得豁免,否则,不得参与美国制造(USA manufacturing)项目;禁止与中国有教育合作关系的大学(设有孔子学院的大学)获得研究经费,除非大学能够证明自身对孔子学院拥有完全管理权才可以获得豁免。

上述法案对我国的影响包括以下方面:① 阻碍国际半导体厂商在国内扩产。当前国际半导体企业大多在中国大陆投建晶圆厂,其中多数属于成熟制程(28 纳米及以上),仅少部分企业拥有先进制程工厂,生产 16 纳米及 28 纳米芯片。尽管法案未禁止获得补贴的企业继续运营原有的在华产线,但其限制性条款可能影响国际厂商在华扩建计划,尤其是 28 纳米以下的先进制程工厂。② 抑制中国半导体产业链升级。我国半导体产业尚处于追赶阶段，近年来半导体制造产能有所上升，主要集中在成熟制程方向（28 纳米及以上），先进制程处于被限制状态。从中长期看，法案必然影响我国半导体产业链企业与台资、外资制造企业合作，阻碍境内企业通过合作提升技术和管理水平，封锁先进制程领域产能的提升空间，加剧中高端芯片制造"卡脖子"困境。此外，电子设计自动化（electronics design automation，EDA）出口限制将进一步拉大我国境内外半导体产品技术差距，环绕栅极场效应晶体管（gate-all-around FETs）结构是突破 3 纳米制程的关键技术，出口管制将会限制中国境内半导体设计企业开发 3 纳米以下的产品，在未来与国际先进厂商形成差距。③ 影响我国半导体产业链安全。美国政府多次提议组建排除中国大陆的区域性半导体供应链，2022 年 3 月，还首次提出建立以美国为核心，联合日本、韩国以及中国台湾地区的"四方芯片联盟"。CSA2020 的出台可能推动和加快联盟的组建，在半导体设计、半导体制造设备和原材料领域形成垄断，并在半导体制造产能中占据主导，进一步加强对其他国家技术封锁，威胁我国半导体产能的供应安全。

3. 立法特点

一是美国知识产权立法制度具有"联邦—州法"和"普通法—制定法"的二元并立结构特点。① 二是从州法层面到联邦知识产权法律体系的过渡，美国的知识产权制度所蕴含的价值观念发生了实质变化：从普通法上的先用权利变成了统合国内市场、推进国家科技政策和推进其国际价值链布局的重要工具。② 三是美国普通法层面的知识产权结构，包括作为知识产权法律渊源的判例法以及作为知识产权制定法的普通法适用方法两个方面。美国知识产权成文法包括纯粹的成文法（制定法）和从判例法过渡而来的成文法。③

（二）行政执法

1. 主要法律制度

（1）《1988 年综合贸易与竞争法》（*The Omnibus Trade and Competitiveness*

---

① 吴柯苇：《美国知识产权法典化考察与镜鉴》，《电子知识产权》2021 年第 2 期，第 56—67 页。
② 朱颖：《美国知识产权保护制度的发展：以自由贸易协定为拓展知识产权保护的手段》，《知识产权》2006 年第 5 期，第 87—91 页。
③ 吴柯苇：《美国知识产权法典化考察与镜鉴》，《电子知识产权》2021 年第 2 期，第 56—67 页。

Act of 1988，OTSA1988)。OTSA1988 第 1301—1310 节规定了"一般 301 条款"(关于不公平措施)、"特别 301 条款"(关于知识产权)、"超级 301 条款"(关于贸易自由化)和具体配套措施。"一般 301 条款"规定，美国贸易代表办公室(Office of The United States Trade Representative，USTR)有权对他国的法律、政策、惯例、行动是否不合理或歧视性，并给美国商业带来的负担发起调查。① 而"未提供充分和有效的知识产权保护"被规定为"不合理的行为、政策和做法"之一。② 若 USTR 调查结果认定该外国未提供充分和有效的知识产权保护，贸易代表将依据 301 条款的(c)项对该外国采取惩罚性行动，直到该国满足该条对 USTR 不采取行动的规定。③ "特别 301 条款"授权 USTR 对各国是否提供充分有效的知识产权保护，以及是否对依赖知识产权保护的工业部门或商人提供公平、平等的市场准入机会进行重点审查，并依据评估结果采取不同的报复措施。"超级 301 条款"授权 USTR 对各国设置的针对美国的贸易障碍，并与其中的重点国家进行谈判。

"301 调查"主要通过两条路径影响中国市场：一是通过压制风险偏好影响市场短期走势，即短期"301 调查"可能引起市场恐慌，进而压制风险偏好，引起市场出现一定幅度的调整；二是通过影响企业营利进而影响市场长期走势。例如，美国于 2017 年对中国发起"301 调查"，主要针对与技术转让、知识产权和创新有关的法律政策或做法，④并据此调查结果在 2018 年对中国输入美国的 1300 项价值约 500 亿美元的商品加征 25% 的关税，主要涉及信息和通信技术、航天航空、机器人、医药、机械等行业。⑤

(2)《1930 年关税法案》(*The Tariff Act of 1930*)。《1930 年关税法案》第 337 条规定，美国国际贸易委员会(U.S. International Trade Commission，USITC)有权在美国企业起诉的前提下，对进口中的不公平贸易行为进行调查和裁处。美国海关和边境保护局有权依照 USITC 的决定扣押被指控侵权

① 19 U.S.C. § 2411.
② 19 U.S.C. § 2411,(d)(3)(B).
③ The Office of the Intellectual Property Enforcement Coordinator. Annual Intellectual Property Report to Congress, April 2022, pp.173 - 176.
④ 《美国正式对中国发起"301 调查"》，https://www.xinhuanet.com/world/2017-08/19/c_1121508900.htm，最后访问日期：2023 年 2 月 6 日。
⑤ 《美公布"301 调查"征税建议清单，中方坚决反对》，https://www.gov.cn/xinwen/2018-04/04/content_527924.htm，最后访问日期：2023 年 2 月 6 日。

产品及阻止其入境。该条款将非法活动主要表述为两个部分：一是进口到美国的货物采取了不正当的竞争方法，并对美国的相关产业造成了严重的损害，即一般的不正当竞争行为；二是进口到美国的货物侵犯了美国已经登记注册的专利权、商标权、版权等知识产权，即有关知识产权的不正当竞争行为。在实际操作中，USITC 依据此条款展开的大部分是有关知识产权的调查。有关知识产权的不正当贸易与一般不正当贸易不同的是，只要美国存在与该产业相关的行业或正在建立该行业，有关知识产权的不正当贸易做法即构成非法，而不是以其对美国企业造成损害为要件。如果 USITC 经过调查认定进口产品的确侵犯了美国的知识产权，其可以依据 337 条款采取以下几种救济措施：① 排除令。排除令包括两类：一是可以禁止申请书中的外国侵权企业的侵权产品进入美国市场的有限排除令；二是不分地域禁止与侵权产品同属一类的产品进入美国的普遍排除令。② 停止令。停止令要求侵权企业立即停止侵权行为，此类行为不仅限于生产和销售，而且包括侵权产品在美国的宣传等诸项行为；违反此令的企业，将被处以极其严厉的经济惩罚。③ 没收令。如果一个企业的某一产品在出口到美国市场时，USITC 发现其在之前曾被处以过排除令，此时便可直接发布没收令。美国海关根据此令可对所有试图出口到美国的侵权产品进行没收。这三种救济措施都没有明确的有效期，除非 USITC 认为侵权情形已不存在，否则，排除令和停止令可一直执行，可以说，这对出口企业的伤害力度是相当大的。USITC-337 是国际知识产权最严厉的判决，主要是因为其时间短、费用高、封锁期长、影响面大，且欧洲等其他发达国家和地区也会参照美国判决来选择贸易伙伴。也就是说，如果我国某家公司因在 USITC-337 败诉，同类产品不仅将被排除在美国国门之外，而且将被欧洲国家排斥。

1986—2010 年，多达 109 起美国 337 调查案涉及中国企业。捷康公司主动参加美国 337 行政程序案是中国企业利用美国的知识产权救济制度保护自己的合法权益的典型案例。2007 年 3 月 5 日，泰莱公司为保持其在全球三氯蔗糖市场的绝对垄断地位，以进口到美国本土的三氯蔗糖产品（含下游产品及中间体）侵犯了其有效专利、对美国本土相关产业造成损害为由，依据美国《1930 年关税法》第 337 条，在美国伊利诺伊州联邦地方法院对分布在我国广东、河北和江苏的 3 家三氯蔗糖制造商和 25 家涉案的中外企业

（其中有 11 家为中国企业）以侵犯了其 5 项专利为由，请求 USITC 发布永久性普遍排除令和禁止令。[①] 为了保护客户和占据市场主动权，捷康本系泰莱公司 337 调查的案外人，但于 2007 年 7 月向 USITC 递交主动参与 337-TA-604 全部 5 项专利的调查的申请。捷康根据 USITC 的法律提出了 5 条理由：① 捷康实际已经出口到美国市场；② 美国市场有捷康已有和潜在的客户；③ 由于生产工艺不同，其他三家被告企业不能代表捷康的利益；④ 泰莱申请的普遍排除令已严重损害捷康的市场利益；⑤ 捷康可以按 ITC 的法定程序，在规定时间内完成证据递交和辩护，不会申请法律程序延期。经过捷康律师的积极辩护，USITC 法官和 USITC 委员于 2007 年 8 月 15 日同意捷康加入 USITC-337-TA-604 针对三氯蔗糖产品的调查。2008 年 9 月 22 日，经过双方递交的证据资料和法庭的答辩，USITC 行政法官对本案作出认定：进口到美国的三氯蔗糖及下游产品不侵犯泰莱公司诉请的"专利 463"等四项专利；对于泰莱公司诉请的"专利 551"，USITC 没有管辖权；同时，美国并不存在与"专利 463"相关的国内产业。基于此，USITC 裁决，除缺席者和败诉的以外，捷康及中国三家被诉企业的生产工艺不侵犯泰莱公司的专利权。

　　（3）《出口管制改革法》（*Export Control Reform Act*，ECRA）和《出口管制条例》（*Export Administration Regulations*，EAR）。EAR 是由美国商务部根据《1979 年出口管理法》的授权出台的出口管制条例，被记载于《美国联邦法典》第 15 条第 730—774 部分。EAR 对技术出口管制主管部门包括实体清单在内的技术出口管制工具、技术出口管制采用的许可证制度以及技术出口管制政策的具体适用步骤等方面都进行了明确的规定，构建起较为完备的技术出口管制体系。ECRA 将美国现行的技术出口管制实践编纂成法律，由于 ECRA 的长期有效性，美国技术出口管制体系摆脱了必须通过《国际紧急经济权力法案》进行临时延期的窘境，因此具有稳定的法律基础。ECRA 的出台一方面为美国技术出口管制体系夯实了法律基础；另一方面，根据国际形势，将维持至关重要的科技领域的领导地位作为国家安全的关注重点。ECRA 在 EAR 的基础之上将技术出口管制的范围扩大至新兴和基础技术领

[①] 《如何应对"337"调查》，https://www.casteelnews.com/special/1473/1493/201605/t20160528_307823.html，最后访问日期：2023 年 2 月 6 日。

域，并针对具体技术进行识别和认定的主体以及信息来源、考量因素均进行了详细规定，给美国技术出口管制体系带来了重大革新。

EAR 规定了外国直接产品原则，即如果外国生产物项的工厂或工厂的主要设备是特定受 EAR 管控软件和技术的直接产品，则该外国生产物项出口给实体清单中被美国商务部工业与安全局（Bureau of Industry and Security，BIS）标记的实体，例如华为及其关联公司则需要获取许可证。同时，被美国制裁的中国企业受到 EAR 的限制，从事出口、再出口和国内转运均须获得美国"许可豁免"，这将限制中国企业在多个技术领域使用美国的产品、技术或软件，相关企业的核心竞争力发展及供应链安全均受到威胁，这一举措甚至导致华为的高端芯片供应链断裂。

美国不断扩大对中国技术出口的管制范围和执法力度。2018 年，美国向中兴通讯发布出口禁售令，禁止美国公司向其出口电信软件和技术。2019 年，特朗普签署《保障信息与通信技术及服务供应链安全》，将受到国外通信供应商的威胁视为"国家紧急状态"，禁止高通、英特尔等美国企业向华为等"实体清单"企业出售通信元器件。2020 年，美国进一步升级对华为的制裁，在全球范围内禁止任何企业向华为供应芯片，包括使用美国芯片设备和技术，旨在通过"长臂管辖"对华为供应链造成全面封锁。随后，美国商务部又将中芯国际、北京邮电大学等多个涉及 5G、超级计算、半导体技术的单位加入"实体清单"。2023 年 4 月 19 日，BIS 发布公告，BIS 认为美国公司希捷科技有限责任公司（Seagate Technology LLC）和希捷新加坡国际总部私人有限公司（Seagate Singapore International Headquarters Pte. Ltd.）向华为技术有限公司销售硬盘，违反了美国 EAR 的外国直接产品规则，因此对前述公司进行民事处罚，即 3 亿美元的罚金，这是 BIS 历史上单次行政处罚最大的金额。此外，本次处罚还包括对公司施加审计要求和 5 年内拒绝出口特权。BIS 表示，本次处罚的 3 亿美元罚款是 BIS 预估希捷向华为出口硬盘净利润两倍以上的金额。BIS 在指控信中称，2020 年 8 月 17 日—2021 年 9 月 29 日，希捷进行了 429 项违规行为，在没有 BIS 授权的情况下，向华为及其在实体清单上的关联公司出口了超过 740 万个外国生产的硬盘，价值超过 11 亿美元。

（4）《外国投资风险评估现代化法案 2018》（*Foreign Investment Risk*

Review Modernization Act of 2018，FIRRMA）。*FIRRMA* 是对美国外商投资委员会（The Committee on Foreign Investment in the United States，CFIUS)的流程进行的立法改革，扩大了其审查权限，赋予其快速审查特定交易的权利，以及对特定交易活动的审查范围，以加强对来自重点关注国家投资交易的审查力度。*FIRRMA* 将中国界定为"特别关注国家"，提高了CFIUS 在芯片、人工智能等领域对中国企业的审查权限。受管辖交易的范围包括如果被投资的美国企业"保存或收集可能用于威胁国家安全的美国公民的敏感个人信息"，则该交易将会被纳入审查范围。CFIUS 在分析国家安全风险时，也需要考虑保护敏感的个人信息和维护网络安全等因素。*FIRMMA* 还规定如果一项交易完成的时间已超过 3 年，外国投资委员会的成员原则上是不能提起对相关交易的审查，除非委员会主席在征求委员会其他成员的意见后同意对已完成的交易进行审查。2017 年，企业向CFIUS 提交的申请为自愿行为，CFIUS 会保留在交易完成之前或之后对其进行强制审查的权利，而 2020 年 2 月 13 日后，对于以下行为：一是境外向开发"关键技术"的美国经营实体进行的投资；二是外国政府控制的实体从与其无附属关系并涉及关键技术、关键基础设施或敏感个人数据的美国经营实体（即美国 TID 企业）处获得"重大利益"的交易，增设了强制企业向CFIUS 申报的要求。外资审查被认为是美国为保护知识产权而获得科技竞争优势的关键措施，也是防止技术转让、对中国半导体产业进行遏制的一贯做法。

2019 年 11 月，CFIUS 启动对字节跳动（TikTok）收购 Musical.ly 音乐短视频应用的审查。由于 Musical.ly 是一家中国企业在美国注册的业务，TikTok 对其收购属于受 CFIUS 管辖的交易。TikTok 是由于用户个人数据这一敏感问题而受到了 CFIUS 的审查。一些美国参议员援引国会有关个人数据保护的新规定，呼吁 CFIUS 对 TikTok 所造成的国家安全风险进行回溯性评估。而且，由于中国在 2017 年通过的《中华人民共和国国家情报法》要求本国企业配合政府的情报收集工作，美国参议员还担心中国政府将据此获得访问 TikTok 美国用户的数据的权限。鉴于此，CFIUS 随后对TikTok 展开调查。CFIUS 同样以个人信息安全问题为由对中国游戏公司昆仑万维进行调查，要求昆仑万维在 2020 年 6 月之前出售其收购的应用程序。

（5）《确保信息和通信技术及服务供应链安全》（*Securing the Information and Communications Technology and Services Supply Chain*，SICTSS）。2021 年 1 月 19 日，美国商务部（Department of Commerce，DOC）发布 SICTSS，旨在落实第 13873 号《确保信息和通信技术及服务供应链安全的总统令》（*Executive Order on Securing the Information and Communications Technology and Services Supply Chain*）中的相关要求。SICTSS 规定，DOC 可以"保护国家安全"为由，禁止或限制与包括中国在内的某些被指定"外国对手"有联系、涉及信息和通信技术及服务（ICTS）供应链（包括硬件和软件）的交易。美国商务部长有以下权限：① 审查任何外国对手拥有、控制、管辖或指示的人所设计、开发、制造或供应 ICTS 的交易是否构成某些不当或不可接受的风险；② 发布裁定，禁止一项 ICTS 交易；③ 指示 ICTS 交易的停止时间和方式；④ 考虑可能缓解该 ICTS 交易所构成风险的因素。SICTSS 导致中国企业售卖 ICTS 设备的商业活动具有不确定性。

（6）《解决投资中国军方控制企业构成威胁的总统令》。2020 年 11 月，美国总统签发了该行政命令，错误地认为中国军方控制的企业利用美国资本进行资源开发，以实现军事、情报和其他机构发展为目的，通过武器开发和恶意网络行为威胁美国安全。美国国防部会同财政部拟订"中国军方控制企业"名单，禁止美国投资者与中国进行任何交易。

由于 5G 涉及网络活动，我国的相关企业也成为重点制裁对象，例如中国联通（香港）、中国移动和中国电信 3 家通信运营商被列入名单。2021 年 1 月，美国纽交所暂停了这 3 家中国公司交易，并对其进行摘牌退市处理，阻止美方投资公司、养老基金和其他机构买卖中国通信企业的股票，企图阻断中国 5G 公司在美国金融市场的融资渠道。这种恶意诬蔑、抹黑中国军民融合发展政策的行为，违背了市场竞争原则和国际经贸规则，干扰了中美正常经贸和投资合作。

（7）《美国供应链行政令》。2021 年 2 月 24 日，美国总统拜登签署了第 14017 号《美国供应链行政令》，要求美国政府对关键供应链进行全面审查，以识别风险，解决其脆弱性，并制定提升弹性的战略。根据该报告，导致美国供应链脆弱的主要因素有 5 项，其中 3 项直指中国。在此基础上，拜登政府针对四种关键产品：半导体制造和先进封装、大容量电池、关键矿产和材料、药品和原料药开展供应链审查。

以半导体领域为例,美国在将华为、中兴、中芯国际等中国重点企业陆续列入"黑名单"后,2022年,又着手推出更全面的制裁法案,以推动其国内半导体的研究、开发和制造,并重点审查"将关键产能和供应链外包给外国对手的行为"。

2. 行政管理体系

美国知识产权的行政执法与行政管理相区分。[①] 知识产权的行政执法是指涉及知识产权的专业行政执法机构和取得相应行政授权的专业执法组织,以及涉及知识产权的准司法行政机构(Administrative Quasi-Judicial Agencies),依据知识产权法律规范查处知识产权侵权纠纷的行为也称为"知识产权专业行政执法"。[②] 美国的专业行政执法机构指警察局和海关等行政机关;美国的行政准司法机构指 USITC 和美国联邦贸易委员会(Federal Trade Commission,FTC)等具有特殊性质的行政机构。[③] 其中USITC 依据"337 条款"享有对知识产权的行政查处权;USTR 依据"301 条款"对知识产权事项拥有广泛的行政查处权等。

而知识产权的行政管理是指知识产权行政管理机关和取得相应行政授权的组织,依据知识产权法律规范管理国家有关知识产权的事务,为公民和社会提供知识产权法律服务的行为,包括知识产权的行政确权及相关的管理、知识产权争议调解,不包括直接查处知识产权侵权纠纷。[④] 知识产权管理机关直接行政执法,是指知识产权行政管理机关和取得相应行政授权的组织所实施的、依据知识产权法律规范直接审理、查处知识产权违法、侵权纠纷的行政执法行为。[⑤] 美国的知识产权行政管理机关主要分两类:一是主要负责管理版权的美国版权局(Library of Congress's U.S. Copyright Office,

---

① 中国社会科学院知识产权中心:《中国知识产权保护体系改革研究》,知识产权出版社 2008 年版,第 101 页。
② 中国社会科学院知识产权中心:《中国知识产权保护体系改革研究》,知识产权出版社 2008 年版,第 101 页。
③ 李顺德:《对加强版权行政执法的思考》,《知识产权》2015 年第 11 期,第 17—24 页;中国社会科学院知识产权中心:《中国知识产权保护体系改革研究》,知识产权出版社 2008 年版,第 129 页。
④ 中国社会科学院知识产权中心:《中国知识产权保护体系改革研究》,知识产权出版社 2008 年版,第 101 页。
⑤ 李顺德:《对加强版权行政执法的思考》,《知识产权》2015 年第 11 期,第 17—24 页。

USCO)，其是隶属于立法系统美国国会的美国国会图书馆的业务部门之一；二是负责专利和商标管理的美国专利商标局（United States Patent and Trade Mark Office，USPTO)，其是商务部下属的绩效单位。[①]

美国知识产权执法协调员办公室（The Office of the Intellectual Property Enforcement Coordinator，IPEC）于 2008 年成立，该机构属于总统行政办公室的一部分，负责协调制定知识产权执法联合战略计划，并就国内和国际知识产权执法计划向总统和国会报告。[②] 根据 IPEC 编写的提交给国会的《知识产权 2021 财年年度报告》[③]及 USPTO 列出的完整执行知识产权措施，[④] USPTO 无权处理知识产权的纠纷。同时，美国的联邦行政法规明文禁止版权局介入任何涉及当事人版权问题的私人咨询是否构成侵权的认定。[⑤] 同时，美国知识产权行政执法机构的管理体系由以下多个机构共同构成：USTR、美国食品和药品管理局（Food and Drug Administration）、USITC 和海关及边境保护局（Customs and Border Protection)，以及协调国内国际知识产权执法的全国知识产权执法协调委员会（National Intellectual Property Rights Coordination Center)。[⑥] 以上机构各自拥有不同的职责和权限。在知识产权行政执法方面，这些机构有时会相互合作，共同实施政策，以确保知识产权得到充分的保护和执行。

3. 行政执法手段、执法主体、执法流程

对于 USTR 的知识产权执法，每年 1 月，USTR 会在《联邦公报》（Federal Register）上发出通告，要求个人及企业界提出意见报告，对外国政府未能良好或有效保护知识产权的行为、政策、措施等事实，在 2 月中旬形成书面文件提交贸易代表署。与此同时，USTR 也会通过大使馆及联邦各部门驻外人员等各种渠道收集有关资料。资料汇集后，USTR 从 2 月中旬开始，不断

---

① 董希凡：《知识产权行政管理机关的中外比较研究》，《知识产权》2006 年第 3 期，第 39—44 页。

② White House. Office of the Intellectual Property Enforcement Coordinator，https://www. whitehouse.gov/ipec/，最后访问日期：2023 年 10 月 20 日。

③ The Office of the Intellectual Property Enforcement Coordinator. Annual Intellectual Property Report to Congress，April 2022，pp.26 - 30.

④ Enforcement Initiatives，https://www. uspto. gov/ip-policy/enforcement-policy/enforcement-initiatives，最后访问日期：2023 年 10 月 20 日。

⑤ 37 CFR § 201.2,(a)(3).

⑥ 廖丽：《美国知识产权执法战略及中国应对》，《法学评论》2015 年第 5 期，第 130—139 页。

召集由各部门人员组成的知识产权特别 301 工作小组会议,审查相关资料,并初步听取各部门意见,决定哪些国家列为今年的特别 301 条款名单。在这个阶段,企业界及提出书面文件者可以进一步补充资料,说明损失数据的估计方法。当事国政府在未被正式宣布为"重点国家"前,可向 USTR 或通过当地大使馆提供说明资料,并开始进行磋商,对美方的指控作出解释,说明在提高保护知识产权方面所取得的成效,以及提出具体改进措施及行动方案。特别 301 条款名单经工作小组拟定,并经贸易政策幕僚委员会及贸易政策审查小组(由 USTR 召集,各部门领导参加)的认可,如有争议,则交国家经济政策委员会(Economic Policy Counoil)核定,经总统批准后,由 USTR 在 4 月 30 日前,公布"重点国家""重点观察国家"及"观察国家"名单,部分重点观察国家被限定在一定期限内改进知识产权执法不力的状况,否则,将可能被列入重点国家。名单公布后,美国会对"重点国家"发起为期 6 个月的调查。调查期间双方可进行协商,若经协商取得共识,在签订备忘录或协定后即中止调查程序,否则,会进行贸易报复。同时,USTR 会监控对方是否切实履行协定,并根据监控依据 306 条款采取报复行动,或作为次年特别 301 条款名单的参考。①

海关执法手段是 USITC 在"337 条款"下对侵权产品发出排除令(an exclusion order),由美国海关和边境保护局在全国范围内强制执行,或发出停止令(cease and desist orders)。排除令只适用于即将进口的货物,而停止令则适用于在美国仓储的已进口货物,同时 USITC 不会对之前的侵权行为进行罚款。② 337 条款的行政决定是由行政法法官在准司法环境下作出的,涉及侵权的问题可由地区法院重新审议。侵权的初步裁定严格遵循法院适用的《美国联邦民事诉讼规则》(*Federal Rules of Civil Procedure*),最终裁定的目标日期为 15 个月。③ 权利人根据初步证据认为某一进口产品可能是侵权产品时,可以向美国海关提出停止放行申请并为此提供担保。这种停

---

① 汪涌:《美国贸易法特别 301 条款分析与对策》,《知识产权》1996 年第 1 期,第 11—14 页。

② Cohen M., Kappos D., Rader R. Faux Amis: China – US Patent Administrative Enforcement Comparison. *China Patents & Trademarks*, No.4, 2016, pp.33 - 39.

③ Section 337 Investigations: Answers to Frequently Asked Questions (2009) (USITC FAQ), Question 20, https://www.usitc.gov/intellectual_property/documents/337_faqs.pdf,最后访问日期: 2023 年 10 月 20 日。

止放行的最长时间为 20 天,在此期间,权利人可以向美国国际贸易委员会提出申诉,要求该委员会发布停止或禁止该批产品进入美国的命令。一般来说,要求保护的权利人应事先将其知识产权在海关进行登记。[①]

CFIUS 对高新技术产业的执法手段是对公司的交易进行审查,CFIUS 审查的可能结果包括：无条件通过交易、附条件批准交易、建议美国总统否决或撤销交易。执法流程开始于"受理"企业的自行申报,审核一个存在实质性问题的交易需要 4—8 个月的时间。美国国家安全审查程序一般包括两个阶段：国家安全审查阶段和国家安全调查阶段。国家安全审查阶段主要是初步判断是否存在危害国家安全的情况,为期 30 天,如果认为存在危害国家安全的情况,就会进入为期 45 天的国家安全调查阶段。在调查活动结束后,再最终确认是否存在危害国家安全的情况、是终结调查还是请求总统中止或禁止受管辖交易或采取其他行动,整个审查流程最长可达 105 天。在此期间,申报企业有两个选择：一是为了减少继续调查对公司产生的消极影响而撤回此前申请,待修订、补充完善后再次提交,或直接放弃相关交易;二是与 CFIUS 签署《缓解协议》,采取措施减少外国人对企业的控制权,对于敏感的设备、技术、信息要从现有的交易中剥离出来等,以消除受管辖交易产生的国家安全风险。

根据 FIRRMA 规定,如果 CFIUS 认为该交易不再危害国家安全,可以决定关闭该交易所有安全调查且不需要向总统发送报告,但如果委员会最后得出以下结论：建议总统中止或禁止该交易;对是否建议总统中止或禁止该交易无法达成一致,则应向总统发送报告,并进行最终决策。总统应在 15 日内作出决定。在总统行使其最终决策权后,为确保该决定得到执行,总统可以指令司法部寻求合适的救济,包括在美国地方法院采取剥夺财产的救济方式。CFIUS 不会向当事企业提供其作出决定的理由,而且根据法规,法院不会对 CFIUS 在国家安全方面作出的决定进行司法审查。

DOC 的 ICTS 审查流程分为 3 个步骤：① 初审。一旦发现 ICTS 交易可能符合所设定的风险标准,商务部即可启动审查。在进行初步审查期间,商务部长应通知相关机构负责人,并与其协商,以确定 ICTS 交易是否符合

① 李平：《美国知识产权制度的历史发展》,《求是学刊》2002 年第 2 期,第 77—80 页。

规定的风险标准。如果认定 ICTS 交易没有相关风险,则审查活动不再进行,但并不排除未来可能根据其他情况再次进行审查的可能。如果认定 ICTS 交易存在相关风险,则商务部长签署书面的初步决定书,并阐明为何认定交易存在风险,说明商务部长是否已初步决定禁止交易,或提出允许交易的缓解措施。同时,商务部通过在《联邦公报》公布或其他方式将初始决定的副本送达 ICTS 交易各方。需要注意的是,禁止交易或提出缓解措施的初步决定不能涉及"国家安全保密信息"或"敏感但非保密信息"。在商务部长发出通知后的 30 天内,ICTS 交易的任何一方均可对初步决定作出回应,或声称导致初步决定的情况不再存在,要求撤销或者缓和初步决定。如果在 30 天内未收到回复,商务部长可以发布最终决定。② 再审(磋商程序)。在收到 ICTS 交易各方的回复之后,商务部长可以决定是否要求交易各方补充信息,并与其他机构负责人再次协商并寻求一致意见,以确定是否禁止 ICTS 交易。如果各审查机构之间无法达成共识,则商务部长应将提议的最终决定和适当机构负责人的反对意见通知总统。在收到总统关于部长提议的最终决定和任何适当机构负责人反对的指示后,部长应发布最终决定。③ 终审。除非商务部长通过书面方式决定延长期限,否则应当在审查启动后的 180 天内发布最终决定,包括禁止交易、不禁止交易、允许交易但采取缓解措施。如果商务部长确定某项 ICTS 交易应当被禁止,则有权决定采取必要的限制性措施,以解决 ICTS 交易造成的不适当或不可接受的风险。

(三)刑事执法

1. 主要法律制度

美国《版权法》在第 1204 条"刑事犯罪及处罚 a 一般规定"——为商业利益或个人经济利益而故意违反第 1201 或 1202 条——① 初犯的,应处以 50 万美元以下罚款或 5 年以下有期徒刑或并罚;② 再犯的,应处以 100 万美元以下罚款或 10 年以下有期徒刑或并罚。

1984 年《假冒商标处罚条例》对侵犯商标权的刑事救济仅规定了假冒商标罪,具体刑事责任为:对轻犯,个人应处以 200 万美元以下罚款,或者 10 年以下监禁,或者二者并罚;非个人应处以 500 万美元以下罚金。对重犯,个人应处以 500 万美元以下罚款,或者 20 年以下监禁,或者二者并罚;

非个人应处以 1 500 万美元以下罚款。对于其他侵害行为多是追究民事责任。而对于商业秘密的刑事保护，由《统一商业秘密法》《侵权法重述》《联邦窃听法》《反经济间谍法》规定。

2. 刑事执法手段、执法主体、执法流程

美国负责知识产权犯罪刑事执法工作的机构主要包括两个：一是司法部计算机犯罪处与知识产权处（the U. S. Justice Department's Computer Crime and Intellectual Property Section，CCIPS），其专门负责知识产权刑事案件的起诉工作，向知识产权方面的检察官提供指导和培训；二是联邦调查局（Federal Bureau of Investigation，FBI），该机构在全国各地设置调查知识产权盗窃和欺诈等犯罪行为的分支和派出机构，以便在全国范围内开展知识产权犯罪的调查活动。这两个机构均隶属于美国司法部。[①] CCIPS 是司法部刑事司内的一个部门，由 40 名检察官组成的专门小组组成，专门负责执行计算机犯罪和知识产权法律，其中 14 名 CCIPS 检察官被指派专门负责知识产权执法工作。[②] 首先，由 FBI 对涉嫌犯罪的行为进行调查，通过其网络犯罪部门及其外地办事处调查大多数联邦知识产权犯罪。[③] 再次，由 CCIPS 检察官再对刑事案件进行起诉。[④] 约一半的知识产权盗窃案被告由联邦地区法院审理。[⑤] 与进入美国刑事司法系统的其他类型的犯罪一样，大多数知识产权刑事案件都是通过辩诉交易而不是审判解决的。

在知识产权保护中，美国移民与海关执法局（U. S. Immigration and Customs Enforcement）会因为参与多机构的联合行动进行刑事执法，[⑥]执法

---

① 杨静：《从拉玛齐亚案看美国知识产权的刑事保护制度》，《中国检察官》2017 年第 10 期，第 75—78 页。

② Haiyan Liu. In the Shadow of Criminalisation: Intellectual Property Criminal Law, Enforcement Institutions and Practices in China and the United States. *Information & Communications Technology Law*，Vol.27，No.2，2018，pp.185 - 220.

③ Haiyan Liu. *The Enforcement of Intellectual Property Rights in China and the United States: Law & Society and Criminological Perspectives*. Indiana University, 2012, pp.147 - 168.

④ Haiyan Liu. In the Shadow of Criminalisation: Intellectual Property Criminal Law, Enforcement Institutions and Practices in China and the United States. *Information & Communications Technology Law*，Vol.27，No.2，2018，pp.185 - 220.

⑤ Mark Motivans. Intellectual Property Theft, https://www.ojp.gov/library/publications/intellectual-property-theft-2002，最后访问日期：2023 年 10 月 20 日。

⑥ Haiyan Liu. In the Shadow of Criminalisation: Intellectual Property Criminal Law, Enforcement Institutions and Practices in China and the United States. *Information & Communications Technology Law*，Vol.27，No.2，2018，pp.185 - 220.

手段主要是刑事批捕。①

（四）跨国层面的保护

1. 加入国际条约情况及保留、例外情况

美国已加入《保护工业产权巴黎公约》（*Paris Convention for the Protection of Industrial Property*，简称《巴黎公约》）、《保护文学和艺术作品伯尔尼公约》（*Berne Convention for the Protection of Literary and Artistic Works*，简称《伯尔尼公约》）、《世界知识产权组织版权条约》（*the WIPO Copyright Treaty*）、《保护录音制品制作者防止未经许可复制其录音制品公约》（*Convention for the Protection of Producers of Sound Recordings from Unauthorized Reproduction*）、《与贸易有关的知识产权协定》（*Agreement on Trade-Related Aspects of Intellectual Property Rights*，简称《TRIPS 协定》）等与知识产权有关的国际条约。

美国对《巴黎公约》第 5（A）（2）条采取了保留，该条款要求各国在授予专利时不歧视发明地、技术领域以及产品是进口还是本地生产，美国则拒绝授予某些违反公共秩序或道德的发明专利。此外，美国还对《世界知识产权组织版权条约》第 6 条作出了保留，该条要求各国为版权所有人为保护其作品而采取的技术措施提供法律保护，美国则声明，其只会为符合美国技术措施的作品提供保护。

2. 利用优势地位主导相关制度情况

美国利用其优势地位主导制定了多种制度。从 20 世纪 80 年代中期开始，美国便从世界知识产权组织（World Intellectual Property Organization）主持的公约转向《关税及贸易总协定》（*General Agreement on Tariffs and Trade*，GATT），利用其庞大的市场，促使发展中国家采用高标准的知识产权保护。②

同时，美国开始推动双边和区域贸易协定，因为这样可以绕过多边

---

① Executive office of the president of the United States. 2010 *Joint Strategic Plan on Intellectual Property Enforcement*，June 2010，p.27.

② The Global IP Upward Ratchet，Anti-Counterfeiting and Piracy Enforcement Efforts；The State of Play. *PIJIP Research Paper*，No.15.

辩论，向个别国家和（或）较弱的区域伙伴施压，以采用超 TRIPS 知识产权标准。① 美国已订立数个双边和区域贸易协定，包括《美国智利自由贸易协定》（*The United States-Chile Free Trade Agreement*）和《美国、墨西哥和加拿大协定》（*The United States，Mexico and Canada Agreement*，简称《美墨加协定》）等。② 在《美墨加协定》中，美国促成了最强的边境执法机制。③ 美国和日本还签署了《〈美日战略能源伙伴关系〉（*US-Japan Strategic Energy Partnership*）备忘录》，商定在经济对话的框架内，进一步发展在核动力领域方面的合作，并就面向第三国的能源和基础设施的合作机制进行协商。美日还在 2019 年 10 月签订了《数字贸易协定》，其文本内容类似于《美墨加协定》。美国与韩国在 1954 年签订了《美韩关于军事和经济援助的协议记录》，次年，又签订了《美韩关于建立兵工厂及重型生产军火最低限度设备的换文》，使得大批武器从美国运至韩国。2023 年 1 月，两国签署《韩美陆军战略愿景协议》，内容包括扩大两国陆军间安全合作的范围和水平，从而将韩美同盟关系发展成为全球全面战略同盟关系，双方合作范围涵盖军事科学技术及外空领域。2023 年 4 月签署的《华盛顿宣言》宣布，加强韩美同盟和对朝延伸威慑，成立韩美核咨商小组（Nuclear Consultative Group），美国拟向韩国派遣部署包括弹道导弹核潜艇在内的强大军事技术。2006 年 10 月，美国向加拿大发出了《反假冒贸易协定》（*Anti-Counterfeiting Trade Agreement*，ACTA）的提案。④ 随后，美、日、澳等 8 个国家签署了 ACTA，⑤ 一些欧盟成员国随后在 2012 年加入了 ACTA。⑥ ACTA 包括呼

---

① The Global IP Upward Ratchet，Anti-Counterfeiting and Piracy Enforcement Efforts：The State of Play. *PIJIP Research Paper*，No.15.

② Office of the United States Trade Representative. Free Trade Agreements，https://ustr.gov/trade-agreements/free-trade-agreements，最后访问日期：2023 年 10 月 20 日。

③ The Office of the Intellectual Property Enforcement Coordinator. *Annual Intellectual Property Report to Congress*，April，2022，p.176.

④ Michael Geist. The ACTA Guide，Part One：The Talks To-Date，https://www. michaelgeist. ca/2010/01/acta-guide-part-one/，最后访问日期：2023 年 10 月 20 日。

⑤ Office of the United States Trade Representative. Anti-Counterfeiting Trade Agreement，https://ustr.gov/acta，最后访问日期：2023 年 10 月 20 日。

⑥ Philip Ward，Jacqueline Beard. The Anti-Counterfeiting Trade Agreement（ACTA），https://commonslibrary. parliament. uk/research-briefings/sn06248/#：～：text＝The％20Anti-Counterfeiting％20Trade％20Agreement％20％28ACTA％29％20is％20an％20international，at％20the％20Ministry％20of％20Foreign％20Affairs％20in％20Tokyo，最后访问日期：2023 年 10 月 20 日。

吁建立打击商业规模的假冒和盗版在全球扩散的国际法律框架和深化国际合作、促进强有力的知识产权执法等内容。①

3. 主要制度

ACTA 共有 6 章,其中第 1 章是概念等总则条款,第 3—6 章分别是执法实践、国际合作、机构安排和最终条款。虽然这些章节中有很多规则是《TRIPs 协定》未曾涉及的,但多数是鼓励性措施而非强制性义务,还有一些仅是不涉及实质问题的程序性义务。ACTA 构成实质义务的规则主要在第 2 章,名为"知识产权执法的法律框架",其条款在全部条款中占比近一半,其中许多执法规则是"超 TRIPS"的。② ACTA 内容广泛,涉及知识产权保护的民事、行政、刑事、数字环境执法等多种措施和保护手段,彰显了知识产权国际保护的趋势。③

在民事措施中,ACTA 扩张适用于第三方的禁令和临时强制措施。首先,就法院的最终禁令而言,《TRIPs 协定》第 44 条虽然涉及禁令对第三方的适用,但是仅为很有限的适用,即《TRIPs 协定》规则下的禁令对善意第三方不适用。对于临时强制措施,《TRIPs 协定》第 50 条完全未提第三方,据此可以推定这类措施仅适用于侵权人。而 ACTA 第 8、12 条则分别将禁令和临时强制措施扩展适用于侵权嫌疑人以外的任何第三方,且未规定需要考虑其是否"知道或应当知道"侵权。可见,无论是对最终禁令还是对临时强制措施,ACTA 都扩大了适用范围。按照《TRIPs 协定》,各国仅对有主观过错的第三方才有义务颁布禁令,而这种情况在多数国家已构成第三人间接侵权,对其颁布禁令并无特别。但是,根据 ACTA 规定,最终禁令直接施加于任何第三方而不考虑其主观过错,其打击面远远大于《TRIPs 协定》。其次,对于临时措施,《TRIPs 协定》完全未将其适用于第三方,而 ACTA 却明确其对第三方的适用。总体来说,ACTA 大幅扩展了各类强制措施的打击范围,这意味着在侵权争端中权利人可借助司法资源限制乃至

① Office of the United States Trade Representative. Anti-Counterfeiting Trade Agreement,https://ustr.gov/acta,最后访问日期:2023 年 10 月 20 日。
② 杨鸿:《〈反假冒贸易协定〉的知识产权执法规则研究》,《法商研究》2011 年第 6 期,第 108—116 页。
③ 施姝婧、林道海:《从 ACTA 看国际知识产权保护的趋势与动向》,《行政与法》2012 年第 6 期,第 117—120 页。

排除更多的相关方，并能更轻易地在更大范围内阻止有争议的产品进入市场。①

关于边境措施，其适用范围包括进口、出口和临时过境或货物处于海关监管之下的其他情形，其中少量例外规定是指个人行李中携带的少量非商业性质的物品。ACTA 规定，除了依申请人的申请外，海关当局有权依职权主动行动，例如暂扣涉嫌侵权的物品；主管当局可要求原告提供合理或等价的担保来保护被告和防止权利滥用；担保的提供不应不合理地阻止程序的进行。成员方应当采纳或维持一个程序，以便在采取扣押行动后的合理时间内决定侵权与否。关于边境措施的救济方式有：主管机关有权下令销毁侵权货物；在货物没有销毁时，成员方要保证货物已退出商业渠道，以避免对权利人造成损害；当涉及假冒商标的货物时，简单清除不合法的依附商标并不足以放行货物进入商业渠道，除非是少数特例。成员方还可以设定相关的行政处罚。各方应该提供主管机关核定的任何申请费、存储费和销毁费用，但不能不合理地阻止程序的进行。根据 ACTA 第 16 条第 2 款对边境措施的规定，中止放行不仅包括 ACTA 第 16 条第 1 款规定的海关进出口货物，而且包括过境的转运货物及其他情况下海关控制的货物。TRIPS 第 51 条规定，海关停止放行的情形有："如果一个权利所有者有正当的理由怀疑进口商品是采用假冒商标的商品或盗版商品……缔约方也可以制定相应的程序，以便由海关停止放行试图由其领土出口的侵权商品。"TRIPS 中边境措施的适用对象仅指成员方的进出口货物，故 ACTA 扩大了边境措施的适用对象。②

ACTA 尚未实施主要有以下三点争议焦点：首先，ACTA 的磋商程序是在缺少民主协商的情况下完成的。相关的会议从未认真考虑过各国议会以及公民代表的意见。在该协议于 2010 年对外公布之时，ACTA 也只是经历了八次闭门磋商。其次，ACTA 有可能会对消费者的隐私权、创新能力以及要求程序正义的权利造成较大的损害。最后，拟议中的 ACTA 委员会将设立非选举产生的官员。

---

① 杨鸿：《〈反假冒贸易协定〉的知识产权执法规则研究》，《法商研究》2011 年第 6 期，第 108—116 页。
② 施姝婧、林道海：《从 ACTA 看国际知识产权保护的趋势与动向》，《行政与法》2012 年第 6 期，第 117—120 页。

二、中国知识产权法律制度

（一）概述

1. 历史沿革

20 世纪 50 年代，虽然我国经济较为落后，但是知识产权制度仍得到了一定的发展，1950 年在第一届全国出版会议上明确要求"出版业应尊重著作权及出版权，不得有抄袭、翻版、篡改等行为"，这成为后来处理有关著作权问题的重要依据。1955 年，我国成立了以胡愈之署长为组长的《著作权法》起草小组，旨在制定一部全面、完整的《中华人民共和国著作权法》（以下简称《著作权法》）。1957 年，主管著作权方面工作的文化部起草了《保障出版物著作权暂行规定（草案）》，准备对已出版的著作实行全面保护，[1]20 世纪六七十年代，知识产权制度失去了生存的经济和社会基础，几乎停滞不前，以前颁行的制度规范的适用范围和效果极其有限。[2]

改革开放后，我国知识产权法律制度得到发展。1982 年 8 月 23 日，第五届全国人民代表大会常务委员会第二十四次会议通过《中华人民共和国商标法》（简称《商标法》），并于 1983 年 3 月 1 日起施行。《商标法》是我国第一部正式的知识产权法律，其在中华人民共和国知识产权制度史上具有重要的意义。从内容来看，其与《商标管理条例》最大的区别在于规定了注册商标专用权，在将商标权定位于私权的基础之上对注册商标的条件、申请、审批、使用、保护等问题作了全面规定。[3] 在《中华人民共和国专利法》（简称《专利法》）立法前，对于是否有必要引进专利制度、制定专利法这一问题存在分歧。1980 年 1 月，中国专利局经国务院批准成立。1983 年 3 月 12 日，在第六届全国人大常委会四次会议上，《专利法》获得通过。在 1990 年《著作权法》颁行之前，与著作权相关的行政管理部门已开始制定和实施相关规定，例如 1977 年，国家出版事业管理局发布了《关于试行新闻出版稿酬及补贴试行办法》，恢复了稿酬制度。1990 年 9 月 7 日，中华人民共和国第

---

① 冯晓青：《中国 70 年知识产权制度回顾及理论思考》，《社会科学战线》2019 年第 6 期，第 25—37 页。
② 冯晓青：《中国 70 年知识产权制度回顾及理论思考》，《社会科学战线》2019 年第 6 期，第 25—37 页。
③ 冯晓青：《中国 70 年知识产权制度回顾及理论思考》，《社会科学战线》2019 年第 6 期，第 25—37 页。

一部《著作权法》出台。①

随着改革开放的不断深化，我国初步建立起了社会主义市场经济体制，这也促使我国《专利法》和《商标法》分别于 1992 年和 1993 年进行了第 1 次修订。为保障社会主义市场经济健康发展，《中华人民共和国反不正当竞争法》（简称《反不正当竞争法》）于 1993 年出台。该法在"总则"中设置了市场竞争的"一般条款"，并在"分则"中对虚假宣传等 11 种不正当竞争行为进行了专门规制。至此，我国已搭建出知识产权法的基本框架。②

20 世纪末，为融入世界经贸体系，我国各项知识产权法律规范纷纷作出修订。2001 年，我国正式成为世界贸易组织成员，《专利法》在 2000 年进行修订，《著作权法》和《商标法》也在 2001 年进行修订。此外，《植物新品种保护条例》《集成电路布图设计保护条例》《地理标志产品保护规定》等其他知识产权法律、法规分别于 1997、2001、2005 年出台。至此，我国初步构建了知识产权法律体系。③

进入 21 世纪，随着我国知识产权法律国际化水平进一步加强，尤其是 2008 年《国家知识产权战略纲要》实施以来，知识产权更是被上升到国家战略的高度。我国《专利法》在 2008 和 2020 年进行修订；《著作权法》在 2010 和 2020 年进行修订；《商标法》在 2013 和 2019 年进行修订；《反不正当竞争法》于 2017 和 2019 年进行修订。

2. 主要法律

第一，现行知识产权法律规范体系以《中华人民共和国民法典》（简称《民法典》）为统领。④ 首先，《民法典》"总则编"的基本规定涉及民事立法宗旨、民法调整对象、民法基本原则、民法效力范围等，实质上亦是知识产权法的价值目标、原则立场、精神理念的集中表达。⑤ 其次，《民法典》"总则编"中的

① 冯晓青：《中国 70 年知识产权制度回顾及理论思考》，《社会科学战线》2019 年第 6 期，第 25—37 页。
② 吴汉东、刘鑫：《改革开放四十年的中国知识产权法》，《山东大学学报（哲学社会科学版）》2018 年第 3 期，第 16—28 页。
③ 吴汉东、刘鑫：《改革开放四十年的中国知识产权法》，《山东大学学报（哲学社会科学版）》2018 年第 3 期，第 16—28 页。
④ 吴汉东：《中国知识产权制度现代化的实践与发展》，《社会科学文摘》2023 年第 1 期，第 115—117 页。
⑤ 吴汉东：《〈民法典〉知识产权制度的学理阐释与规范适用》，《法律科学（西北政法大学学报）》2022 年第 1 期，第 18—32 页。

一般性规范即为民法中的"共用规范"，①适用于包括知识产权在内的各项民事权利。② 最后，是采取"点—线"相结合的知识产权的专门规范。"点"是"总则编"第123条知识产权定义条款，其对知识产权的民事权利属性以及专有权利类型作了原则规定；"线"为各分则中与知识产权有关的专门规定，对相关知识产权问题设置了一般法准则，具有补充性规范功能，包括知识产权的质押条款、③知识产权的合同条款④和知识产权与人格权的冲突条款等。

第二，以2020年修订的《著作权法》、2020年修订的《专利法》、2019年修订的《商标法》和2019年修订的规定了侵犯商业秘密及其他不正当竞争行为的《反不正当竞争法》为主干，同时以行政法规、地方性法规为补充，辅之以行政规章、司法解释等规范性文件，⑤包括《专利法》《商标法》《著作权法》三法的实施细则和《音像制品管理条例》《计算机软件保护条例》《药品行政保护条例》《农业化学物质产品行政保护条例》《知识产权海关保护条例》等，以及由有关的专利管理行政部门根据授权制定的《著作权行政处罚实施办法》《农业化学物质产品行政保护条例实施细则》等。《刑法》"分则"第三章"破坏社会主义市场经济秩序罪"第七节专门规定了侵犯知识产权罪，共包括8个条文，涵盖了假冒注册商标罪（第213条）、销售假冒注册商标的商品罪（第214条）、非法制造和销售非法制造的注册商标标识罪（第215条）、假冒专利罪（第216条）、侵犯著作权罪（第217条）、销售侵权作品罪（第218条）、侵犯商业秘密罪（第219条），以及对单位侵犯知识产权罪的处罚（第220条）。

3. 立法特点

我国知识产权法律的立法特点如下：① 从双轨保护转向司法保护为主和行政保护为辅。⑥ ② 权利保护与他人、消费者、公共利益之平衡。⑦ 中国

---

① 宗辉：《论我国民法典编纂中的知识产权规范类型及内容》，《上海政法学院学报（法治论丛）》2017年第4期，第55—63页。
② 吴汉东：《〈民法典〉知识产权制度的学理阐释与规范适用》，《法律科学（西北政法大学学报）》2022年第1期，第18—32页。
③《民法典》第440、444条。
④《民法典》第501、785条等。
⑤ 吴汉东：《中国知识产权制度现代化的实践与发展》，《社会科学文摘》2023年第1期，第115—117页。
⑥ 孙国瑞：《对知识产权行政执法标准和司法裁判标准统一的几点认识》，《中国应用法学》2021年第2期，第87—99页。
⑦ 易继明：《新时代中国特色知识产权发展之路》，《政法论丛》2022年第1期，第3—18页。

改革开放后的知识产权法律制度演进脉络是：从制度构建到完善，再到强化执法和制度建设。[①]

（二）行政执法

1. 主要法律制度

《专利法》第 65 条赋予了专利管理部门经专利权人或者利害关系人请求后，认定专利侵权、处理专利侵权纠纷的职权。管理专利工作的部门认定专利侵权成立的，有权责令侵权人立即停止侵权行为。第 68 条赋予了负责专利执法的部门主动查处假冒专利行为的行政查处权和行政处罚权。

《商标法》第 60 条赋予了工商行政管理部门经商标注册人或者利害关系请求后，认定商标侵权、处理商标侵权纠纷的职权。工商行政管理部门认定商标侵权成立的，有权责令侵权人立即停止侵权行为，以及包括没收、销毁侵权商品和主要用于制造侵权商品、伪造注册商标标识的工具和罚款的行政处罚权，并可以应当事人的请求对商标侵权的赔偿数额进行调解。第52 条赋予了地方工商行政管理部门制止未注册商标冒充注册商标使用的行为。

《著作权法》第 53 条赋予主管著作权的部门对构成著作权民事侵权且损害公共利益的行为进行行政执法的权力。执法方式包括责令停止侵权行为，予以警告，没收违法所得，没收、无害化销毁处理侵权复制品以及主要用于制作侵权复制品的材料、工具、设备等。

《知识产权海关保护条例》第 2 条赋予海关对商标专用权、著作权和与著作权有关的权利、专利权保护的权利。其第 20 条规定，海关发现进出口货物有侵犯备案的知识产权嫌疑并通知知识产权权利人后，知识产权权利人请求海关扣留侵权货物的，海关应当自扣留之日起 30 个工作日内对被扣留的侵权货物是否侵犯知识产权进行调查和认定；不能认定的，应当立即书面通知知识产权人。[②]

---

① 易继明：《改革开放 40 年中美互动与中国知识产权制度演进》，《江西社会科学》2019 年第 6 期，第 158—170、256 页。

② 孙国瑞：《对知识产权行政执法标准和司法裁判标准统一的几点认识》，《中国应用法学》2021 年第 2 期，第 87—99 页。

2. 管理体系

2018 年 3 月国务院机构改革后,[①]我国知识产权行政执法实现了一般知识产权事项相对集中统一执法和特殊知识产权类型归入他类执法的二元模式。[②] 具言之,商标、专利、地理标志执法职责交由新组建的市场监管综合执法队伍承担,并由国家市场监督管理总局指导;著作权管理交由新组建的文化市场综合执法队伍承担,由文化和旅游部指导;将农业系统内兽医兽药、生猪屠宰、种子、化肥、农药、农机、农产品质量等执法队伍整合组建农业综合执法队伍,由农业农村部指导。由此,知识产权行政执法的职责由各地的市场监督管理局下设的知识产权局依法履行,行政执法职能主要由国家市场监管机构地方综合执法队伍(专利、商标的行政执法职能)、[③]著作权管理部门以及海关等多个部门承担。[④]

3. 执法手段、执法主体、执法流程

国家市场监管机构地方综合执法队伍的执法手段包括行政调解、行政裁决、行政处罚、行政强制和行政检查等具体行政行为,以及对知识产权侵权行为和违法行为的行政查处。[⑤]《专利行政执法办法》第 8、9、10 条分别对当事人请求专利管理机关处理专利侵权纠纷的条件、请求书内容作了详细规定。《专利行政执法办法》规定,地方专利管理机关处理专利侵权纠纷的,需要在立案之日起的 4 个月内结案,特殊情况经批准可延长 1 个月。若当事人对专利管理机关出具的《处理决定书》不服,可依法向法院提起诉讼。

我国知识产权海关行政执法主体主要包括海关总署、直属海关、隶属海关,海关总署法规部门下设的知识产权处是海关总署负责知识产权海关行政执法的专门机构,主要负责受理知识产权海关保护备案申请,组织 42 个

---

① 《中共中央关于深化党和国家机构改革的决定》;《深化党和国家机构改革方案》;《关于印发〈国家知识产权局职能配置、内设机构、人员编制规定〉的通知》。

② 刘成杰:《我国知识产权管理体制改革成果与遗留问题对策研究》,《河南社会科学》2020 年第 9 期,第 119—124 页。

③ 董涛:《十年来中国知识产权实践探索与理论创新》,《知识产权》2022 年第 11 期,第 3—31 页。

④ 孙国瑞:《对知识产权行政执法标准和司法裁判标准统一的几点认识》,《中国应用法学》2021 年第 2 期,第 87—99 页。

⑤ 李永明、郑淑云、洪俊杰:《论知识产权行政执法的限制:以知识产权最新修法为背景》,《浙江大学学报(人文社会科学版)》2013 年第 5 期,第 160—170 页。

直属海关贯彻实施知识产权海关保护相关法律、法规、规章。全国 42 个直属海关下设的法规部门是各直属海关辖区负责知识产权海关行政执法的专门机构，负责办理辖区内发现的知识产权侵权案件，受理辖区内的知识产权保护措施申请，指导辖区内各隶属海关实施知识产权海关保护。全国 562 个各隶属海关负责具体开展知识产权海关行政执法，通过审单、查验等方式发现侵权嫌疑货物、物品，开展知识产权海关行政执法活动，部分得到直属海关授权的隶属海关可以自行办理本辖区内发现的知识产权行政处罚案件。

知识产权海关行政执法职能由海关总署法规部门承担，主要负责受理知识产权权利人提出的知识产权海关保护备案申请；组织全国海关实施《知识产权海关保护条例》；组织开展知识产权执法专项行动；指导各直属海关法规部门办理行政处罚案件。海关总署政策法规司虽然不直接办理知识产权行政处罚案件，但可通过行政批复等方式指导各直属海关法规部门办理知识产权海关行政处罚案件。

各直属海关法规部门作为本关区负责知识产权海关保护的专门机构，主要负责承担知识产权海关保护行政管理职能和知识产权海关保护行政处罚职能；指导关区内各隶属海关实施知识产权海关保护；受理本关区知识产权海关保护措施申请；对侵权货物和案件进行调查处理，以及履行本辖区内的行政复议职能。

隶属海关负责监管进出境货物、物品，行使知识产权海关保护职权。隶属海关由直属海关授权办理知识产权行政处罚案件，行使知识产权行政处罚权。①

现行知识产权海关保护制度仅按照启动方式的不同区分了依职权（主动）保护和依申请（被动）保护两种执法模式。海关仅在依职权（主动）保护模式下有权启动调查认定程序并作出行政处罚决定，并在此情况下，无论是货运还是跨渠道查获的侵权货物案件，均适用"确权—扣留—调查认定—作出行政处罚"的单一程序规定。②

---

① 毕波：《知识产权海关行政执法权的配置：现状、问题与对策》，《学术交流》2017 年第 1 期，第 106—110 页。

② 叶倩：《刍议知识产权海关保护制度的体系化发展》，《海关法评论》2022 年第 11 卷，第 215—230 页。

（三）刑事执法

1. 主要法律制度

我国《刑法》的第213—219条规定了假冒注册商标罪；销售假冒注册商标的商品罪；伪造、销售伪造的注册商标标识罪；假冒专利罪；侵犯著作权罪；销售侵权复制品罪；侵犯商业秘密罪和为境外窃取、刺探、收买、非法提供商业秘密罪。《关于办理侵犯知识产权刑事案件具体应用法律若干问题的解释》《关于办理侵犯知识产权刑事案件具体应用法律若干问题的解释（二）》和《关于办理侵犯知识产权刑事案件适用法律若干问题的意见》三个司法解释也大幅放宽了入罪门槛。[①]

《最高人民法院关于适用〈中华人民共和国刑事诉讼法〉的解释》第1条规定，人民法院直接受理的自诉案件包括人民检察院没有提起公诉、被害人有证据证明的轻微刑事案件的知识产权犯罪（严重危害社会秩序和国家利益的除外），被害人直接向人民法院起诉的，人民法院应当依法受理。如果其中证据不足，可以由公安机关受理，或者认为对被告人可能判处三年有期徒刑以上刑罚的，应当告知被害人向公安机关报案，或者移送公安机关立案侦查。

《行政执法机关移送涉嫌犯罪案件的规定》第3条规定知识产权领域的违法案件，行政执法机关根据调查收集的证据和查明的案件事实，认为存在犯罪嫌疑，并需要公安机关采取措施进一步获取证据以判断是否达到刑事案件立案追诉标准的，应当向公安机关移送。

2. 执法手段、执法主体、执法流程

对知识产权进行刑事保护可以由被害人直接向人民法院提起刑事自诉，符合有关法律和司法解释的规定，人民法院应当受理；但如果严重危及社会秩序和国家利益，则必须由人民检察院提起公诉。实践中，以公诉为主、自诉为辅。[②]

除了直接寻求司法保护，当各知识产权行政执法部门收到有关影响范围广的侵权案件的举报信息或者在执法过程中查办侵权案件时，认为该案

---

① 叶良芳：《从宽松到严厉：中国知识产权刑事执法之检视》，《学习与探索》2014年第8期，第55—63页。

② 詹建红：《我国知识产权刑事案件管辖制度之检讨》，《法商研究》2011年第3期，第146—153页。

件可能涉及刑事责任，而且行政机关和司法机关也认为已达到移交标准的，应及时告知并移送公安机关侦查处理。^① 公安机关接收知识产权行政执法部门移送的案件后，有一个审查是否立案的过程。^② 最高人民检察院规定，对于行政执法机关移送的案件应及时审查，一般须在 10 日内做出是否立案的决定，特殊情况应在 30 日内决定。同时，公安部也要求公安机关受理知识产权行政执法部门移送请求后的审查期限为 3 日。对于行政执法部门移送的知识产权案件，侵犯著作权案和销售侵权复制品案由治安管理部门负责，经侦部门主要负责侵犯知识产权罪的其余 6 个罪名。^③ 公安机关刑事侦查后，认为涉嫌犯罪的需移送同级检察院进行是否起诉的审查决定。^④

（四）国际条约

1. 国际条约

我国先后加入了《巴黎公约》《伯尔尼公约》《世界版权公约》(*Universal Copyright Convention*)、《保护录音制品制作者防止未经许可复制其录音制品公约》(*Convention for the Protection of Producers of Sound Recordings from Unauthorized Reproduction*)、《国际植物新品种保护公约》(*International Union for the Protection of New Varieties of Plants*)、《TRIPS 协定》和《视听表演北京条约》等国际公约。^⑤

中美双方也于 2020 年达成了《中华人民共和国政府和美利坚合众国政府经济贸易协议》，其中第一部分即为知识产权规定。2021 年，中国与欧盟签订的《中华人民共和国政府与欧洲联盟地理标志保护与合作协定》正式生效，双方知识产权合作进入到一个更高的水平。目前，中国已与 26 个国家和地区签署了 19 个自由贸易协定（Free Trade Agreement），其中包括以东盟为主导的区域经济一体化合作协定《区域全面经济伙伴关系协定》(*the*

① 习祎静：《知识产权行政执法与刑事司法衔接机制的完善》，西北大学硕士学位论文，2021，第 21 页。
② 张道许：《知识产权保护中"两法衔接"机制研究》，《行政法学研究》2012 年第 2 期，第 103—108 页。
③ 张道许：《知识产权保护中"两法衔接"机制研究》，《行政法学研究》2012 年第 2 期，第 103—108 页。
④ 刘军华、丁文联、张本勇、王利民、张莹、张呈、高沈波：《我国知识产权刑事保护的反思与完善》，《电子知识产权》2018 年第 5 期，第 86—102 页；詹建红：《我国知识产权刑事案件管辖制度之检讨》，《法商研究》2011 年第 3 期，第 146—153 页。
⑤ 沈浩蓝：《从 TRIPS 到 RCEP：加入 WTO 以来中国参与和完善知识产权国际规则研究》，《广西社会科学》2022 年第 7 期，第 79—87 页。

Regional Comprehensive Economic Partnership），我国全面接受了其中的知识产权条款。①

2. 主要制度

由世界知识产权组织（World Intellectual Property Organization，WIPO）管理的《巴黎公约》和《伯尔尼公约》对我国知识产权法律体系影响深远。《巴黎公约》适用于最广义的工业产权，内容涵盖专利法、商标法和反不正当竞争法领域，其规定的实质性条款包括国民待遇、优先权和专利商标权的独立保护，以及各缔约国须遵守的共同规则。《伯尔尼公约》确立了国民待遇原则、自动保护原则和独立保护原则等，规定了各成员国的版权法在权利客体、受保护的经济权利和精神权利、保护期限等方面必须遵循的最低标准。②

TRIPS 协定是由世界贸易组织（World Trade Organization，WTO）管理的全球性知识产权多边条约，是将知识产权保护与贸易挂钩，并将知识产权保护纳入 WTO 体制的法律依据。美国意识到利用 WIPO 已无法获得令自己满意的知识产权强保护后，便将视野转向由发达国家所实质控制的《关税与贸易总协定》（*General Agreement on Tariff and Trade*，GATT），试图通过与少数发达国家达成共识，以国际公约的形式将知识产权与国际贸易体系挂钩。1986 年，在美国主导下，GATT 乌拉圭回合谈判将"与贸易有关的知识产权"纳入谈判议题。1994 年 4 月 15 日，《TRIPS 协定》由各成员方代表在马拉喀什签字缔结，并于 1995 年 1 月 1 日起生效。这一具有全球影响力的知识产权保护协定的诞生，虽然是"以美国为首的发达国家强烈要求的结果"，但也"具有历史的必然性"。③ 在主要缔约方的博弈之下，最终达成的《TRIPS 协定》虽然主要体现了发达国家和地区的利益，但也在一定程度上照顾了发展中国家和地区的诉求，有强制许可、赋予发展中国家成员和最不发达国家成员过渡期等有利于发展中国家和地区的规定。《TRIPS

---

① 董涛：《十年来中国知识产权实践探索与理论创新》，《知识产权》2022 年第 11 期，第 3—31、27—28 页；马一德、黄运康：《RCEP 知识产权规则的多维度解读及中国应对》，《广西社会科学》2022 年第 4 期，第 69—76 页；沈浩蓝：《从 TRIPS 到 RCEP：加入 WTO 以来中国参与和完善知识产权国际规则研究》，《广西社会科学》2022 年第 7 期，第 79—87 页。

② 沈浩蓝：《从 TRIPS 到 RCEP：加入 WTO 以来中国参与和完善知识产权国际规则研究》，《广西社会科学》2022 年第 7 期，第 79—87 页。

③ 李顺德：《WTO 的 TRIPS 协议解析》，知识产权出版社 2006 年版。

协定》明确了知识产权的私权属性，内容涵盖版权与相关权利、商标、地理标志、工业品外观设计、专利、集成电路布图设计、未披露过的信息等知识产权的主要领域，对成员方提出了最低保护标准和具体执法要求，从而确保各成员方知识产权保护水平都能达到其要求的基准线。[①]

三、中美知识产权保护的主要执法措施比较

（一）执法主体

中国的知识产权行政执法主体有海关、国家知识产权局下的专利主管部门、国家市场监管机构地方综合执法队伍和国家版权局（新闻出版总署）；美国的知识产权行政执法主体包含海关、USTR、USITC、CFIUS 和 DOC。中国和美国的知识产权刑事执法主体都由警察（公安）、检察院和法院组成。

中美知识产权执法主体最明显的差异有两点：一是中国知识产权管理部门会直接办理侵权纠纷案件；美国的专利商标局、版权局或其任何附属机构不以任何方式参与知识产权权利人指控一个（多个）被诉方侵权的投诉，或者处理知识产权纠纷。[②] 二是我国行政主体不对外进行知识产权执法；美国的 USTR 可以根据 301 条款对他国的法律、政策、惯例或行动未充分保护美国主体的知识产权进行执法。

（二）执法领域

中国的知识产权行政执法领域包括国内和海关边境，具体来说是中国国内发生的知识产权民事侵权行为和违法行为，[③]以及边境发生的知识产权侵权行为；美国的知识产权行政执法领域包括海关边境和他国，对于其国内发生的知识产权民事侵权行为和违法行为，美国未赋予行政机关介入的权力，而是在他国发生未对美国的知识产权进行充足保护时进行行政执法的权力。

中国的知识产权刑事执法领域只包括国内的知识产权违法行为；美国

---

① 沈浩蓝：《从 TRIPS 到 RCEP：加入 WTO 以来中国参与和完善知识产权国际规则研究》，《广西社会科学》2022 年第 7 期，第 79—87 页。

② Cohen M.，Kappos D.，Rader R. Faux Amis：China — US Patent Administrative Enforcement Comparison. *China Patents & Trademarks*，No.4，2016，pp.33 - 39.

③ 李永明、郑淑云、洪俊杰：《论知识产权行政执法的限制：以知识产权最新修法为背景》，《浙江大学学报（人文社会科学版）》2013 年第 5 期，第 160—170 页。

的知识产权刑事执法领域除了国内的知识产权违法行为，还会在海关边境进行刑事执法。

（三）执法对象

中国的知识产权刑事执法对象包含专利权、著作权、商标权和侵犯商业秘密的行为；美国的知识产权刑事执法对象只包括著作权、商标权和侵犯商业秘密的行为。在美国，任何形式的专利侵权行为都不构成刑事犯罪，但在中国，假冒专利是刑事执法的对象之一。[①]

（四）执法手段

美国对一般的违法行为的处罚只有民事侵权和刑事追诉；中国则把处罚空间留给了行政执法，行政处罚的手段包括罚款、吊销营业执照等。

中美两国的刑事执法的处罚重点不同，美国刑法偏重财产权的保护，因此对侵权人构成犯罪的处罚也多以财产刑处罚，适用自由刑较少；中国刑法重自由刑，对犯罪人适用财产刑惩罚的幅度较轻。[②] 美国《刑法典》对知识产权犯罪规定了更严厉的惩罚和更高的刑期，例如对商标犯罪的初犯可判处有期徒刑 10 年，再犯则为 20 年。中国《刑法》除了为境外窃取、刺探、收买、非法提供商业秘密罪未规定最高刑期之外，其余 6 项知识产权罪中最高刑期都是 10 年，未对初犯和累犯进行区别。

（五）执法特点

从上述中美行政执法和刑事执法对比可知，美国的知识产权对他国进行行政执法的特点是扩张性、直击型，例如美国用其国内标准对他国知识产权保护状况进行评价，并根据"特别 301 条款"对他国进行惩罚。[③] 美国对其国内知识产权进行行政执法的特点是协调型，即组织协调各部门进行知识产权保护而不履行行政查处的职能。美国的知识产权刑事执法的特点是严

---

① Haiyan Liu. In the Shadow of Criminalisation: Intellectual Property Criminal Law, Enforcement Institutions and Practices in China and the United States. *Information & Communications Technology Law*，Vol.27，No.2，2018，pp.185－220.

② 李晓：《中美知识产权刑事保护比较研究》，《法律适用》2006 年第 5 期，第 52—55 页。

③ 何华：《中美知识产权认知差异研究》，《科研管理》2019 年第 3 期，第 163—170 页。

厉型、直击型，因为美国知识产权法定刑事犯罪门槛低，所以，刑事执法较多。中国的知识产权执法在对海外知识产权的行政执法和刑事执法上特点是防守型、保护性（被动、防御），体现为中国知识产权保护制度较为原则，以及较高的犯罪门槛导致刑事执法次数较少。

四、发展趋势及建议

知识产权的国家安全属性源于知识产权自身的"垄断特征"，其权利的垄断性是保障技术创新和产业发展的手段。在国际政治舞台上，随着有利于竞争的因素向技术转移，垄断"技术"成为霸权主义的核心手段。[①] 因此，西方发达国家为了重建以技术垄断为核心的霸权体制，极力促进知识产权制度的国际化。[②] 知识产权的国家安全属性随着国际知识产权制度的发展而逐渐显现。笔者结合知识产权法律制度近期的发展趋势及前述中美执法的措施比较，提出以下立法建议。

（一）知识产权涉国家安全的变化

安全是一种与风险相对应的社会状态。从经验意义上看，所谓安全就是相关主体的利益没有危险、不受内外部威胁以及其他任何危害性影响的状态。[③] 同时，安全既是一个"发展得非常不全面的概念"，也是一个"具有高度争议性的概念"，[④]它的边界随着人类社会现代化进程在不断扩展。冷战结束后，随着全球科技进步和高风险社会的到来，一些新的安全因素成为影响国家安全的变量。知识产权安全的实质是，由知识产权的专有性、地域性、时间性引发相关主体在技术、法律、市场和产业方面的利益受到威胁的状态与程度。随着知识产权风险的生成、转移、扩散和升级，当风险因素从

---

① 黄玉烨、刘云开：《中国知识产权对外转让安全审查机制的问题剖析与优化之策》，《中国科技论坛》2022 年第 10 期，第 146—156 页。

② 斋藤优、李学英：《知识产权制度的国际政治经济学：霸权的基础从资本转向科学技术》，《世界研究与发展》1991 年第 2 期，第 35—41 页。

③ 马维野：《国家安全·国家利益·新国家安全观》，《当代世界与社会主义》2001 年第 6 期，第 14—18 页。

④ Buzan B. People, States and Fear: An Agenda for International Security Studies in the Post Cold War Era. *Ecpr Classics*, 1991, pp.195 - 208;刘学成：《非传统安全的基本特性及其应对》，《国际问题研究》2004 年第 1 期，第 32—35 页。

低层次(例如对个人、产品和服务、企业)转化为高层次(例如创新链、产业链乃至国家间的科技竞争与制度竞争)时,知识产权安全问题就此形成。[1] 知识产权安全风险微观具象化后大多是私营部门的行为,进而私营部门具备了影响安全的能力,但政府的作用又不可忽略,知识产权安全统筹协调机制缺失也会造成国家"集体行动困境",将一般性的知识产权风险转化为国家层面的安全因素。综上,知识产权安全具备非传统安全的跨国性、非政府性、可转化性特征。

知识产权安全正在成为国家安全体系中非传统安全的重要组成部分。知识产权制度观念在人类社会不同发展阶段经历了从保护"特权"到"私权",再到"安全与发展权"的三阶段知识产权制度的需求。而对应这三阶段的"安全"内涵也经历了从"经济活动安全"到"财产权利和商业利益安全",再到"技术创新、产业安全与国家利益"的变化。例如,最后一阶段以美国国家知识产权战略为代表,[2]知识产权成为中美经济与科技博弈的主要议题。美国无端指责中国窃取知识产权,将知识产权上升为国家安全问题,并通过知识产权调查与诉讼、域外管辖等手段,进而危害我国企业的海外利益。[3]

2020 年 11 月 30 日,习近平总书记在主持中央政治局第二十五次集体学习时强调,要维护知识产权领域的国家安全。[4] 习近平总书记提出,要加强事关国家安全的关键核心技术的自主研发和保护,依法管理涉及国家安全的知识产权对外转让行为。要完善知识产权反垄断、公平竞争相关法律法规和政策措施,形成正当有力的制约手段。一系列知识产权法律法规从顶层设计层面开始与总体国家安全观联系起来。2020 年,商务部、科学技术部对《中国禁止出口限制出口技术目录》进行调整。2021 年,《中华人民共和国科学技术进步法》明确规定,项目承担者依法取得的国家财政投入项目成果的知识产权,为了国家安全、国家利益和重大社会公共利益的需要,国家可以无偿实施,也可以许可他人有偿实施或者无偿实施。2021 年,商

---

[1] 刘鑫、毛昊:《知识产权国家安全治理:制度逻辑与体系建构》,《科学学研究》2022 年第 12 期,第 2246—2257 页。

[2] [美]亨利·基辛格:《世界秩序》,胡利平等译,中信出版社 2015 年版,第 450 页。

[3] 董涛:《十年来中国知识产权实践探索与理论创新》,《知识产权》2022 年第 11 期,第 3—31 页。

[4] 习近平:《全面加强知识产权保护工作,激发创新活力推动构建新发展格局》,《当代党员》2021 年第 4 期,第 3—5 页。

务部公布《阻断外国法律与措施不当域外适用办法》（商务部令 2021 年第 1号），以阻断对外国法律与措施的不当域外适用。①

（二）发展完善知识产权武器库的重要性

根据 2010—2014 年国际武器交易数据，中国已超过德国，成为全球第三大武器出口国。进入 21 世纪后，我国军贸产品结构发生了根本性变化，先进武器装备和高新军事技术的交易越来越多。军品产品结构的变化也使得交易方式更加灵活多样，合作研制、合作生产和技术转让等军品贸易补偿行为开始成为主要的贸易方式。武器装备输入国在签订进口合同时纷纷提出联合生产、转让技术或其他补偿要求，特别是发达国家在进口武器装备时更是如此，英国、德国等西欧国家在进口武器装备时，往往要求得到全部的贸易补偿，而高新军事武器装备的合作研制、生产与技术转让必然会涉及知识产权问题。

随着中国在国际军品贸易中地位和影响力的提升，知识产权日益成为军品贸易关注的焦点，并开始出现自主知识产权流失、知识产权侵权争议等问题。全方位、多层面地开展军贸知识产权工作，既是实现我国军贸活动可持续健康发展的外在需求，也是有效保障知识产权人权益的内在需求。研究军贸产品出口的知识产权的风险问题，对国防科技工业的发展和军事国际竞争力的提升具有重要的现实意义。尽管 2002 年修订的我国《军品出口管理条例》对军品出口的许可证制度进行了较为详细的阐释，但在出口审查、评估武器出口转用等方面还存在不足，使得一些武器进口国在获得中国出口的武器装备后擅自仿制生产并出口到其他国家和地区，与中国形成恶性竞争的关系。

（三）发展完善我国知识产权立法的建议

1. 构建我国知识产权刑法域外适用的制度

（1）制定阻断法予以反制。美国国内法的域外适用由来已久，美国法院利用长臂管辖权肆意扩张司法管辖权的超保护主义，受到欧盟、英国、加

---

① 董涛：《十年来中国知识产权实践探索与理论创新》，《知识产权》2022 年第 11 期，第 3—31 页。

拿大和澳大利亚等发达国家和地区的抵制,且在当前全球经济疲软的环境下并没有趋缓之势。许多国家和地区不仅对美国国内法的域外适用提出了批评和质疑,而且通过制定阻断立法予以反制。典型的域外阻断立法有:1980年的英国《贸易利益保护法》(*The British Protection of Trading Interests Act*,1980)、1984年的澳大利亚《外国诉讼程序(过分管辖权)法》[*Foreign Proceedings(Excess of Jurisdiction)Act*,1984]、1985年的加拿大《外国域外管辖措施法》(*Foreign Extraterritorial Measures Act*,1985)等。这些阻断立法可以为外国诉讼中的本国当事人提供以下救济措施:禁止向外国法院提供证据或信息;禁止执行外国政府的禁令;禁止执行外国法院的判决;对受到外国制裁的本国公司进行补偿。

我国2021年1月9日开始施行的《阻断外国法律与措施不当域外适用办法》充分借鉴吸收了国外阻断立法的理念和精神,明确了适用"阻断法"和"反制措施"的情形,规定拒绝执行外国判决或行政决定的工作制度、禁令及豁免制度、"返还"制度和当事人诉权等。然而,这些阻却立法主要针对的是国际贸易中的经济制裁和企业利益保护,对于反制美国利用《经济间谍法》打压其他国家高科技企业发展并无太多用武之地。因此,我们应当针对美国商业秘密刑法司法适用中的滥用长臂管辖权行径,制定相应的反制措施,例如,在《刑事诉讼法》中规定,我国对于美国法院滥用长臂管辖权的域外适用而受到逮捕或审讯的当事人拒绝引渡;对于美国法院根据《美利坚合众国政府和中华人民共和国政府关于刑事司法协助的协定》提出的取证和送达有权拒绝提供协助等。

(2)明确商业秘密刑法域外适用的法律规则。刑事管辖权既是国家主权的彰显,也决定着主权的边界。一个国家想要充分保护其国家和公民的利益、保持对国际事务的适度介入、确保对他国法律干涉的反制能力就必须在本国刑法体系内构建积极进取的管辖权体系。从发挥刑法在国际事务中的功能来看,我国应当从管辖权原则和规则方面来构建刑法的域外适用体系。针对知识产权法域外效力规则尚不明确的现状,构建知识产权法域外适用体系首先应当在刑法中确立域外管辖权规则,以便法院和执法部门获得明确的法律依据。虽然国际法并不禁止一国法律的域外适用,但是我国应当充分利用保护性管辖原则和普遍管辖原则,尽可能明确规定中国法域外效力。此外，相比基于属人和属地管辖权的域外适用规则，以保护管辖权为基础的域外适用规则，强调域外行为对本国基本利益的损害是国家实现上述目标的最佳法律工具。为了有效打击发生在国外的侵犯我国企业知识产权的犯罪行为，我国可以借鉴美国经验，通过立法或者司法解释为《刑法》第 8 条创设新的连接点。

此外，《刑法修正案（十一）》增设了"经济间谍罪"（即《刑法》第 219 条之一为境外窃取、刺探、收买、非法提供商业秘密罪）。因此，在司法和执法实践中，如何适度扩张域外管辖权，将两种类型的侵犯商业秘密犯罪行为的执法和司法适用于域外行为人，以保护我国企业的海外利益，成为实务部门面对的一大重要课题。对于公安等行政执法机关而言，在目前尚无明文规定商业秘密刑法域外效力的情况下，可以灵活解释《刑法》第 8 条所规定的保护性原则，适度扩展管辖权，对外国公民或企业在域外实施的侵害我国企业商业秘密的犯罪行为进行执法。对于司法机关而言，也可以灵活解释《刑法》第 8 条的规定，通过最低限度联系原则适度扩张域外司法管辖权。

（3）通过最低限度联系原则适度扩张域外司法管辖权。商业秘密刑法域外效力的最终实现需要司法机关通过最低限度联系原则来确立本国司法机关对外国人在域外实施的商业秘密犯罪行为的管辖权。

美国法院通过最低限度联系原则等途径将《经济间谍法》的管辖范围扩展到域外，将外国人在国外实施的侵害其本国企业商业秘密的行为纳入其管辖范围，实现了其"长臂管辖"的目的。在全球科技经济日趋激烈的今天，各国政府高度重视企业的商业秘密，纷纷加强对商业秘密的刑事保护。我国司法机关也可利用最低限度联系原则适度扩张刑事司法管辖权。

2. 建立进出口贸易知识产权侵害调查制度

随着科技发展和对外开放扩大，为保护国内产业安全，有必要在对外贸易中对侵犯我国知识产权的行为和其他不公平竞争行为实施边境保护措施。① 尽管我国《对外贸易法》第 29 条第 2 款规定，进出口货物侵犯知识产权并危害对外贸易秩序的，国务院外贸主管部门可以采取在一定期限内禁

---

① 董涛：《国家治理现代化下的知识产权行政执法》，《中国法学》2022 年第 5 期，第 63—82 页。

止侵权人生产、销售有关货物进口等措施,但这一规定比较原则,缺乏可操作性。因此,我国需要尽快建立进出口贸易知识产权侵害调查制度,以完善知识产权的边境保护。

首先,应对我国边境贸易保护法律进行调整,为知识产权不公平贸易救济制度的构建提供法律基础。从我国现有海关法和海关知识产权保护条例的规定来看,修改海关保护条例难以实现保护国内产业的目的。从我国现有的海关执法情况看,海关并不具备认定知识产权侵权的专业能力,虽然可委托其他相关部门,但除了司法系统外,商标局及版权局很难对侵权作出认定。知识产权不公平贸易制度构建的目的在于保护国内产业,理应与反倾销、反补贴等置于《对外贸易法》的范围内。建议在《对外贸易法》中将知识产权保护条款进一步细化,赋予商务部在进口贸易中的知识产权审查职能。

其次,关于设立主管机关及规划人员构成。知识产权不公平贸易调查制度是保护国内产业的手段之一,因此,由商务部进行统筹管理更有效。国家知识产权局及专利复审委为我国主要的专利行政保护部门,而商务部则缺乏知识产权人才。在这种情况下,可以通过知识产权局与商务部联合执法,适当吸收国家知识产权局专利行政人员,既有助于国际贸易中的知识产权侵权认定,也能保证行政裁决结果的权威性。

再次,重视调查制度的程序设计。知识产权不公平贸易调查制度的对象应当是侵犯知识产权的行为,主要表现为侵犯专利权、商标权、著作权、集成电路布图设计权、植物新品种权、地理标记权,以及不正当竞争行为等。对于此类侵害知识产权的不公平行为,知识产权不公平贸易调查制度要求在国内建立或者正在建立的前提下,施行禁止货物进入中国境内等救济措施,并处以罚款。在启动条件方面,应采取依申请和依职权两种方式,并且需要权利人证明国内产业已遭到损害,因为仅有"知识产权许可"不能认定权利人的国内产业存在实质性损害。此外,还应当注重知识产权无效程序与知识产权不公平贸易调查的关系,例如为了有效解决专利侵权纠纷,法院可以在专利复审委未作出专利无效裁决前进行侵权判定。因此,为了实现纠纷解决的效率,除非存在重大权利瑕疵,否则,不应中止知识产权不公平贸易调查程序。

最后,设置上诉及救济措施。对商务部部门作出的调查决定不服的,当事人可以提起诉讼。而在救济措施方面，除了可采取禁止进口及发布排除令外，对于侵犯他人知识产权的行为，还可并处罚款。

3. 设立行政裁量权基准

知识产权行政执法的弹性较大，幅度在 25 万元以下以及违法经营额 1—5 倍之间。[①] 行政处罚自由裁量权幅度过大易导致任意性执法，产生同案不同罚的现象。[②] 因此，需要对知识产权行政处罚自由裁量权的行使予以监督与控制。设立行政裁量权基准可将行使行政处罚裁量权时须考虑的行为原因、情节、性质与后果等要素预先确定下来，避免执法人员任意性执法。北京、广东等地已出台知识产权行政处罚裁量权基准，[③]从违法行为、违法依据、违法情节、裁量标准等维度对知识产权行政处罚权的行使进行了细化。但是，从各地现有规定来看，还存在诸如涵盖对象较宽泛和分散（包括对假冒专利、专利侵权纠纷、著作权侵权纠纷处理等方面）、不同文件的详略不一等问题，故有必要设立国家层面统一的行政裁量权基准。

考虑到裁量基准制定的可行性和地方知识产权管理部门的法定职责，可以先行制定关于专利违法案件行政处罚的自由裁量基准，然后逐步拓展至商标、著作权等领域。以专利执法为例，自由裁量基准制定应重点把握以下三方面内容。

（1）裁量权规制的违法行为类型。根据处罚法定基本原则，地方知识产权局实施专利行政处罚权的依据来源于两个层级：① 中央立法层面的《专利法》《专利法实施细则》等法律和行政法规，规定专利行政处罚的行为类型和自由裁量幅度；② 地方立法层面的专利保护立法，例如《上海市专利保护条例》（2001 年）、《江苏省专利促进条例》（2019 年修正）、《浙江省专利条例》（2015 年）以及《安徽省专利条例》（2015 年），细化规定处罚行为和裁量幅度。专利处罚裁量权规制的违法行为包括但不限于以下 7 种：① 假冒专利行为类。根据《专利法》第 63 条和《专利法实施细则》第 84 条，管理专

---

① 《专利法》第 68 条；《商标法》第 60 条；《著作权法》第 53 条。

② 林蔼馨、龙小宁：《推行自由裁量权标准能提升执法效果吗？——基于专利行政执法与企业创新的证据》，《经济学（季刊）》2020 年第 3 期，第 1081—1102 页。

③ 北京市知识产权局 2020 年发布的《行政处罚裁量权适用规定（试行）》以及行政处罚裁量基准表；广东省知识产权局 2017 年发布的《关于行政处罚自由裁量权使用规则》；2021 年发布的《海南省旅游和文化广电体育厅行政处罚自由裁量细化基准表》；等等。

利工作的部门可行使免于处罚、没收违法所得、并处违法所得 4 倍以下罚款或 20 万元以下罚款的自由裁量权。② 违反专利标识规定类。根据《专利法实施细则》第 83 条,管理专利工作的部门可行使责令改正的裁量权。③ 为侵犯专利权提供便利条件类。《上海市专利保护条例》第 31 条、《浙江省专利条例》第 45 条以及《安徽省专利条例》第 44 条都规定了责令改正、没收违法所得、违法所得倍数罚款以及特定金额以内罚款的自由裁量权。④ 对于重复侵犯专利权的行为,《浙江省专利条例》第 46 条规定,专利行政部门对重复侵权行为行使责令停止侵权、没收违法所得、违法所得倍数罚款以及 20 万元以内罚款的自由裁量权。⑤ 对于专利代理违法行为,根据《专利法》第 19 条、《专利代理条例》第 25—27 条,省级专利管理部门可以对专利代理机构或专利代理人分别行使责令改正、警告、罚款、没收违法所得、暂停执业、吊销执业许可证的裁量权限。⑥ 对于违反展会专利保护的相关规定,《江苏省专利促进条例》第 37 条规定了责令撤展的裁量权。⑦ 对于电子商务平台经营者违法行为,《电子商务法》第 84 条规定,知识产权行政部门对平台经营者可行使责令其改正和 5 万—200 万元罚款的自由裁量权;《浙江省专利条例》第 47 条规定,专利行政部门对网络平台提供者可行使责令改正、警告或 5 万—20 万元的罚款。同时,还可以充分利用地方立法先行先试的便利条件和制度创设空间,对严重违反专利管理秩序的新型违法行为设定行政处罚(例如《广东省专利条例》对滥用专利权行为的规制)。

(2)裁量阶次的区分与情节适用。行政执法裁量基准的核心问题是细化情节事实和明确执法效果。前者是在对违法行为主客观事实要素逐一列举后认定情节轻重程度,包括违法时间长短、违法所得多少、主观恶意程度、造成的社会影响和危害后果等;后者是在现有执法限度内,将执法种类和幅度区分为不同的裁量阶次,使每一个违法事实均能有明确的执法标准。一般而言,行政处罚自由裁量权分为 4 个档次,即情节较轻、从轻处罚;情节较重、较重处罚;情节严重、从重处罚;情节轻微并及时纠正、没有造成危害后果的,不予处罚。考虑到执法案件的性质和社会影响程度,我国知识产权行政自由裁量权分为情节较轻、情节较重和情节严重 3 个档次,不考虑免于处罚的轻微情节。应着重考虑情节严重的裁量幅度,以便在裁量情节和裁量标准的制定中彰显区域执法协作的权威性,增强对跨区域侵权违法行为的威慑力,例如将重复侵权、群体侵权等恶意侵权行为畸重裁量等作为从重处罚的标准,不以侵权损失或违法所得案值认定为从轻情节。此外,应提高电子商务平台经营者的注意义务,缩短平台对专利侵权相关网络资源采取措施的时限,并相应设置从重情节。

(3)裁量程序与处罚权限的规范表达。以行政处罚决定的作出为界,可将裁量程序分为行使裁量权的执法程序和案件终结程序。执法程序应严格遵守立案审批、行政执法调查、调查终结报告、行政处罚决定审批等执法流程,规范填写相关执法文书,并建立完整的执法案件档案。在行政处罚决定作出后,执法人员应提交执法协作案件调查终结报告,制作《处罚决定书》,并注明处罚决定的事实、理由和依据,依法公告案件处理结果。值得注意的是,单独部门的行政处罚权限依据部门内部执法惯例,省域内的跨部门执法也可以按级别确定权限,但区域执法协作中的处罚权限划分相对复杂。因此,在知识产权执法协作基本框架内,应以管辖地确定协作案件的普通权限,以裁量情节确定协作案件的特别权限。具体而言,案件的初始管辖地所在省级知识产权局,可依据其处罚情节,将案件置于协作会商机制下,待共同拟定处理意见后,提交执法协作工作协调小组或由其约定的主体进行最终审批,对于其他裁量案件,可在执法协作框架内灵活处理。

4. 制定全国统一的知识产权海关行政执法处罚裁量基准

对自用合理数量可进行一些数量上的规定,除非有当事人能够提供证据证明合法理由,否则,应按照裁量标准开展知识产权海关行政执法工作,例如对30%的罚款幅度进行细化,规定一般情况、加重处罚情节、减轻处罚情节等给予不同的罚款,避免发生由于执法人员主观因素使行政处罚畸轻、畸重等滥用行政执法权的情况。对扣留行为应规范管理,提高办案效率,加强对办案期限的整体考核;对情节简单,案件事实清楚的知识产权侵权案件,应制定简易知识产权案件办理程序,以提高办案效率。[①]

(1)明确行政处罚类型。行政处罚主要分为两种:主要处罚和附加处罚,其中,主要处罚分为以下形式:警告、罚款、没收违法所得、责令停止营业、取消营业执照和拘留,且处罚方式不得随意更改。附加处罚方式主要

---

① 毕波:《知识产权海关行政执法权的配置:现状、问题与对策》,《学术交流》2017年第1期,第106—110页。

有：责令停止实施侵犯行为、责令赔偿损失等，执法人员可根据实际需要增加处罚项目。上述两种处罚方式相互不排斥，既可单独使用，也可以同时使用。

（2）具体化违法行为的事实要件。应清晰、准确地表述处罚情节，例如违法行为发生地点、时间、方式、程度、动机、态度和道德品质等。在界定当事人的违法情节时，要根据具体情况综合考虑各方面因素。法定情节是指违反法律法规的行为，这是制定处罚措施必须考虑的，例如从轻或从重给予行政处罚。酌定情节是指根据违法行为的影响、性质来做出处罚，具体包括相对人主观过错程度；违法活动涉及的金额数量和财物多少；当事人采取何种违法方式和手段；行政相对人可承受多大的行政处罚；等等。

（3）选择合理的处罚种类。在现行法律制度下，海关执法人员有较大的自主权选择处罚种类。在选择处罚种类时要重点考虑当事人的违法情节严重性，以体现"违法成本低于守法成本"的法治精神，同时提高处罚方式的人性化。一是在设置裁量基准时，综合考虑相对人的违法主观动机、违法情节以及危害大小等。一方面，要同时考虑和适用《行政处罚法》第 25、27、53 条规定的从轻、减轻处罚和从重处罚情节；另一方面，根据《海关行政处罚罚款幅度参照标准》规定适当扩大情节严重性的处罚范围。此外，可综合考虑违法行为的影响、后果、性质以及当事人悔改态度等，灵活运用酌定情节。在对相对人违法情节进行认定后，再选择处罚类型和处罚标准。对其他违法行为，也可以根据具体情况灵活选择。在所有行政处罚类型中，罚款是一种比较直接、简单、有效的处罚方式。虽然罚款常与其他行政处罚手段同时使用，但是应对其使用进行明确限制，并在罚款金额方面做好调节。

（4）制定与实际相吻合的处罚基准。虽然在海关行政处罚类型中，罚款是一种比较常见的处罚方式，但是在使用罚款方式时，应制定一个合理的处罚基准，根据违法行为和影响大小评估确定合理的罚款金额。除了法律规定不可调整的以外，如果法律规定的罚款额度偏低，可借鉴刑罚理论中的"中线论"，将罚款标准上调到处罚幅度的中线水平。对罚款上限为 5 000 元的，可以将罚款金额确定在 2 500 元以上；当罚款金额为违法所得的 0.5—5 倍时，可以选定 2.75 倍计算罚款金额。如果法律法规规定的罚款金额偏高，也可以对罚款额度进行分级，一般分为 3—5 档为宜，以针对不同严重程度的违法行为。例如,根据《海关行政处罚实施条例》第 24 条的规定：伪造、篡改、违规出售海关单证的,给予 5 万—50 万元罚款。此外,还可将罚款标准细分为 1.5 万元、2.5 万元、3.5 万元、4.5 万元四档,以与违法行为相契合。

(5) 确定细化的处罚梯度。以行政罚款为例,不同层级的罚款额度是按照金额划分,还是以比例、倍数来划分,或者是不同情节对应多大的罚款比例,应根据具体案情来划分刻度还是按照等额刻度来平均分配,这都关系海关运用自由裁量权的问题,因此,须正视这个问题。在海关执法案例中,有的情况可以等额划分,有的不适合。例如,《海关行政处罚实施条例》第 18 条规定,在未取得海关批准情况下,擅自开启海关监管货物、提取、交付、发包、调换、换包、抵押、留置、转让、更换标记、移作他用等情况,给予货物总值的 5%—30% 的罚款。如果将罚款比例设置为 17.5%,假设存在不同的情况,则应以额度分设置罚款标准,即每个情节对应 5% 的刻度,如果交付、调换、转让相对比较严重,也可以将其处罚刻度设置为 7.5% 或 10%。如果存在情节较轻的情况,则可下调刻度。由于不同违法案件的违法情节存在较大差异,故需要在裁量基准中予以调整和体现。

(6) 处罚金额计算。确定处罚基准(例如 50 000 元)后,要针对不同情节的违法行为制定处罚标准,然后,再根据具体情节制定处罚刻度,根据当事人的违法情节和表现来加减罚款金额,如果违法情节相对较轻,可减少一个刻度(例如在 50 000 元的基础上减少 5 000 元);如果是一般情节,则保持不变;如果情节特别严重,则增加一个刻度(例如在 50 000 元的基础上加 5 000 元)。在确定处罚基准的基础上,可根据情节轻重适当增加罚款金额,得到最后的罚款金额。

5. 制定全国统一的《海关办理知识产权行政处罚案件程序规定》

应对进出口知识产权侵权案件的立案、调查、扣留、担保、行政处罚的决定和执行等制定统一的办案程序,例如出台《海关计核侵权货物、物品价值办法》,对侵权货物物品价值的计核认定作出统一规定;制定《海关知识产权简易案件办理程序规定》,以明确适用简易程序的案件条件和程序,提高行政执法效率,并节约行政成本。

在《海关罚没侵权货物处置办法》中,应对侵权货物的转交程序、无害化处置程序进行明确,防止侵权货物二次进入市场,导致侵权货物在销毁过程中造成环境污染。① 根据侵权货物处置的方式,以及先后的顺序,应按照以下原则确定程序:一是对于有实用性、产品质量较好、不会导致健康或安全危险的,应当优先用于社会公益事业。二是对于罚没的货物被确定为知识产权权利人授权但属于被授权人超额生产且与许可产品完全相同时,可以考虑按照自愿原则将侵权货物出售给知识产权权利人。三是如果排除了前两种处置方式的可能性,在征求知识产权权利人的意见后,认定该货物不会导致健康或安全危险的,应当考虑拍卖这一节约成本的处置方式,且应当在消除所有侵权特征的情况下公开进行,对于进口假冒商标货物的拍卖应持十分审慎的态度。四是当其余方式不可行的情况下,销毁侵权货物。

对于侵权货物的转交,建议扩大接收主体的范围,详细规定转交的方式、手续以及相关的责任和监督机制。对于有偿转让的权利人,应对如何确定侵权货物转让价格的程序予以明确,以保障其合法性,并规范海关执法。对于除标拍卖,要符合相关的拍卖规定,完善征求知识产权人意见制度和完全消除侵权特征制度,以符合"有效制止侵权"和"避免对权利持有人造成任何损害"的原则。

五、美国涉科技领域知识产权司法执法制度的运行

(一)各部门职能及运行机制

1. 主要职能部门各自职能分工

(1)美国国际贸易委员会。美国国际贸易委员会(United States International Trade Commission,ITC)负责进行 337 调查。ITC 是美国国内一个独立的准司法联邦机构,拥有对与贸易有关事务的广泛调查权。其主要职能包括:以知识产权为基础的进口调查,并采取制裁措施;产业及经济分析;反倾销和反补贴调查中的国内产业损害调查;保障措施调查;贸易信息服务;贸易政策支持;维护美国海关税则。ITC 共设 6 名委员,每届任期 9 年。当一个调查案开始后,ITC 会指定一名行政法官来负责案件的审理和发布初裁。

---

① 毕波:《知识产权海关行政执法权的配置:现状、问题与对策》,《学术交流》2017 年第 1 期,第 106—110 页。

ITC 的裁决由美国海关来执行，可以依据 337 调查的裁决来扣押侵权产品或禁止侵权产品进入美国。

（2）美国海关。根据联邦规则的规定，美国海关可以主动采取措施实施保护的知识产权仅限于商标、商号名称和著作权，且仅在进口环节对知识产权进行保护。对于出口的侵权货物以及在美国境内的生产、流通和销售环节的侵权行为，美国海关无权处理。

权利人要求海关保护其知识产权的，必须事先将其知识产权向海关总署备案。申请备案时应当提交书面申请并缴纳备案费。商标权和著作权的备案有效期是 20 年。备案有效期届满的，权利人可以申请续展。而对于商号名称权，只要权利人仍在生产经营中使用，则备案就一直有效。①

美国国际贸易委员会（ITC）和美国海关负责对侵犯美国知识产权的外国商品的进口和销售进行审查，并采取有效的边境措施。其中，美国海关下属的海湾边防局负责对民事侵权的行政执法，包括扣押、没收和处罚。

（3）美国专利及商标局（United States Patent and Trademark Office）。美国专利商标局隶属于联邦商务部，主要负责专利和商标的行政管理，包括接受专利和商标的申请，对专利申请的审核、授权及专利文献的管理，其职能包括：专利授权与商标注册；为发明人提供与其专利或发明、产品及服务标识相关的服务；通过实施专利与商标等知识产权相关法律，管理专利、商标以及与贸易有关的知识产权事务，并向总统和商务部长提出相关政策建议，为增强国家经济实力出谋划策；为商务部和其他机构提供涉及知识产权事务的建议和帮助；通过保存、分类和传播专利信息，帮助、支持创新和国家科技发展。

（4）美国联邦法院体系。美国联邦法院体系可分为联邦地区法院、联邦巡回上诉法院和最高法院。在通常情况下，美国联邦地区法院是知识产权侵权案件的初审管辖法院。纠纷案件分为两种情形：专利纠纷一般在联邦巡回法院审理，上诉则由联邦高级法院上诉法庭审理；其他纠纷，例如州注册商标和按习惯法取得的商标侵权案及商业秘密的滥用、不正当竞争等案件一般由州法院审理。如果原告或被告不服州法院的判决，可向联邦巡回法院提出上诉，联邦巡回法院的判决为终审判决。

---

① 徐元：《知识产权贸易壁垒研究》，东北财经大学博士学位论文，2010 年。

2. 美国涉科技领域知识产权司法执法及运行机制

（1）行政"决策—执行—研究"三层架构，层级主体众多但分工明确。美国总统享有国家科技活动的最高决策权和领导权，总统行政办公室下设白宫科学技术政策办公室（OSTP）、国家科学技术委员会（NSTC）、总统科学技术顾问委员会（PCAST）和管理与预算办公室（OMB）。OSTP 主要为总统制定科技政策、分配研究经费提出分析建议，对科技政策形成与发展具有重要影响；NSTC 主要负责协调各政府机构间的科学政策，并由总统亲任委员会主席；PCAST 是总统最高级别的科学顾问团，主要提供政策咨询，其成员大多是政府外的顶尖科学家、工程师和学者，具有一定的独立性；OMB 主要负责管理总统向国会汇报预算的准备工作以及后续的协商，在确定科学项目的优先性方面有着重要的影响力。[1]

不同于大多数国家通过一个中央政府部门或科技部集中支持科学，多元化的科学资助体系是美国科技体制最大的特点。美国国际贸易委员会和美国海关是美国知识产权行政执法部门，包括以知识产权为基础的进口调查，并采取制裁措施；产业及经济分析；反倾销和反补贴调查中的国内产业损害调查；保障措施调查；贸易信息服务；贸易政策支持；维护美国海关税则；等等。

此外，联邦研究机构、大学、企业和非营利科研机构四类主体也形成了有效的分工协作。

（2）国会立法监督职能机制。国会最重要的职能在于监督和立法。国会有两类重要的职能机构：一是国会的"百科全书"，包括国会研究服务部（CRS）负责为国会提供广泛的政策和议题分析，以及一些专门委员会，例如众议院下设的科学、空间和技术委员会；二是国会的"侦探机构"，例如审计总署（GAO）负责调查和评估现有的政府政策及计划项目，确保经费被高效正确地使用。1980 年制定的《专利与商标法修正案》，为联邦所资助的研究而产生的商业化创新提供了一个统一的框架，允许大学和其他非营利组织获得这些发明的专利，并可以与公司合作。[2]

3. 中美涉科技领域知识产权保护的主要司法与执法措施对比

（1）司法保护范围、侵权判定标准、赔偿计算如下：第一，司法保护范

---

① 任泽平：《中美科技实力对比：体制视角》，《发展研究》2018 年第 10 期，第 4—11 页。
② 任泽平：《中美科技实力对比：体制视角》，《发展研究》2018 年第 10 期，第 4—11 页。

围。中国是单一制的国家，较多吸收了大陆法系的传统，主要采取成文法的立法体例。我国知识产权立法主要由法律、行政法规和少量地方性法规和规章组成；此外，最高人民法院、最高人民检察院关于知识产权法律适用的解释，也构成知识产权立法的渊源。我国的知识产权法律包括《专利法》《商标法》《著作权法》《反不正当竞争法》等；行政法规包括《专利法》《商标法》和《著作权法》等实施条例、《计算机保护条例》《著作权集体管理条例》《海关知识产权保护条例》《植物新品种保护条例》《集成电路布图设计保护条例》等；一些地方就专利管理等方面制定了地方性法规和规章，最高人民法院、最高人民检察院也制定了一些关于知识产权案件法律应用的司法解释。

美国是联邦制国家，在法律体系上属于普通法系，立法体例传统上以判例法为主；在现代立法过程中，成文法规定逐步增多，形成了以成文法为主体、以判例法为补充的局面。美国的知识产权成文法包括联邦议会和各州议会制定的知识产权法律，以及联邦议会制定的《美国专利法》《美国专利实施细则》《美国专利审查程序手册》《美国商标法》《美国版权法》等。事实上，美国联邦法律在各州没有绝对的效力，每个州有自己独立的权利。各个州还有自己有关商标、版权、商业秘密和不正当竞争相关的规定，并可能与联邦规定有一些细微的差别。例如，在两级知识产权体制下，联邦政府有《商标法》，全美 50 个州也有自己的《商标法》，因此，美国共有 51 部《商标法》。对于知识产权的法院判例，美国法院秉承普通法系的传统，适用遵守先例原则。美国法院在适用该原则时，首先需要考虑空间范围，法院的判决只对本院和在本法院管辖范围内的下级法院构成先例。其次，必须区别适用的法律，在适用联邦法律时，联邦最高法院的判决对全部联邦法院和州法院都构成先例；联邦法院在适用州法律时，必须遵守州法院确立的先例，且其所创立的判例也只在州范围内适用。

第二，侵权判定标准及赔偿计算。对于侵犯知识产权的行为，我国分别在《著作权法》《专利法》《商标法》《反不正当竞争法》中明确规定，而且还有大量的司法解释予以进一步细化。一般是按照权利人受损程度、侵权人的获利、权利正常行使所应当获得的利益三个方面，并根据具体情况选择确定。权利人可以要求行政机关予以制止，或者在诉讼前或在诉讼中请求法院采取保全措施中止。当法院作出生效的裁判文书后，权利人可获得最终制止侵权行为的权利。

美国认为知识产权涉及垄断权利与社会效益的关系问题。对于侵权行为，美国《专利法》规定垄断权利必须在产品或者包装上有明确的权利标记，或者向被告发出过侵权警告，否则，权利人不能获得任何经济上的赔偿，只能将提起侵权诉讼当成是"发出侵权通知"。权利标记不仅是权利人的权利，而且从某种程度上来看也是权利人的义务。对于侵权行为的制止，一般有责令停止侵权行为、给予处罚、赔偿经济损失等方式。对于具体的赔偿数额，有权利人直接经济损失赔偿、侵权人获得非法利益赔偿或者按照一定数额确定赔偿等三种方式。美国《版权法》规定的侵权赔偿方法有三种：一是按照受害人的实际损失赔偿；二是按照侵权人的侵权所得赔偿；三是法定赔偿，通常在 250—10 000 美元，特殊情况也可以低至 100 美元或高于 5 万美元。①

（2）执法主体、执法领域、执法对象、执法手段、执法特点。在我国，当权利人的知识产权受到侵害时，其可以通过行政和司法两种途径获得救济。全国各级工商行政管理部门、专利管理部门、著作权管理部门以及文化、质量监督等行政管理部门对于在日常管理中发现的侵权行为，可以在法定职权范围内予以制止并给予处罚；权利人也可以直接向有关行政机关或者人民法院请求救济。美国的知识产权侵权救济一般通过司法途径。知识产权权利人在权利受到侵害时，可以直接向法院提起诉讼，但不能请求行政机关查处。此外，美国的行业协会在知识产权保护中扮演了重要角色。美国目前有出版者协会、美国电影营销协会、计算机软件和服务工业协会、商业软件联盟、计算机和商业设备生产协会、美国电影协会、全国音乐出版者协会、美国录音业协会 8 个行业协会，成员代表了美国 1 600 多家美国公司。这些协会通过采取联合行动、游说政府，以维护知识产权权利人的利益。1984年，美国成立了国际知识产权联盟，代表美国以版权为基础的工业，并采取双边和多边的措施，以促进对版权作品的国际保护。②

---

① 张穹：《中美知识产权法律制度比较研究》，https://mp. weixin. qq. com/s/kbqZN70mJ＿hmFgS2HSsKMQ，最后访问日期：2023 年 10 月 20 日。

② 张穹：《中美知识产权法律制度比较研究》，https://mp. weixin. qq. com/s/kbqZN70mJ＿hmFgS2HSsKMQ，最后访问日期：2023 年 10 月 20 日。

美国属人管辖适用"长臂管辖"，主要指在美国各州之间的民事诉讼中，虽然被告不居住在该州，而且按照传统属地管辖权也不属于该州的管辖范围，但实际又与该州具有某种"最低限度联系"的情况下，该州的法院可通过长臂管辖权对案件进行管辖，解决美国国内跨州司法管辖权冲突的问题。我国在《关于中美贸易摩擦的事实与中方立场》(白皮书)中指出："长臂管辖"是指依托国内法规的触角延伸到境外，管辖境外实体的做法。"长臂管辖"权实质上是一种域外管辖权。

《2022 年保护美国知识产权法案》第 2 节 a 项规定，可能受到制裁的主体包括：① 在明知情况下参与可能对美国国家安全、外交利益、经济健康发展或金融稳定造成重大威胁的重大知识产权窃取行为，或在明知情况下从该等窃取行为中获益。② 为该等窃取行为提供重大资金、技术或物项支持；为支持该等窃取行为或从该等窃取行为中获取重大利益，向该等窃取行为提供物项和服务。③ 由前述外国主体拥有或控制的实体，或直接、间接为其行事或意图为其行事的实体。④ 前项所述任何外国实体的首席执行官或董事会成员。

美国 ITC 共设 6 名委员，每届任期 9 年。当一个调查案开始后，ITC 会指定一名行政法官来负责案件的审理和进行初裁。ITC 的裁决由美国海关来执行，可以依据 337 调查的裁决来扣押侵权产品或禁止侵权产品进入美国。我国知识产权行政执法为知识产权提供了一种类似于"治安行政权"的保护，为健全知识产权治理体系、强化知识产权保护做出了重要贡献。知识产权行政执法与司法保护并行运作的模式被称为具有中国特色的知识产权保护模式。

（二）美国涉科技领域知识产权司法执法的总体特点及发展趋势

1. 进一步突出政府在国际标准化中的作用

经过长期制度实践，美国推动了知识产权规则与国际贸易挂钩，提升了在全球范围内以更高标准保护知识产权的法律正当性。借助"国际条约""自由贸易协定""双边经贸协定"等法律规则，美国在国际贸易中纳入了更高标准的知识产权保护，将美国意愿的知识产权规则推动进入贸易伙伴国的法律框架体系中。在美国推动下，全球传统知识产权表现出保护客体延伸、保护期限延长的趋势：软件、遗传基因、商业方法等先后被纳入专利保护范围；人工智能、算法、开源、实验数据、数据库、卫星广播、网络传输、气味商标等也对知识产权保护提出需求。尽管发展中国家对其遗产资源、传统知识提出了利益诉求，但以美国为主导的知识产权全球治理规则，片面强调了"高标准"，而忽视"均衡性"，其在规定权利保护条款时多为强制性规定，而对于公共利益、传统知识等内容却采用仅具有宣示性质的措辞。[①]

2. 全方位汇聚人才和技术

美国科技创新体系遵循"经济问题科技解决，科技问题人才解决，人才问题经济解决"的大逻辑。当然，科技、经济、人才三者不是简单的线性、单向关系，而是立体的、交互的"经济—科技—经济""人才—科技—人才"双轮循环体系，并具有结构稳定、耦合互补的特性。

"人才—科技—人才"体系表明，人才既是科技的重要载体，也是科技发展的原动力，一流的人才基础是保证美国科技创新体系持续、稳定、高质量输出高科技成果的主要原因。反过来，科技为人才的持续培养提供土壤，可促进高校教育、科研范式的变革和新学科的发展。此外，高水平的科技环境也会形成良性的内部竞争驱动力，促进人才争夺科技高地。

美国科技创新得以长期保持持久动力的关键不在于一味地打压和遏制竞争对手，而是加强自身强大科研创新能力建设，尤其是对人才等科技创新要素的高度重视与长期布局。总体来看，美国科技人才来源主要包括人才引进和本土培养两种方式。

关于人才引进，美国在以下方面重点加强：一是在工业化早期通过颁布专利法、成立专利局、提供高薪等方式，从英国等欧洲国家招募技术人才，通过人才引进推动本国工业化进程。二是战争年代尤其是第二次世界大战（简称二战）期间，美国因其稳定的生活环境、良好的科研设施、优厚的科研待遇，吸引了大批欧洲流亡科学家赴美工作。三是制定了大量的移民法案，推动科技人才源源不断地输入美国。

在本土培养方面，美国实施了以下措施：一是兴办技术性教育，例如在其南北战争期间颁布了《莫里尔法案》，鼓励各州兴办农工学院，培养了大量

---

① 毛昊、赵晓凤、魏浩：《美国对华知识产权压力焦点变迁与趋势预见》，《科学学研究》2023 年第 7 期，第 1282—1293 页。

的工农业技术人才。二是兴办现代大学。19世纪末期创办以约翰·霍普金斯大学为代表的研究型大学,首创将本科生教育(传授知识)与研究生教育(生产知识)分开的模式,为美国培养了第一批高素质科学人才。三是利用引进人才培养本土人才。二战爆发以后,大量科学家涌入美国,恰逢美国现代大学办学模式改革基本完成,为高技术人才提供了大量教职岗位,培养出的青年人才继续投身美国科研和教育事业,形成了人才梯队的循环流动,实现了国内外人才资源的有益整合。①

3. 注重前沿科技领域的前瞻性布局

在美国多任政府的持续推动下,知识产权安全问题已经从基于私有权的市场竞争,逐步向国家战略资源竞争和国际生存发展权转化。为达到遏制主要竞争对手产业发展的目标,美国对知识产权关注领域重点已从传统法律制度构建、市场经济地位、出口限制,逐步向高科技产业、数据主权、网络安全等新兴领域扩展,并利用"长臂管辖"对我国高科技企业采取"小院高墙"式的精准打击。有学者指出,美国的最优政策是通过阻碍我国公司并购和使用先进技术降低技术赶超速度。2021年,美国参议院、众议院提出《制止中国知识产权盗窃法案》《控制中国技术转化法案》《保护美国知识产权法案》《防止外国企图侵占医疗保健创新法案》等30余部与知识产权有关法案,以强化对市场技术并购、转移以及金融资本市场的干预。拜登政府在2021年3月升级了对华为的5G禁令,进一步切断华为上下游供应链;同年11月,拜登签署《2021年安全设备法案》,试图完全阻止华为、中兴等公司的通信设备进入美国电信网络。事实上,作为高度市场化的全球战略资产,知识产权具备与资本连接的天然属性。美国政府一方面对于知识产权的全球化运营保持包容开放的态度,在全球范围首创非专利实施主体、知识产权证券、知识产权信托、专利保险等新兴商业模式,最大限度地发挥知识产权商业模式创新的市场激励作用;另一方面,其又在借助《外国投资法案》《无限前沿法案》《竞争法案》限制投资并购和技术转让,强化对涉美国家安全的外国投资的审查,对我国在人工智能、量子计算、先进通信等领域迅速崛起的创新能力保持高度警惕,以确保美国在供应链弹性以及更广泛的创新生态

---

① 钱翰博、马祥涛、赵青、于进:《美国科技政策演化对创新体系的作用分析及相关思考》,《科技中国》2023年第10期,第28—31页。

系统方面的全球领先。[①]

（三）美国涉科技领域知识产权司法执法的战略部署

1. 管制进出口贸易，改革国家创新体系和强化技术保护制度

近年来，美国持续完善与强化出口管制体系，尤其是加强对新兴和基础技术、关键技术等与国家安全密切相关领域的出口管控。拜登政府将半导体等关键技术作为重点管控对象。2022 年 10 月 7 日，拜登政府公布了针对先进计算和半导体制造的"一揽子"出口管制新规，新增加的管制条款旨在限制我国获得具备军事用途的高端半导体元器件以及相关的开发和维护能力，意在迟滞我国芯片发展进度，以此保持美国的领先优势与霸权地位。为推动出口管制政策的针对性与有效性，美国不断强化针对我国的清单管控措施，将多个实体（包括机构和个人）列入其出口管制清单中。以实体清单为例，被列入该清单的我国实体（包括我国香港和澳门地区）数量达到549 个，占比 4.5%。[②]

《2022 年芯片和科学法案》融合了美国经济和国家安全政策的内容，是美国继续将经济和科技问题泛政治化、泛安全化的表现。与大规模提供资金支持和税收抵免相对应的是，《2022 年芯片和科学法案》设置专门的"护栏条款"，禁止受益企业扩大在华制造业务。规定接受法案资助的实体以及根据《1986 年国内收入法》第 1504（a）节所认定的该实体的任何关联公司，应与美国商务部部长签订协议，确认从资助日期开始的 10 年内，不得在包括中国在内的受关注国家开展与半导体制造有关的任何重大交易，包括但不限于在相关国家新增或扩张产能。同时，在税收抵免规定上实施"二选一"方式，以限制受益企业在我国等地发展先进制程半导体制造业产能，这与 2021 年 3 月美国人工智能国家安全委员会（NSCAI）在其最终报告中所提到的限制我国半导体制程技术至少落后美国两代的建议遥相呼应。

---

① 毛昊、赵晓凤、魏浩：《美国对华知识产权压力焦点变迁与趋势预见》，《科学学研究》2023 年第 7 期，第 1282—1293 页。

② 陈积敏、张高胜：《攻防兼具：美国构建对华科技竞争政策体系》，《中国投资（中英文）》2023 年第 8 期，第 70—71 页。

《研发、创新和竞争法案》专门针对我国作出了禁止性或限制性规定。一是禁止我国公司参与美国制造计划，就美国制造网络（manufacturing USA network）下的相关技术开发和运用，要求严格审查包括我国在内的有关国家的外资实体参与。并且我国企业未经豁免，不能参加美国制造项目，为我国企业参与特定的美国应用技术开发和运用造成障碍。二是限制联邦财政拨款流向主办或支持我国孔子学院等机构，要求接受资助的大学每年披露其获得的外国资金支持，对中美科研教育机构之间的交流互动带来负面影响。三是禁止联邦研究人员参加外国人才招募计划，要求科学和技术政策办公室（OSTP）应向联邦研究机构发布指南，禁止联邦研究机构人员参与"外国人才招募计划"，导致我国企业在美国的后续人才引进将受到较大干扰。由此可见，该法案集中反映了美国根深蒂固的零和博弈思维，未来，我国在参与美国制造计划、获取美国基金资助以及引进外部人才等方面将会受到不同程度的影响。①

2. 加大科技创新与生产资源的投入，审查外国投资、保障国内生产能力

《2022年芯片与科学法案》以财政拨款和税收优惠的方式对美国半导体行业进行专项扶持，共提供了527亿美元经费，设立了4个专项基金，其中芯片基金用于半导体制造激励、半导体研究及开发；芯片国防基金用于将科学研发成果转化为国防军事用途；芯片国际科技安全和创新基金用于半导体、通信、电信等领域的国际合作；芯片劳动力和教育基金用于培养半导体领域人才。同时，针对先进半导体制造业提供25%的投资税收抵免。

强化我国对美投资审查、限制我国军民融合企业在美投融资也是美国对华科技竞争政策的重要组成部分。2021年6月3日，拜登总统签发《应对为中国特定公司提供资金的证券投资所带来的威胁》的第14032号行政令，禁止美国主体购买或出售被列入"非特别指定国民中国军工复合体企业清单"中的企业公开交易的证券及其衍生品，或者旨在为该等证券提供投资机会的公开证券。2021年11月，美中经济与安全审查委员会向美国国会提交的《2021年年度报告》中提出，要确保《2018年出口管制改革法》和

① 赵健雅、陈美华、陈峰、杨雷：《美国〈2022年芯片与科学法案〉对中国科技安全的影响分析》，《情报杂志》2023年第11期，第54—60页。

《2018年外国投资风险审查现代化法》的有效实施,创建技术转让评估小组,以监督有关机构与出口管制、外国投资审查和技术转让监管有关的多边接触,确保此类接触不会损害美国的国家和经济安全利益,同时加大对中国企业进入美国市场的限制,减少美国对我国企业的投资额,并对被美国列入"非特别指定国民中国军工复合体企业清单"上的中国企业实施全方位的监管和限制。[1]

3. 强化对华技术打压与构建科技联盟

打压我国高科技企业成为美国对华科技战略的重要着力点。一是美国政府以安全为由,全面限制华为等我国高科技企业在美国的市场空间。《2019年国防授权法案》的第889节规定,禁止政府机构及其承包商通过采购、延长或续签合同等方式,使用包括华为、中兴、海能达通信公司(Hytera)、海康威视(Hikvision)与大华技术公司(Dahua),以及这些企业的任何子公司或关联公司提供的电信及视频监视服务或设备。二是美国政府以我国高科技企业违反出口管制等法规为由,以截断这些企业的核心供应链为威胁,间接增加其在对华博弈中的战略筹码,并伺机对这些企业予以严厉制裁。三是以压缩华为的国际市场空间为目标,以外交手段协调、游说甚至逼迫盟国及伙伴国放弃与我国高科技企业的合作,并通过跨国司法协同,定点制裁这些企业的高管。[2]

美国拜登政府组建了技术封锁类联盟,希望借盟友之力对以我国为代表的所谓"目标竞争对手"进行科技施压,阻止先进技术向我国转移。拜登政府声称,美国"面临的严重研究安全挑战"之一是"一些外国政府正在努力非法获取美国最先进的技术"。因此,美国利用"民主科技同盟"来深化伙伴关系,共同实施投资审查、风险防范等举措来保护新兴技术,以实现边缘化"竞争者"的目的。当前拜登政府在以半导体为代表的新兴科技领域对我国企业进行"卡脖子"式的围堵和打压,便是其保护主义政策的表现。截至2023年4月,美国这一"实体清单"上的我国企业有1 110家。拜登政府声称,21世纪的国际竞争是"专制与民主间的竞争",而那些"民主国家"则是

① 陈积敏、张高胜:《攻防兼具:美国构建对华科技竞争政策体系》,《中国投资(中英文)》2023年9月,第70—71页。
② 孙海泳:《特朗普政府对华科技战略及其影响与应对》,《国际展望》2019年第3期,第78—97页。

与美国拥有共同利益的国家。[①] 拜登政府在强化盟友间的多边出口管制合作方面进行了规划,在欧盟委员会和日本、英国、德国、法国、荷兰、韩国、加拿大、意大利、澳大利亚等核心成员的基础上,又吸纳了瑞典和芬兰等国家加入"民主同盟"。[②] 这一举措旨在加强盟友之间的合作,共同应对出口管制等挑战。2021 年 6 月,美国和欧盟宣布重启 1998 年建立的美国—欧盟贸易和技术委员会(US‐UN Trade and Technology Council),以加强双方在数字经济、人工智能、绿色技术等领域的合作和协调。在拜登政府看来,该协议是基于共同的民主价值观念建立的,拜登想利用该协议来加强新兴技术的多边出口管制,以弥补《瓦森纳协定》未能有效让美国对以我国和俄罗斯为代表的"目标竞争国"实施出口管制的"缺憾"。拜登政府利用联盟关系进行技术封锁的策略是多方面的,"印太经济框架"(IPEF)和日美经济版"2+2"协商机制也是其中代表。这些联盟机制都服务于阻断关键技术外流,限制中国等国家的技术发展,以维护美国在全球技术领域的地位。[③]

(四) 美国对华涉科技领域知识产权司法与执法的政策转向

1. 知识产权诉讼"长臂管辖"

随着美国逐渐把"长臂管辖"推行至国际社会,"长臂管辖"的理论基础——"最低联系原则"不断从真实、足够的联系,降低为某种扩大的、模糊的、不可预期的微弱联系(例如使用美国互联网服务、金融服务等),而且在此基础上,美国还进一步发展出"效果原则",即只要美国认为第三方的域外行为对美国产生了实际影响,美国就声称可以对其实行管辖。近年来,美国管辖的长臂越伸越长,范围不断扩大,制裁手段也愈发严厉。出口管制、经济制裁(主要是二级制裁)、《反海外腐败法》是美国实行"长臂管辖"的几个主要方式。对我国而言,前两种是美国对华"长臂管辖"的主要方式。在此

---

① 周念利、吴希贤:《拜登政府主导 IPEF 数字技术治理合作内容、挑战及应对研究》,《亚太经济》2023 年第 3 期,第 55—56 页。

② 李冲、陈兆源:《美国构建供应链联盟的进展、类型与前景》,《东北亚论坛》2024 年第 6 期,第 34—36 页。

③ 袁阳丽:《拜登政府产业政策中的技术民族主义实践:表现、策略及挑战》,《统一战线学研究》2023 年第 5 期,第 142—158 页。

基础上,美国以国际法、人权、民主等名目对我国发起"长臂管辖"的数量也在不断增加。[1]

2. 知识产权337调查

337调查主要适用美国《1930年关税法》第337条款的有关规定、美国联邦和各州关于知识产权侵权认定的各种法律,以及其他关于不公平竞争的法律等;在程序法方面,337调查主要适用包括《联邦法规汇编》关于ITC调查的有关规定、《ITC操作与程序规则》《联邦证据规则》关于民事证据的规定、《行政程序法》关于行政调查的有关规定等,由ITC负责进行337调查。ITC的裁决由美国海关来执行,可以依337调查的裁决来扣押侵权产品或禁止侵权产品进入美国。

根据规定,不论以何种形式进口美国的外国产品,例如以销售、出租、寄售等形式进入美国市场,若其侵犯了美国本土产业现有或正在建立的合法有效的具有执行力的专利权、注册商标、著作权或外观设计、专有技术等,则判定有违反337条款的可能性,美国国际贸易委员会可以进行调查,然而ITC的调查大多与专利权有关,从诉讼实践上看,337条款主要被用来针对侵犯专利、商标等知识产权方面的不公平贸易行为。换言之,一旦美国厂商认为外国的进口产品侵犯了它们的专利、商标等知识产权,就可以向美国国际贸易委员会提起诉讼,如果起诉合格,美国国际贸易委员会就将启动对被诉产品的调查,若认为侵权行为成立,国际贸易委员会可以向海关发布命令,禁止该项产品进口,被诉产品则失去进入美国市场的可能。随着美国对外贸易政策从自由贸易向保护贸易转变,337条款已经成为管制外国生产商向美国进入产品侵犯知识产权的法律规则和单边制裁措施。[2]

3.《无尽前沿法案》(the Endless Frontier Act)

《无尽前沿法案》的前身为《科学:无尽的前沿》报告。《科学:无尽的前沿》报告由范内瓦·布什撰写,于1945年7月提交给时任总统杜鲁门,主要回答了罗斯福总统提出的四个问题:一是如何将军事科学技术转化为民用

---

[1] 蒋正翔:《构建攻防兼备的美国"长臂管辖"反制机制》,《重庆社会科学》2023年第10期,第121—138页。

[2] 金桢烨:《美国涉华非关税贸易壁垒分析及应对措施:以337调查为例》,《产业创新研究》2022年第23期,第105—107页。

科学技术；二是如何继续推进在医学领域的科学研究，降低民众因为疾病的死亡率；三是如何处理政府和私人组织在科学研究中的关系；四是如何建立一种长效的科研人才培养机制。范内瓦·布什曾于二战期间担任白宫科学研究与发展办公室的负责人，是首位美国总统科学顾问。这份报告奠定了美国科学政策的基础架构，被视为美国科学政策的开山之作，为美国的科学研究和技术创新拓展了更广阔的疆界。美国能在科学创新和研究方面一直处于世界领先地位，在很大程度上应归功于这份报告提出的战略设计。①

2021 年 6 月 8 日，美国参议院以 68 票赞成、32 票反对的投票结果通过了《无尽前沿法案》。该法案计划在 5 年内对美国关键技术领域科技研究进行分阶段投资，预计投资总金额将超过 1 000 亿美元，以持续奠定国家科技创新能力根基，维护美国全球科技领先地位。该法案明确将中国视作劲敌与防范对象，并出台严苛规定限制与中方有联系的科学家参与美国科研项目。白宫官员科特·坎贝尔（Kurt Campbell）表示，作为应对中国全面战略中的一部分，美国政府力求让自己更有竞争力，最新立法就是这种"努力"的关键。

4.《2022 年芯片和科学法案》涉中国条款

《2022 年芯片与科学法案》（*Chips and Science Act of 2022*）于美国当地时间 2022 年 8 月 9 日生效，其规定，受资助企业应与美国商务部长签署相关协议，承诺其（包括其关联团体的所有成员）自接受资助之日起 10 年内不得在中国或其他任何受关注外国进行涉及先进制程半导体生产产能实质性扩张的重大交易。同时，《2022 年芯片与科学法案》规定了例外情形，即该条款不适用现有的成熟制程产能，以及新建成熟制程产能但主要供应"受关注外国"国内市场的情形。

《2022 年芯片与科学法案》的立法目的在于两方面：一是促进研发和制造回流，强化美国半导体产业竞争力。如前文所述，虽然美国在先进芯片设计中处于领先地位，但随着三次产业转移，在芯片制造环节存在明显缺失。《2022 年芯片与科学法案》通过扶持掌握先进制程的芯片生产企业在美国建立产线、扩大产能，促进研发和制造回流，以达到重塑自身半导体产业供应链、

---

① 王林：《美国科研体制与科研政策对我国的启示：基于对〈无尽前沿法案〉的解读》，《重庆科技学院学报（社会科学版）》2022 年第 3 期，第 23—28 页。

保持半导体领域绝对优势地位的目的。二是阻止先进芯片产能对华投资,遏制我国半导体产业发展。《2022年芯片与科学法案》以发放补贴的形式影响美国本土及海外掌握先进制程的半导体生产企业的投资决策,通过巨额投资吸引半导体企业赴美投资设厂,并强制受益芯片企业在中美之间"选边站",阻碍我国利用国际资源升级先进产能,从而维护其对华科技战略的竞争优势。

《2022年芯片与科学法案》的核心内容是全方位扶持本土半导体产业发展,加快关键技术和新兴技术的优先部署。关键技术和新兴技术已经成为大国竞争的核心战略资源,也越来越成为美国科技安全的核心关切。① 美国《研发、创新和竞争法案》明确拨款1700多亿美元,授权美国商务部、能源部等增加对关键领域科技研发的投资。2022年9月6日,美国商务部发布《2022年芯片与科学法案》基金实施战略,重点加强美国在关键技术和新兴技术研发方面的领导地位。

5. 美国后续专门立法、修法的预判

从长期趋势看,全球范围内知识产权保护增强的趋势将继续维持,美国等发达国家仍将借助双边、小多边,或者"有选择多边"方式推动构建更高标准的知识产权保护规则。知识产权保护客体将随着新技术的出现而覆盖更大范围,平均保护期限更长,保护力度也更大。各国将在保持知识产权司法管辖独立性的基础上继续强化国家之间的司法协助,共同打击国际性知识产权侵权问题。未来,中美"技术脱钩"极有可能成为长期趋势,中美在知识产权领域的分歧不再仅是制度理解和观念差异。美国对华知识产权压力将长期表现为遏制我国科技进步与产业升级,防止对美国先进制造能力的超越。

第一,持续关注国家安全与未来竞争议题,网络安全、数据主权、高科技产业竞争、技术转移、商业秘密将成为压力焦点。随着中美产业竞争加剧,计算机技术、基础通信方法、数字通信等现代信息通信技术领域将成为美方重点关注的对象,中美将持续在网络安全、信息和通信技术产品以及数据主权等领域展开博弈。一方面,美国政府不断在报告中提及网络安全、商业秘密等相关议题,将中国塑造为最大的商业秘密盗窃国,通过加大知识产权和

---

① 赵健雅、陈美华、陈峰、杨雷:《美国〈2022年芯片与科学法案〉对中国科技安全的影响分析》,《情报杂志》2023年第11期,第54—60页。

商业秘密刑事审查,制造"寒蝉效应",防止核心技术与知识产权外溢,并进一步强化商业秘密、网络安全与市场准入、技术转移之间的关联性,设置更高市场准入壁垒。另一方面,数据保护将成为竞争焦点。未来,社会数据将成为基础性资源,数字经济将是加速重构经济发展与治理模式的新型经济形态。在印太经济框架下,美国引入新的更高的"数字技术"标准,以影响全球数字贸易和数字产权保护发展与规则进程。中美两国在数据标准、贸易规则、共享方式、市场格局、产业并购中将产生激烈博弈。未来,美国势必将进一步借助国家规则影响新的数据保护模式和贸易规则,并向数据可移植性以及国家核心利益安全保护等有关问题。

第二,在假冒、盗版等问题上对我国持续施压,关注重点也将随着主流传播媒介发展转向电商平台和互联网领域。作为美国关注时间最长的持续性问题,美国进一步的关切焦点将聚焦电子商务平台知识产权保护。网络技术发展提升了打击假冒盗版问题的困难和复杂性,亟待借助新技术手段和全球执法协作。美国将会持续关注云计算、移动端转码等新技术带来的日趋多样的盗版形式,给假冒盗版提供渠道的网站、App、社交媒体、网盘、社群等互联网企业更多压力,迫使我国执行更加严格的制度保护和执法措施。

第三,在知识产权制度构建和法律修改完善方面将表现出新的压力。法律制度构建问题随着我国制度的不断完善和数据等新的保护规则出现而产生新的压力焦点。一方面,美国政府将继续执行双边和小多边自由贸易协定,将知识产权保护和贸易举措挂钩。对我国来说,制度构建和法律修改将成为美方持续关注话题,在商业秘密、药品专利保护、商标法修改、数据规则等未达到美方要求前,势必会被提出更高保护要求。另一方面,我国将面临美国主导的"印太经济框架"等新一轮自由贸易竞争风险,美国将围绕数据保护、知识产权安全等问题设置更高标准的国际保护规则。

第四,关注范围将覆盖刑事、海关合作、气候变化、公共卫生等其他领域。经过多年发展,美国关注的知识产权议题逐步延展。2000年首次加入知识产权与健康政策内容,专门提到美国承诺帮助发展中国家获得基本药物,强调应确保美国与贸易相关的知识产权政策能够对公共卫生危机做出及时反应;2015年首次纳入"知识产权与环境"有关内容,指出有力的知识产权保护和执法是促进环保部门持续创新的关键。未来,国际知识产权规则将覆盖司法刑事合作、海关合作、气候变化、公共卫生、邮政、生物多样性、发展议程等领域,围绕相关制度的国际知识产权规则也将在中美知识产权争端中长期体现。[①]

六、美国涉科技领域知识产权司法、执法制度对我国的影响

(一)美国涉科技领域知识产权司法执法对我国科技领域的冲击

1. 放弃自由贸易规则,强化扭曲市场的产业政策

美国政府支持《2022年芯片与科学法案》通过的理由如下:一是中国不断崛起的技术实力将威胁美国在半导体领域的领导地位,这种威胁迟早会成为现实,因此,美国迫切需要出台新的政策来对抗中国的崛起。二是要想取得技术领先竞争的胜利,必须有更有力的产业政策。

美国扭曲市场的产业政策升级带来了三个问题。首先,对任何国家来说,战略补贴计划的好处不明确。其次,美国能否影响我国运转良好的国家主导体系令人怀疑。再次,全球贸易体系的不利因素可能较大。出口重商主义和其他形式的选择性补贴将成为全球政策的一个持久性特征。[②]

2. 将全球价值链武器化

近年来,面对全球高新科技领域的新变化特别是中国在该领域的快速崛起,美国的危机感陡然增强,并陆续制定和实施一系列应对战略。2021年6月,美国参议院通过《2021年美国创新与竞争法案》,其源自特朗普执政时期提出的《无尽前沿法案》,并整合了早前通过的《2021年战略竞争法案》(the Strategic Competition Act of 2021)和《2021年应对中国挑战法案》(Meeting the China Challenge Act of 2021),被视为美国"近几十年来对创新与生产的一次最大规模投资"。《2021年美国创新与竞争法案》是美国政府数十年来对产业政策的最大干预,将对中美关系产生深远影响。2022年7月,美国参议院正式通过涉及总额高达2 800亿美元的《芯片与科

---

① 毛昊、赵晓凤、魏浩:《美国对华知识产权压力焦点变迁与趋势预见》,《科学学研究》2023年第7期,第1282—1293页。

② 胡化广:《技术地缘政治不确定性的增加:美国〈芯片和科学法案〉的影响》,https://mp.weixin.qq.com/s/R4g1df7SpOHHiT57HN3VwQ,最后访问日期:2023年10月20日。

学法案》，并于同年 8 月经总统拜登签署生效。该法案除了包括美国参众两院筹划已久的 527 亿美元《芯片法案》外，还包括投入 2 000 亿美元加强人工智能、机器人技术、量子计算等领域的研究，以及 100 亿美元建设 20 个技术研究中心。该法案规定，如果半导体企业获得美方补助并在美国建厂，那么，在未来 10 年内，这些企业将禁止在中国大陆新建或扩建先进制程的工厂。[①]

《2022 年芯片和科学法案》中的"护栏"条款是美国政府为实现其外交政策目标而将全球价值链武器化的一种努力。这种武器化意味着将全球价值链作为实现地缘政治优势的工具，而不是作为其本身的经济或贸易目标。也就是说，它允许美国政府不仅在美国境内，而且在域外加强对接受国企业全球价值链活动的控制，从而损害其地缘政治对手的利益。

虽然地缘政治保护条款可能在短期内巩固美国在半导体领域的领先地位，但它也带来了许多重要的风险。该法案是针对我国半导体行业的一种"经济战"行为。

3. 扩大了中美科技"脱钩"的潜在领域

美国拉拢盟友对华"脱钩"是长期战略，原产供链布局已被搅乱。美国将产供链政策政治化，冲击了基于成本效率的传统体系，驱动半导体等产供链非正常"重构"。据英国《经济学人》统计，2022 年，美国从亚洲 14 个区域进口总额同比增长 11%，但中国所占比重从 2013 年的 70% 逐步下降到 2022 年的 50.7%，由越南、印度等组成的"亚洲替代供应链"则明显上升。一段时间以来，美国将中国作为战略对手，以意识形态划线，打造排华产供链"小圈子"。"脱钩""断链"已成为美国对华经济政策的底色。美国国家安全顾问曾提出"新华盛顿共识"，将国内经济政策与全球安全战略嵌套，大肆干预产业政策，无视经济相互依存的现状。西方舆论认为，"新华盛顿共识"表明美国想要建立一个相对封闭且高度管制的经济体系。[②]

2022 年 7 月 27—28 日，美国国会参众两院先后通过《2022 年芯片与科

---

① 王存刚：《美国等西方国家在高新科技领域的行动与影响》，https://mp.weixin.qq.com/s/xxV02nNqPOqfsI9WyjiGRw，最后访问日期：2023 年 10 月 20 日。

② 苑春强：《美国的"脱钩"牌越打越烂》，https://mp.weixin.qq.com/s/GDKTg5TvgOZa0IlStS_wMA，最后访问日期：2023 年 10 月 20 日。

学法案》的最终版本,其规定,将为美国半导体生产提供约520亿美元的政府补贴,并为芯片工厂提供价值约为240亿美元的投资税收抵免;建立国家半导体技术中心,开展半导体的研究和原型设计;在国防高级研究院实施"电子复兴计划";由美国国家科学基金会承担半导体基础研究项目;设立国家先进封装制造研究所;在未来5年内拨款超过1700亿美元,以促进美国的科学研究。

构建所谓"科技民主联盟",是美国与中国科技脱钩、在产业链中实现"去中国化"战略的一个重要组成部分。拜登政府与特朗普政府的不同之处是,它并不打算单打独斗,而是通过建立"科技民主联盟"来协调盟友和伙伴国的对华科技政策。拜登政府已于2021年2月制定了建立"科技民主联盟"的计划,该联盟的目标是:"制定技术使用的规则和规范",阻止所谓"科技威权国家"主导全球技术。①

4. 明确中美在科技领域的战略竞争形态

中美科技竞争是一场交织着技术、产业、经济、政治和全球博弈等多重复杂和综合因素的地缘政治冲突,是中美高科技领域几十年来竞合和博弈的必然结果。美国政界很多人士认为,通过贸易摩擦和核心技术"卡脖子",美国就能够拖住我国发展的步伐和节奏,但我国与美国的商业往来已经非常紧密地联系在一起,与我国进行全面贸易摩擦和科技竞争的结果是美方利益也将受损,这大大超出了美国的预料。

中国和美国作为两个具有全球影响力的大国,科技合作有其必然性。事实证明,即使美国在高科技方面遏制我国发展,也不可能完全断绝与我国科技以及经贸的合作关系。我国和美国作为两个在制度、文化具有较大差异的国家,"竞合"必将是一种常态。之前,中美两国科技实力相差巨大,更多表现为合作。随着我国加速追赶,不断缩小与美国在众多高新科技领域的差距,美国防范下的竞争必然会加强。现在,美国在高新科技领域对我们"卡脖子",就是这种防范心理的体现。

在大国博弈与科技创新的时代背景下,"科技竞争"无疑成为国际地缘政治竞争和国家综合国力竞争中的主导形式。美国《2022年芯片与科学法

① 周琪:《美国对华科技脱钩进程及其影响》,https://mp.weixin.qq.com/s/826FP1T0bf4Mcr38qzQBWw,最后访问日期:2023年10月20日。

案》，以强化美国半导体产业供应链安全和维护国家安全为由，对美国本土的半导体制造和相关前沿领域的科研活动提供了巨额财政拨款和投资税收抵免等产业优惠举措。2014年，总体国家安全观正式提出，成为指引我国安全工作发展方向的指南针。科技安全情报既是国家科技安全的重要保障，也是国家科技体系和国家安全情报体系的重要组成部分。近年来，美国为了维护其科技领先优势，从整个科技体系上限制我国科技发展，威胁我国科技安全。面对这种局面，我国的科技安全情报体系建设应始终坚持以总体国家安全观为引领，以国家战略需求为导向，把握科技安全情报体系建设的核心要素，不断提升科技安全情报能力，提供更高质量科技安全情报服务，助力国家科技安全与发展。①

（二）我国科技产业应对美国知识产权司法、执法规则的建议

1. 短期：高度关注知识产权合规的立法、执法新动态

我国应善用美国司法制度和国际争端解决机制解决知识产权及其相关的贸易纠纷。面对美国发起的知识产权诉讼，我国企业需要熟悉美国相关法律，尤其是知识产权相关法律，善用美国司法制度积极维护自身合法权利，同时注重运用WTO中的争端解决机制，以应对贸易摩擦引发的争端。同时，需积极寻求国际争端解决机制和磋商机制，主动应对美国的知识产权诉讼，为我国企业走出去、寻求新的发展机遇打开通路。② 在熟悉外国立法基础上，我国法域外适用制度的推动和完善已经成为必然。

首先，拓宽保护我国涉外民事关系当事人的合法权益的《中华人民共和国涉外民事关系法律适用法》（简称《法律适用法》）所调整的涉外民事关系的范围，在反垄断、出口管制、知识产权、国家安全等领域积极扩张中国法律涉及的管辖权在域外的适用范围，不局限于一般管辖权原则，明确域外适用的效力和规则，为我国法域外适用提供清晰的法律基础。而《民法典》的颁布也清楚地说明了它已经无法将《法律适用法》列入法律体系之中，故在完

---

① 赵健雅、陈美华、陈峰、杨雷：《美国〈2022年芯片与科学法案〉对中国科技安全的影响分析》，《情报杂志》2023年第11期。

② 易继明、孙那：《从知识产权角度看特朗普的贸易战，美国政策走向及中国的应对》，https://mp.weixin.qq.com/s/-WbSYC-cFRSnpXvzFpyQgA，最后访问日期：2023年10月20日。

善《法律适用法》同时,可着手制定国际私法典,为涉外民事关系提供成文法律依据。

其次,可以相应地明确中国部分国内法,例如反垄断法、劳动法等法律的域外适用效力,并对公法(主要为刑法)的域外适用制度予以完善。不同于美国将"长臂管辖"适用领域不合法地由民商事领域延伸至刑事、反垄断、出口管制等领域,中国公法确定域外适用效力是在遵守相关国际法律原则与规则、不干涉他国主权、保障他国合法利益的基础上制定的,是合法赋予法律域外效力的举措。具体可以通过制定相关部门法细化适用与实施规则,在明确不同种类的法律部门相应的域外适用效力,规范国际条约、基本原则遵循的前提下,寻求本国保护主体与域外国家保护主体之间双方利益保障平衡点;在公法上可以从立法的目的、管辖适用法律法规、刑法分则三大方面进行效力完善,同时确保与国际法律与原则互不冲突、不滥用自身域外适用权力。[1]

2. 中期:完善和实时更新知识产权合规风险库,提前识别风险并构建应对机制

知识产权合规风险识别预警机制的基本定位包括建立企业知识产权合规体系的起点、运行企业知识产权合规体系的前提两个方面。

第一,知识产权合规风险识别预警,是建立企业知识产权合规体系的起点。企业建立知识产权合规体系、实施知识产权合规管理的核心是管控知识产权风险,管控知识产权风险的前提是对知识产权风险的识别与预警。国资委《中央企业合规管理指引(试行)》第18条明确要求:"建立合规风险识别预警机制,全面系统梳理经营管理活动中存在的合规风险,对风险发生的可能性、影响程度、潜在后果等进行系统分析,对于典型性、普遍性和可能产生较严重后果的风险及时发布预警。"国资委《中央企业合规管理办法(公开征求意见稿)》第22条也提出:"中央企业应当建立合规风险识别预警机制,全面系统梳理经营管理活动中存在的合规风险,建立合规风险库,对风险发生的可能性、影响程度、潜在后果等进行系统分析,对于典型性、普遍性和可能产生较严重后果的风险及时发布预警。合规管理牵头部门归口管理

---

[1] 彭芷箸:《美国滥用长臂管辖之中国应对》,江西财经大学硕士学位论文,2022年。

合规风险库，组织业务部门定期更新完善。"

第二，知识产权合规风险识别预警，是运行企业知识产权合规体系的前提。知识产权合规体系通常包括知识产权合规风险的防范体系、知识产权违规行为的监控体系、知识产权违规事件的应对体系，也被称为事先防范体系、事中控制体系和事后处理体系。知识产权合规风险识别与预警是知识产权合规事先防范体系的重要组成部分。《合规管理体系指南》(GB/T 35770－2017)提出："合规风险评估构成了合规管理体系实施的基础，是有计划地分配适当和充足资源给已识别合规风险进行管理的基础。"通常而言，企业知识产权合规体系的运行机制是："合规风险识别—合规风险预警—合规风险分析评价—合规风险应对—合规风险监测—合规持续改进"的逻辑上升，因此，建立高效的知识产权合规风险识别与预警机制，尽早识别知识产权合规风险并启动预警机制，是运行企业知识产权合规体系的前提。[①]

3. 长期：整合高科技领域标准创新资源、前瞻开展知识产权规划布局

习近平总书记于 2020 年 11 月 30 日在主持中央政治局第二十五次集体学习时，就加强知识产权保护工作顶层设计、提高知识产权保护工作法治化水平、强化知识产权全链条保护、深化知识产权保护工作体制机制改革、统筹推进知识产权领域国际合作和竞争、维护知识产权领域国家安全六个方面作出重要指示，为全面加强知识产权保护工作定向把舵、擘画蓝图、明确重点，具有极强的针对性和指导性。这六个方面相互关联、有机统一，是知识产权保护工作的关键领域和核心环节。[②] 为了更好地维护国防利益并激发创新活力，需要建立知识产权国防使用规则。

一是确立国防利益绝对优先的基本原则。美国国家安全的核心特征是突出国防利益绝对优先，以立法的方式允许为政府目的无需专利权人许可即能使用其专利技术，这种对知识产权使用的即时性和对补偿措施的延后性，有力保障了国防采办中专利技术得到广泛使用，效果显著。国防是国家

[①] 张鹏：《企业知识产权合规体系建设思路与举措：风险识别预警机制与合规风险库建设》，https://mp.weixin.qq.com/s/D6lnlVjRnR9zNFOCceOPjA，最后访问日期：2023 年 10 月 20 日。

[②] 《习近平在中央政治局第二十五次集体学习时强调全面加强知识产权保护工作，激发创新活力，推动构建新发展格局》，https://www.xinhuanet.com/politics/leaders/2020-12/01/c_1126808128.htm，最后访问日期：2023 年 10 月 20 日。

生存与发展的安全保障,我国建立知识产权国防使用规则应坚持国防利益绝对优先,以促进专利技术在国防和军队建设中高效运用为目的,通过合理配置财政资金、非财政资金等各类投资产生的知识产权,以提升国防和军队建设创新水平和质量效益。

二是用好新型举国体制的独特优势。发挥举国体制的优势、推进国防建设,是中华人民共和国成立以来重大国防工程组织实施的一条重要经验。当前,我国探索建立新型举国体制,相比传统举国体制,其在资源配置市场起决定性作用、贯通技术链和价值链、注重目标实现与注重效益并重等方面有明显转变。在此背景下建立知识产权国防使用规则,必须充分保护参与国防建设各类主体的知识产权合法权益,按照科学、集约、有效的思路,既要对传统财政资金投入产生的国防知识产权进行权益配置,又要设计好非财政资金产生的专利技术进行国防使用的调控机制,妥善处理公权和私权的协调关系,保障国防建设需求。

三是注重政府在知识产权国防使用中的职能发挥。如前文分析,美国建立了"授权与同意"和"起诉政府"等机制,在国防采办中积极履行政府职能,政府与承包商(专利权人)之间权责清晰、定位明确,确保了国防采办的高效运转。我国建立知识产权国防使用规则,既要发挥市场的主体作用,调动民参军的积极性,又要充分发挥政府的主导作用,从国防研发投入、项目组织、权益配置、成果运用、纠纷处置等方面完善政府职能和组织协调制度设计,破除现有模式下的利益藩篱。

四是立足国情加快知识产权国防使用规则的制定。当前,我国正处于全面建成社会主义现代化强国的新历史阶段。知识产权国防使用规则是全面推动国防和军队现代化的一项基础性规则,与创新驱动发展战略、军民融合发展战略和知识产权强国战略息息相关。我们应详细考察世界军事强国相关法规情况,对当前国防建设中使用专利技术的情况进行充分调研,广泛征求国家和军队有关部门、军工和民工企业以及知识产权领域学者的意见建议,深入了解国防采办中对于知识产权使用的现实需要。通过在制度层面确立一套利用知识产权推动国防和军队现代化建设的完善规则,科学合理地规定权利与义务、权利与责任,从专利角度打通军民科技壁垒,使国防和军队现代化建设建立在各项国家战略的大平台之上,并融入整个国家的发展大局之中。[①]

（三）美国涉科技领域知识产权司法执法制度对我国的借鉴意义

1. 优化我国知识产权行政执法与司法保护的衔接维度

我国知识产权行政执法与司法保护间衔接与协调还不顺畅，在一定程度上影响了行政执法的效能。

第一，重复立案。我国《专利法》第65条、《商标法》第60条都赋予了受害人选择行政处理或法院诉讼的权利，《商标法》第62条第2款也有类似的规定。但司法机关目前尚未制定相应的避让规定，这可能会导致出现两者间的重复选择。

第二，司法审查规定不完善。对于知识产权行政执法的处理结果，当事人可以提起行政诉讼，这意味着知识产权行政执法的行为可能会受到司法的审查。最高人民法院在《关于审理著作权民事纠纷案件适用法律若干问题的解释》《关于审理专利纠纷案件适用法律问题的若干规定》中规定了"全面审查"原则，但若在司法实践中不加区分地一概进行全面审查，并以此为由否定行政执法决定的效力，并对侵权与否进行重新判定，既不符合效率原则，也会对知识产权行政执法效能产生较大影响。因此，有必要尽快对司法审查的条件、范围等规定予以细化与明确。

第三，侵权判定标准不一致。知识产权的侵权判定具有较大的主观性，容易导致知识产权行政执法与司法审判的侵权判定标准不一致，甚至会产生后者拒绝认可前者判定结果的情形。例如，某专利权利要求记载了五个技术特征，若判定者审核被控侵权技术方案时提炼出五个相同或相近的技术特征，则可判定为侵权；若仅提炼出三个，则可判定落在原告权利要求之外，不构成侵权。虽然行政机关与司法机关都试图颁布规范性文件统一侵权判定的标准，但只是分别统一各自的判定标准，尚未实现相互的统一与协调。

第四，证据规则不统一。知识产权行政执法与司法程序间的协调可能涉及行政执法程序、因侵权纠纷引发的民事诉讼程序以及刑事诉讼程序。虽然这三套程序涉及的是对同一事实的认定，但如果后续程序对在先程序

[①] 曾张旭阳、曾立、曹德斌：《美国知识产权国防使用规则考察与镜鉴》，《中国科技论坛》2023年第3期，第168—179页。

中搜集的证据不予采用,不仅可能造成人力、物力的浪费,而且可能会因时间流逝、重新搜集等困难,大大降低治理效能。由于三者在证明对象、调查取证、证明标准等程序要求与证据规则方面的要求不同,故如何进行有效衔接还需深入研究。

第五,行刑衔接不畅。虽然 2010 年《关于公安机关管辖的刑事案件立案追诉标准的规定(二)》、2020 年《关于办理侵犯知识产权刑事案件具体应用法律若干问题的解释(三)》以及《关于修改侵犯商业秘密刑事案件立案追诉标准的决定》等与司法解释对知识产权犯罪立案的具体标准进行了规定,但由于知识产权本身具有价值难以确定的特殊性,加上我国曾经在较长时期内对知识产权重视程度不足,甚至有不认为侵害知识产权行为属于犯罪的观点,使得在知识产权领域中准确界定行政违法与刑事犯罪边界显得非常困难,而边界确定难的问题反过来又容易引发以罚代刑的现象,导致行刑衔接不畅。

第六,执法结果的司法确认难题。知识产权行政执法结果,尤其是行政裁决决定需申请法院强制执行。《专利法》第 65 条规定,管理专利工作的部门认定侵权成立的,侵权人期满不起诉又不停止侵权行为的,管理专利工作的部门可申请人民法院强制执行。一方面,这涉及前文所述司法审查范围带来的问题;另一方面,在知识产权行政裁决过程中还常伴随行政调解,目前我国民事诉讼法只对人民调解协议的司法确认有明确规定,对行政调解协议的司法确认尚缺乏法律依据。知识产权行政调解结果的司法确认机制的缺乏,影响了知识产权行政执法机制的效能。[1]

保护知识产权就是保护创新。应综合运用法律、行政、经济、技术、社会治理等多种手段,从审查授权、行政执法、司法保护、仲裁调解、行业自律、公民诚信等环节完善保护体系,加强协同配合,构建知识产权大保护工作格局。完善知识产权法律保护体系、建立知识产权行政执法和司法裁判的统一标准、完善行政执法与司法的衔接机制,是新形势下保护知识产权、激励创新的重中之重。[2]

---

[1] 董涛:《国家治理现代化下的知识产权行政执法》,《中国法学》2022 年第 5 期,第 63—82 页。
[2] 李伟民:《知识产权行政执法与司法裁判衔接机制研究》,https://mp.weixin.qq.com/s/Lt7iPL5f4F6vD3DsEq91XA,最后访问日期:2023 年 10 月 20 日。

　　2. 建立进出口贸易知识产权侵害调查制度

　　二战后，美国逐渐建立起相对完备的出口管制法律体系，包括《出口管理法》《出口管制改革法》《国际紧急经济权力法》等多部法律，在上述法律基础上，美国商务部发布《出口管理条例》，作为美国政府在实践中进行出口管制的核心法规。该法规由商务部产业安全局具体负责实施，并被美国政府根据形势需要频繁修改。《出口管理条例》设置了以物项为对象的商业管制清单，以及以最终用户及最终用途为对象的管制清单。上述清单是判断某项出口受管制具体情况的关键依据。

　　一是基于对出口物项的管制。《出口管理条例》设定了专门的商业管控清单（Commerce Control List，CCL），对特定类别的物项实施出口管控。目前 CCL 上的物项包括 10 类，分别为核材料、设施及设备；特殊材料和设备、化学品、微生物和毒素；加工材料；电子产品；电脑；电信与信息安全；传感器和激光；导航和航空电子；船舶；航空航天和推进系统。在每一组别中，又包括设备、组件、零件；测试、检测与生产设备；材料；软件和技术等分组。上述物项的出口原则上应取得美国商务部产业安全局的出口许可。

　　二是基于最终用户及最终用途的管制。美国《出口管理条例》还设置了一系列管制对象清单，并对清单上的外国企业、公民等实体实施限制或禁止出口的措施。该清单由美国商务部产业安全局不断更新，赋予了美国政府管控出口极大的自由裁量权。2020 年以来，美国政府多次修改《出口管理条例》，将大批中国实体纳入管制清单，严格限制对中国实体的出口，使得华为等中国企业难以获得相关设备和技术。截至 2022 年 10 月，仍有 9 个中国实体被纳入被拒绝清单（denied persons list），华为科技有限公司、中国交通建设有限责任公司、国防科技大学等 493 个中国实体也被纳入实体清单（entity list），严重限制了这些中国实体的经营、研究等活动。[①]

　　随着科技发展和对外开放扩大，为保护国内产业安全，我国有必要建立自己的进出口贸易知识产权侵害调查制度。我国《对外贸易法》第 29 条第 2 款规定，进出口货物侵犯知识产权并危害对外贸易秩序的，国务院外贸主管部门可采取在一定期限内禁止侵权人生产、销售有关货物进口等措施。

---

① 谢宇：《美国法律如何防控外国威胁：基于美国国家安全法律的考察》，《中外法学》2023 年第 2 期。

但这一规定比较原则,缺乏可操作性。因此,我国需要尽快建立起进出口贸易知识产权侵害调查制度,以完善知识产权的边境保护。①

3. 设立行政裁量权基准

美国赋予政府调整进口措施宽泛的自由裁量权。《贸易扩展法》第 232 条授权商务部长可以就进口相关货物是否会损害国家安全开展调查,并向总统提交调查报告,总统有权最终决定调整该货物及其衍生产品进口措施的性质和期限,以消除进口此类货物对美国国家安全的威胁,即所谓的"232 调查"。该规定并未对国家安全进行明确界定,这实际上赋予了美国总统宽泛的自由裁量权,为美国政府近年对进口产品采取加征关税等限制措施提供了重要法律依据,成为中美贸易争端中美国总统频繁使用的权力。

根据美国《贸易扩展法》规定,商务部长可以开展调查以确定相关进口货物对国家安全的影响;在发起调查后,商务部长应当在 270 日内提出关于该货物对国家安全影响的报告,并提出是否调整进口措施的建议。同时,《贸易扩展法》赋予了总统调整进口措施十分宽泛的自由裁量权,使总统可以采取广泛和灵活的手段调整进出口措施。当总统收到商务部长认定某货物的进口将损害国家安全的报告后,如果其同意该结论,则应当决定调整该货物及其衍生产品进口措施的性质和期限,并在决定后 15 日内实施该措施,以消除进口此类货物对国家安全的威胁。如果其总统采取的措施是就某协议进行谈判以禁止或限制威胁美国安全的货物进口,而该协议在总统决定采取措施 180 天内尚未达成,或虽达成但并未实施,那么,为了保障国家安全,总统可以就该货物的进口采取其他必要调整措施。②

我国知识产权行政处罚的弹性空间比较大,幅度在 25 万元以下以及违法经营额 1—5 倍。行政处罚自由裁量权幅度过大易导致任意性执法,产生同案不同罚的现象。因此,必须对知识产权行政处罚自由裁量权的行使予以监督与控制,其中一个主要方法是出台行政裁量权基准,将行使行政处罚裁量权时须考虑的行为原因、情节、性质与后果等要素预先确定下来,以避免执法人员任意性执法。虽然目前在知识产权领域尚无国家层面的行政处罚裁量基准,但是北京、广东等地已出台知识产权行政处罚裁量权基准,从

① 董涛:《国家治理现代化下的知识产权行政执法》,《中国法学》2022 年第 5 期,第 63—82 页。
② 谢宇:《美国法律如何防控外国威胁:基于美国国家安全法律的考察》,《中外法学》2023 年第 2 期。

违法行为、违法依据、违法情节、裁量标准等维度对知识产权行政处罚权的行使进行了细化。从各地现有相关规定来看，还存在诸如涵盖对象较宽泛和分散（包括对假冒专利、专利侵权纠纷、著作权侵权纠纷处理等方面）、不同文件的详略不一等问题，这显然既不利于知识产权行政处罚权行使的规范化，也不利于避免地区差别性执法，需尽快进行统一与规范。①

4. 完善我国知识产权边境保护标准

随着近年来边境保护措施的完善，我国的知识产权边境保护标准已高于 TRIPS 协定的水平，鉴于《区域全面经济伙伴关系协定》（RCEP）的生效和我国申请加入 CPTPP，提高国内规则并开展相关落实工作，对标更高的国际标准刻不容缓。

与 TRIPS 协定相比，RCEP 的知识产权章节的内容更为全面。例如，《商标法》将声音、气味、触觉标识纳入保护范畴，扩大了可授予专利权客体的范围。RCEP 还额外加入了对"遗传资源、传统知识和民间艺术"的特别规定。虽然我国在加入 RCEP 的过程中已对相关知识产权法律法规进行修订，但自 RCEP 生效以来，地方立法的完善并没有及时跟进，部分地方知识产权相关法规覆盖面仍然不足，在地理标志、植物新品种、商业秘密等领域还存在地方立法空白。此外，RCEP 提供的争议解决框架在我国以及部分其他成员国家（地区）仍存在信息成本高、资源对接难、参考案例少的问题。

为了加快加入 CPTPP 的进程，我国的知识产权边境措施仍须加强，同时保证执法的高效和严格。CPTPP 规定边境执法延伸至出口和过境环节，而我国目前的知识产权海关执法对象虽然涵盖了高于 TRIPS 水平的出口控制，但还未扩展到对过境货物的管控。我国《知识产权海关保护条例实施办法》第 33 条规定了对没收的侵权货物的四种处置方式的适用顺序，销毁货物排在最后，只有在其他处置方式都不适用的情况下才能采取，而这与 CPTPP 将责令销毁作为首要处置方式的要求相违背。

目前我国海关的知识产权执法授权一般限于"进出口货物"，很少会对转运货物进行执法。为了维护自贸区的健康发展，我国有必要以《京都公约》和美国相关立法、司法经验为参考，对自贸区内转运货物进行知识产权

---

① 董涛：《国家治理现代化下的知识产权行政执法》，《中国法学》2022 年第 5 期，第 63—82 页。

边境执法。我国海关法应明确自贸区内的"转运自由"是有限自由,转运的"自由"不包括"转运侵权货物的自由",只限于进出境税费的免除和通关程序的便利,但需受到海关法律和海关措施的限制。同时,我国海关法应授予海关对转运货物进行知识产权执法的权力,并在具体规范方面进行细化。[1]

总之,为了与更高的国际规则对接,需要对我国现行法律法规进行相应的修改和补充,为海关执法和监管提供更完善的法律依据,并健全严格高效的工作流程,依照法定程序开展行政执法。[2]

(四)我国应对美国知识产权司法执法的主要思路

1. 事前预防阶段

(1)预判美国国家安全战略及其国家安全立法、执法走向。自1986年以来,美国总统需每年提交一份《国家安全战略》报告。国家安全委员会由国家安全事务助理领导,采用委员会制度和跨机构程序来制定国家安全战略。《国家安全战略》中所有要素的整合涉及国家安全各负责人之间一套不透明、不规范的滚动谈判,旨在代表"一个国家协调使用所有国家权力工具(军事和非军事)的计划,以捍卫和推进其国家利益并达成目标"。[3]

对于主权国家的政府来说,通过发布各类文件来解释政策,是政府信息公开的重要组成部分,美国也概莫能外,历届政府通过在国会发表国情咨文、公布各种政策文件与报告的方式,实现了向公众公开政策的目的。从这个意义上说,各类政策文件也是分析美国政府政策及演变的重要资源。

《国家安全战略》报告是理解美国对外政策及大战略的重要文件,美国政府对国际秩序及形势的判断,以及各种议题的优先级反映在《国家安全战略》之中。因此,通过分析《国家安全战略》报告文本,可以掌握美国政府战略重心的演变。

例如,拜登政府在2021年发布了《临时国家安全战略方针》(简称《方针》),该《方针》将我国视为其国家安全法律防控的主要对象,且承袭了特朗

---

[1] 朱秋沅:《中国自贸区海关法律地位及其知识产权边境保护问题的四点建议》,《电子知识产权》2014年第2期,第40—49页。

[2] 张臻娴:《论我国涉外知识产权行政保护机制的完善》,《科学发展》2023年第5期,第54—62页。

[3] 〔美〕理查德·道尔:《美国国家安全战略:政策、过程与问题》,https://mp.weixin.qq.com/s/f2yeAJixzvDIdAaOcGM6gA,最后访问日期:2023年10月20日。

普政府提出的"经济安全就是国家安全"的思路，很难期待美国政府会在近年明显减少对外国主体特别是我国企业涉美进出口贸易、投资并购等经济活动的法律限制。2021 年 6 月，拜登政府上台不到半年即以国家安全为由进一步扩大制裁我国企业的名单，禁止美国人与华为、中芯国际等多家我国公司进行投资交易，这也印证了《临时国家安全战略方针》的上述内容。

2022 年，拜登政府发布的《美国国家安全战略》报告更是将我国列为"唯一具有重塑国际秩序意图和能力的竞争者"和"美国最重要的地缘政治挑战"，且整个报告充斥着对所谓"中国威胁"的担忧和防控，在此背景下，美国政府在诸多领域针对我国的国家安全法律斗争很可能会有增无减。同时，拜登政府的《美国国家安全战略报告》还强调"科技是地缘政治竞争的核心，也是国家安全、经济和民主前景的核心"，进一步提出要加强对关键基础设施以及半导体、先进计算机、新一代通信、清洁能源技术和生物技术等关键领域的保护与投资，并通过加强投资审查、出口管制等方式，防止战略竞争对手利用投资等方式威胁美国国家安全。可以预见，美国政府未来可能在进出口贸易管制、外国投资、国内生产能力保障等方面加强法律职权的行使，特别是加强对特定国家进出口贸易、投资等活动的国家安全审查。对此，我国应未雨绸缪，有针对性地加强对涉及上述领域，特别是半导体芯片、稀土矿产等领域企业、个人的法律风险提示工作，使相关主体及时把握可能涉及的风险点、风险级别以及权益受侵害后可选的救济手段，以防患于未然。长期来看，我们有必要继续加强对美国政府国家安全战略的分析、研判，及时把握美国政府在国家安全立法、执法方面可能的变化，为我国主体应对美国国家安全法律提供更加详细的指引。①

（2）加强我国各类主体在国家安全领域的法律风险防控：第一，政府应当重视对美国国家安全法律体系的研究，并做好风险预判、风险清单、风险提示等工作。具体而言：首先，政府应当重视对美国国家安全法律体系的研究。正如上文所述，美国国家安全法律体系十分繁杂，并且不同时期的政府会根据国际和国内形势调整美国国家安全立法和执法的内容，对美国国家安全法律体系的研究不可能毕其功于一役。因此，我国政府应当把对美

① 谢宇：《美国法律如何防控外国威胁：基于美国国家安全法律的考察》，《中外法学》2023 年第 2 期。

国国家安全法律的研究作为一项长期工作,以健全美国国家安全法律体系的常态化研究机制,指导并推动有关实务部门、科研机构、涉外法律服务机构及时研究和掌握美国国家安全法律体系的内容。同时,鉴于美国作为普通法国家,我国有必要对美国法中具有启发性的判例进行专门分析和研究,总结我国主体在美维权的经验教训,形成重要案例汇编,不断加深对美国国家安全法律体系的认识,为风险防控和法律救济提供知识储备。其次,政府应做好风险预判,建立法律风险清单制度,并做好风险提示工作。政府应当根据美国国家安全战略以及日常形势变化,对我国可能受美国国家安全法律影响的主体和风险点进行及时研判,并制定相关法律风险清单,明确各类风险点的内容、风险级别、高风险主体等,及时进行风险提示工作。实际上,风险提示工作在我国政府工作中并不鲜见,无论是我国驻外使领馆、文化和旅游部门发布的赴外国旅行风险提示,还是地方政府发布的关于网络诈骗、疫情防控等方面的风险提示,均为我国公民和企业做好风险防控、避免合法权益遭受损失发挥了重要作用。我国在应对美国国家安全法律时,可以参照已有的风险提示经验,由商务部门、外交部门、安全部门、驻外使领馆等主体及时发布法律风险提示,并对法律风险较高的企业、行业或群体定期进行相关法律知识的宣教,为企业、公民等维护合法权益提供指导。

第二,企业应依法、合规开展国际化经营工作。对美进出口贸易、投资、并购等涉美企业应结合业务特点及业务区域建立适配企业发展方向的涉外合规制度,将国家安全法律风险作为合规审核的重要内容,明确合规风险排查重点,谨慎进入美国能源、国防等关键基础设施以及半导体、先进计算机等技术领域,以降低被制裁的风险。同时,国有企业作为我国企业"走出去"的先行者,对于海外投资等重大涉外经济决策事项,应就是否涉及国家安全问题进行集体研究表决,以降低法律风险,避免国有资产流失。此外,还要加强国际规则和外国法研究,运用规则支持引领发展,全面提升企业涉外风险防控能力。

第三,部分身份较为敏感的个人要加强对美国国家安全法律的认识,及时了解政府发布的风险提示,做好守法工作。近年来,我国公民经常成为美国国家安全法律制裁的对象,导致其人身、财产遭受诸多限制。例如,在被纳入美国产业安全局被拒绝清单的9个我国实体中,仅2个实体为企业,其他 7 个实体均为个人。因此，部分身份敏感的科研人员、企业管理人员要加强对美国国家安全法律的学习，在赴美前应积极接受相关法律知识培训，了解相关法律风险，及时掌握政府发布的风险提示信息，并知晓合法权益受侵犯后的合理救济手段。赴美后应当认真遵守本地法律，避免因不懂法、不守法而遭受法律制裁。①

2. 事后救济阶段

（1）要善于利用美国国内分权制衡的宪法机制。由于美国国家安全法律具有外严内宽的特征，在与美国围绕国家安全问题进行法律斗争时，应在国际法手段之外，充分利用美国国内分权制衡的宪法机制，从美国国内法上寻求突破是我们的重要方向。众所周知，美国立法、行政、司法机关相互制衡，特别是司法机关享有司法审查权，可以对国会立法和总统的行为进行审查，且在处理国家安全问题时更为独立、公正。

从以往实践来看，美国联邦法院在制约国会和总统行为方面发挥着重要作用，即使是在近年美国日益收紧的经济和技术安全法律领域，我国企业也曾通过诉讼成功挑战过美国总统的禁令。例如，2012 年 3 月，我国三一重工的关联公司罗尔斯公司购买了 4 个在俄勒冈州中北部经营风力发电厂的公司，随后，美国外国投资委员会依据《国防生产法》认定，该笔交易威胁美国国家安全，遂下令限制罗尔斯公司对该风力发电厂进行建设。该问题被提交至美国总统后，总统禁止了该笔交易，并要求罗尔斯公司剥离其在本案中收购的公司。针对该禁令，罗尔斯公司向联邦法院起诉，以外国投资委员会和总统均未给其提供质证机会为由，提出外国投资委员会和总统的命令违反《宪法（第五修正案）》"正当法律程序"条款。最终，联邦上诉法院支持了罗尔斯公司的主张，认为总统的命令未经正当法律程序剥夺了罗尔斯公司的财产权而违宪，在一定程度上维护了自身合法权益，为后续我国企业和公民通过美国法院维护合法权益提供了重要的经验。除此之外，即使认为美国某一层级法院的判决并未充分维护我国企业的合法权益，仍可以通过上诉等方式，寻求上级法院纠正下级法院的判决，进而维护我国企业的合法权益。②

---

① 谢宇：《美国法律如何防控外国威胁：基于美国国家安全法律的考察》，《中外法学》2023 年第 2 期。
② 谢宇：《美国法律如何防控外国威胁：基于美国国家安全法律的考察》，《中外法学》2023 年第 2 期。

（2）要善于利用美国宪法法律中关于个人权利的规定。国家安全虽然是各国限制个人权利的重要依据，但国家安全与个人权利之间仍然有一定的界限，对国家安全的保障不得过度侵犯个人权利，美国法院也会纠正政府因国家安全而过度侵犯个人权利的行为。我国企业和公民要善于运用美国宪法所保障的个人权利，特别是《宪法（第五修正案）》和《宪法（第十四修正案）》所规定的正当法律程序，以及平等法律保护等原则寻求法律救济，维护自身合法权益。

美国国家安全法律之所以呈现出外严内宽的特征，与美国重视对本国公民宪法权利的保障密不可分。尽管美国国家安全法律对本国公民宪法权利有着不同程度的限制，但对公民宪法权利的重视始终是影响美国国家安全法律效力的重要因素，甚至可以说，美国国家安全法律是在特定国际局势和国内局势下，平衡国家安全和公民宪法权利的产物。从以往的实践来看，虽然国会和总统也会为了保障公民的宪法权利而努力，例如国会制定《美国自由法》，以限制政府对美国人监听的权力，但对公民宪法权利保护更为坚决的依然是美国法院。

在"罗尔斯公司案"中，尽管《国防生产法》规定："总统可以采取任何他认为适当的行动来中止或禁止可能损害美国国家安全的交易，同时，总统采取的上述行动是不受司法审查的"。但在罗尔斯公司诉诸美国宪法中正当法律程序等条款后，联邦法院认为其有权对正当法律程序问题进行司法审查，并最终认定总统禁止该笔交易的命令因违反美国宪法中的正当法律程序条款而无效，在一定程度上维护了罗尔斯公司的合法权益。此外，在"华为诉美国政府案"中，华为公司也依据美国宪法主张了其合法权益，提出《国防授权法》第 889 条违反多项宪法规定。①

（3）将法律手段和其他手段相结合。在与美国围绕国家安全进行法律斗争的过程中，我国传统的做法是通过国际争端解决机制等手段予以解决，但是由于国家安全问题属于主权事项，本身具有高度的政治性，通过国际争端解决机制本身存在一定的局限性。为此，我国也在不断通过其他途径应对美国国家安全法律，例如，通过《反外国制裁法》《阻断外国法律与措施不

---

① 谢宇：《美国法律如何防控外国威胁：基于美国国家安全法律的考察》，《中外法学》2023 年第 2 期。

当域外适用办法》等为我国应对美国国家安全法提供法律支撑。

近年来，美国逐渐将政治安全法律的重点聚焦于防控外国势力政治渗透上，其《外国代理人登记法》日益受到重视。该法并未禁止外国代理人在美国的活动，而是通过要求外国代理人提交登记声明、对外国代理人身份进行标示等方式，使美国政府能够全面、持续掌握外国代理人的情况和动态，并使民众能够清晰识别外国代理人的身份，防范外国势力通过代理人以政治宣传、政治游说等方式实现政治渗透。

《外国代理人登记法》最早用于限制纳粹德国在美国进行政治宣传，自20世纪60年代中期开始，该法几乎处于休眠状态，1966—2015年，美国司法部依据该法检控的刑事案件仅7件。近年随着美国对俄罗斯、中国等外国威胁的渲染，《外国代理人登记法》被频繁适用。目前，该法已成为美国政治安全领域适用最频繁的法律。

中美关于国家安全法律博弈的背后是国家利益的博弈，法律问题是国家利益博弈的集中体现，例如，在华为、中海油等多家我国公司赴美投资受阻的案例中，所涉及的法律问题背后都明显掺杂着政治因素，并非单纯的法律技术问题。尽管在现代国际交往中，法治的作用越来越突出，在对外斗争中，我们应拿起法律武器，占领法治制高点，敢于向破坏者、搅局者说不，但我们也应当认识到，包括国际法手段在内的法律手段只是维护我国主权、安全、发展利益的手段之一，并非万能。如果能够通过政治游说、舆论宣传、经济反制等其他手段影响法律问题背后的利益博弈，消除法律问题背后对我国主体不利的因素，法律手段所产生的效果将会事半功倍，法律问题也将更容易化解。因此，在应对美国国家安全法律问题时，应当将政治、经济、外交等手段作为有效辅助，通盘考虑，打好"法律＋"的组合拳，使法律手段发挥最大效益。[①]

当今世界，新一轮的科技革命和产业革命深入演进，正在重构全球创新结构和力量。经济竞争、产业竞争、国力竞争，深刻表现为一场前所未有的创新战。科技创新作为现代化建设主要战略支撑，从来没有像今天这样深刻影响着国家前途命运、人民的生活福祉、世界发展格局与未来。

---

① 谢宇：《美国法律如何防控外国威胁：基于美国国家安全法律的考察》，《中外法学》2023年第2期。

　　随着科教兴国战略、人才强国战略、创新驱动发展战略的实施,中国科技实力、经济实力、国防实力、综合国力已跃上一个新的台阶。中国经济体量已经跃居世界第二;全社会研发经费与国内生产总值的比例已达到2.23%,居于世界前列;连续数年发明专利授权量世界排名第一,科技进步贡献率接近60%,多个产业进入世界梯队。我国科技创新正在从量的积累走向质的飞跃,从点的突破迈向系统能力的提升。中国比以往任何时候都更加接近国际舞台的中心,更加积极融入全球科技创新网络,为解决人类面临的重大挑战贡献中国智慧、中国方案、中国力量,努力构建人类命运共同体。

　　在全球科技竞争的版图上,美国仍是科技实力最强的国家,中国是科技发展速度较快的国家。美国一直把我国列为知识产权重点观察对象。可以预见,随着美国战略计划的深入实施,我国的对外知识产权工作将面临更多的阻力和压力。2018年以来,美国当局难以接受中国改革开放和创新发展所取得的巨大成就,为摆脱其自身颓势,其公然对我国进行打压。少数政客不惜动用国家力量破坏全球价值链、产业链、技术链,全方位遏制中国崛起。显然,中美贸易摩擦名为贸易,实质是科技竞争和人才争夺,已演变成一场交织着技术、产业、经济、法律等多重因素的地缘政治冲突。

　　从法律角度看,美国作为一个多年来以自由贸易为立国之本和资本、技术具有优势的领先国家,其在国内贸易保护主义抬头的情况下,仍将关注全球市场开放度的提高。基于WTO法律框架,美国围绕所谓公平和国民待遇的原则攻击我国支持创新的政策,其实质是延缓我国技术能力提升的进程,力图最大可能地将我国压制在全球产业链的低端,故围绕这一领域的斗争将是长期的。我国应进一步深入研究WTO的法律体系,明确WTO框架下的政策空间,在履行对外承诺的前提下,充分利用WTO有关安全例外条款,将对与国家重大利益相关的高技术研发的支持作为重点,避免容易授人以柄、空泛的支持政策。

　　面对错综复杂的国际环境和百年未有之大变局,我们不仅要坚持"双轮驱动",通过科技创新和机制体制创新不断占领科技竞争制高点,而且要从法律角度坚持多边主义,恪守国际准则,击退单边主义、霸凌主义、贸易保护主义等逆全球化暗流，打好制裁与反制裁、遏制与反遏制的法律战。我国科技界、经济界、法律界应在新的竞争形势下结成战略联盟，积极应对非传统国家安全风险叠加下的问题，保持战略定力，树立忧患意识，做好思想准备，坚定必胜信心。

中国外空安全能力建设法律保障[*]

蒋圣力[**]

摘要： 现行外层空间国际法律框架以联合国五部外层空间国际条约为基础，确立了较为明确的基本法律原则，以及外层空间营救制度、登记制度、法律责任制度等基本法律制度。囿于近半个世纪以来的国际立法的滞后，既有外层空间法在应对各类传统的和新型的外空安全问题时暴露出明显的缺陷和不足。针对以外层空间军事化利用为主的传统外空安全威胁，以及由外空自然资源开采、空间碎片问题、商业微小卫星建设等引发的新型外空安全威胁，美、俄等世界主要国家的外空安全法律机制为我国的外空建设与发展提供了一定的启示。为加快实现向航天强国转型升级的国家航天事业发展战略目标，中国应着力夯实外空安全能力建设的法律保障。

关键词： 外层空间法；传统外空安全；新型外空安全；中国；法律保障

一、现行外层空间国际法律制度

自"斯普特尼克1号"的发射成功拉开人类"外空时代"的序幕的半个多世纪，人类空间科技的进步和外空活动的活跃促进了外层空间国际法律制度的形成与发展。截至目前，联合国框架下的五部外层空间国际条约和多项据以规范和调整外空活动的决议、原则和宣言，构成了当前外层空间国际法律体系的核心内容。外层空间法是规范和调整在探索、开发、利用外层空间

---

　* 本文系上海市法学会国家安全法律研究会课题结项报告。
** 蒋圣力，华东政法大学国际法学院副教授，本课题主持人。课题组成员：谷靓倩、陈祎阳、王倩、郭彦靖。

及天体的过程中出现的各类法律问题的法律规范的总和。作为国际法中的一项新兴的部门法,外层空间法的发展历史虽然较短,但在规范、调整国际法主体在开展外空活动过程中产生的权利、义务关系方面发挥着重要的作用。

（一）外层空间国际条约体系

在现行外层空间国际法律制度中,居于核心地位的是联合国框架下的五部外层空间国际条约,即 1967 年《关于各国探索和利用外层空间包括月球与其他天体活动所应遵守原则的条约》(简称《外空条约》)、1968 年《营救宇航员、送回宇航员和归还发射到外层空间的物体的协定》(简称《营救协定》)、1972 年《空间物体所造成损害的国际责任公约》(简称《责任公约》)、1975 年《关于登记射入外层空间物体的公约》(简称《登记公约》)和 1979 年《指导各国在月球和其他天体之活动的协定》(简称《月球协定》)。此外,值得指出的是,联合国大会于 1963 年 12 月 13 日通过的《各国探索和利用外层空间活动的法律原则宣言》(简称《外空宣言》)第 1962(ⅩⅧ)号决议虽然不具有法律拘束力,但由于其所宣示的各项基本原则几乎涵盖了彼时外空活动实践的各个方面,且均为此后的《外空条约》等正式的外层空间国际条约所吸收,因此,其在现行外层空间国际法律制度中同样具有十分重要的地位,可以被视为奠定了当代外层空间法的雏形。①

1. 1967 年《外空条约》

《外空条约》于 1966 年 12 月 19 日经联合国大会通过,1967 年 1 月 27 日开放签字,同年 10 月 10 日生效。中国于 1983 年加入该条约。《外空条约》共 17 条,内容着重于确立外层空间法的基本原则(主要包括全人类利益原则、平等自由原则、不得据为己有原则、国际合作原则、和平利用外空原则、保护外空环境原则等)和构建外层空间法的基本制度,在整个外层空间国际法律制度中居于"宪章"的地位。

2. 1968 年《营救协定》

《营救协定》于 1967 年 12 月 19 日经联合国大会通过,1968 年 4 月 22 日开放签字,同年 12 月 3 日生效。中国于 1987 年加入该条约。《营救协

---

① 蒋圣力:《联合国大会决议法律效力问题重探：以外层空间国际法治实践为例》,《国际法研究》2020 年第 5 期。

定》共 10 条,从人道主义角度出发,规定了当宇航员发生意外事故、遇难或紧急降落时,应给予一切可能的援助,并迅速和安全地将其送回,以及归还失事的空间物体。

3. 1972 年《责任公约》

《责任公约》于 1971 年 11 月 29 日经联合国大会通过,1972 年 3 月 29 日开放签字,同年 10 月 9 日生效。中国于 1989 年加入该条约。《责任公约》全文共 28 条,明确了空间物体发射国对空间物体造成的损害后果所应承担的法律责任,并就具体的责任范围、责任主体、求偿主体、归责原则、求偿或担责途径、赔偿标准等作出了规定。

4. 1975 年《登记公约》

《登记公约》于 1974 年 11 月 12 日经联合国大会通过,1975 年 1 月 14 日开放签字,1976 年 9 月 15 日起生效。中国于 1989 年加入该条约。《登记公约》共 12 条,旨在将空间物体登记确立为空间物体发射国需强制履行的国际法律义务——该条约序言明确:"(盼望)在强制的基础上设置一个由联合国秘书长保持的射入外层空间物体总登记册","(相信)一种强制性的登记射入外层空间物体的制度,将特别可以帮助辨认此等物体,并有助于管理探索和利用外层空间的国际法的施行和发展"。

5. 1979 年《月球协定》

《月球协定》于 1979 年 12 月 5 日经联合国大会通过,同年 12 月 18 日开放签字,1984 年 7 月 11 日生效。中国至今尚未加入该条约。《月球协定》共 21 条,规定了月球和其他天体的法律地位,以及世界各国在探索和利用月球和其他天体的过程中所应遵守的各项重要法律原则;该条约的各项条款规定不仅适用于对月球本身的探索和利用活动,而且适用于对太阳系内除地球之外的其他天体和月球轨道的探索和利用活动。

（二）外层空间法基本原则与核心制度

1. 外层空间法基本原则

（1）全人类利益原则。全人类利益原则是《外空宣言》第 1 条确立的外层空间法领域的首要原则:"探索和利用外层空间,必须为全人类谋福利和利益。"《外空条约》第 1 条第 1 款重申了全人类利益原则,并对其具体内涵加以明确："探索和利用外层空间（包括月球和其他天体），应为所有国家谋福利和利益，而不论其经济或科学发展程度如何，并应为全人类的开发范围。"《月球协定》第 4 条第 1 款同样规定了"月球的探索和利用应是全体人类的事情并应为一切国家谋福利，不问它们的经济或科学发展程度如何。应依照《联合国宪章》规定，并充分注意今世与后代人类的利益，以及提高生活水平与促进经济和社会进步和发展的需要"。

根据全人类利益原则的要求，任何单方面的、不顾及世界其他国家和全人类利益的探索、开发、利用外层空间的活动，都是与之相违背的。这就从一定程度上排斥了发达空间国家依赖空间科技和经济资源优势而垄断探索、开发、利用外层空间的各项利益，并为世界各国公平地分配外空利益提供了法律上的依据和保障。不过，由于尚未有任何一项正式的国际条约或文件就究竟何为"全人类"（何者得以代表"全人类"）、为世界所有国家和全人类谋福利的具体路径和方法如何等关乎维护和促进"全人类"的外空利益的根本内容作出进一步的明确规定，因此，全人类利益原则在实践中的具体实现仍存在一定困难。

（2）平等自由原则。《外空宣言》第 2 条规定："各国都可在平等的基础上，根据国际法自由探索和利用外层空间及天体。"《外空条约》第 2 条同样规定了平等自由原则，即"所有国家可在平等、不受任何歧视的基础上，根据国际法自由探索和利用外层空间（包括月球及其他天体），自由进入天体的一切区域。"

根据上述相关规定，平等自由原则的内涵应是递进式的：首先，该原则强调世界所有国家（无论空间科技水平和经济资源实力如何）在开展对外层空间的探索、开发和利用的过程中，应当是相互平等且不受歧视的。其次，在首先确保平等和不受歧视的基础上，世界各国均得以自由地开展外空活动，并进入外层空间和天体的一切区域。当然，此处所称的"自由"并非绝对的、不受限制的，而是应当受到"根据国际法"的制约，也就是说，世界各国应当在国际法（主要为《联合国宪章》和《外空条约》等相关国际法律文件）允许的限度内行使自由开展外空活动的权利。

根据平等自由原则，我们应认识到：该原则所保障的世界所有国家平等地、自由地探索和利用外层空间的权利，终究是停留在应然层面的；在实然层面,一国能够在怎样的程度和范围内实际地开展外空活动,以及进入外层空间和天体,必然是由该国的空间科技水平和经济资源实力等现实情况所决定的。由此,若一国囿于空间科技水平和经济资源实力所限而无法与发达空间国家一样"平等地""自由地"开展外空活动,则不应将此视为与平等自由原则的要求相冲突。

(3) 不得据为己有原则。《外空宣言》第 3 条规定:"外层空间和天体不能通过主权要求、使用、占领(或其他任何方法),被一国据为所有。"《外空条约》第 2 条规定:"各国不得通过主权要求、使用或占领等方法,以及其他任何措施,将外层空间(包括月球和其他天体)据为己有。"《月球协定》第 11 条第 2 款规定:"月球不得由国家依据主权要求,通过利用、占领,或以任何其他方法据为己有。"在此基础上,该协定第 11 条第 3 款进一步规定:"月球表面或表面下层或其任何部分或其中的自然资源均不应成为任何国家、政府间或非政府国际组织、国家组织或非政府实体或任何自然人的财产。"

根据不得据为己有原则的要求,外层空间(包括月球和其他天体)并非传统国际法意义上的无主地,国家不得通过先占的方式对其主张主权;此外,国家也不得通过主张主权,或通过使用、占领和其他任何方法,将外层空间及天体据为己有,即不得对外层空间及天体主张所有权。另外,需注意的是,《外空条约》第 2 条的规定仅否定了国家将外层空间及天体据为己有,而《月球协定》第 11 条第 3 款的规定在此基础上进一步否定了国家和私人实体对外空自然资源的所有权主张。由于《月球协定》的法律拘束力范围十分有限,其相关规定无法约束实践中实际开展外空自然资源开发、利用的多数空间国家。因此,一般认为,应将《外空条约》明文确立的不得据为己有原则理解为仅明确否定了国家将外层空间及天体据为己有。[①]

(4) 国际合作原则。《外空宣言》第 4 条要求世界各国在探索和利用外层空间的过程中必须遵守国际法,以增进国际合作与了解;其第 6 条要求国家在探索和利用外层空间时应遵守合作和互助的原则。《外空条约》不仅在序言中将"在和平探索、利用外层空间的科学和法律方面促进广泛的国际合作"确立为该条约的主要目的之一,而且在第 1、3、9 条中就促进外层空间国

[①] 赵云、蒋圣力:《外空资源的法律性质与权利归属辨析:兼论外空资源开发、利用之国际法律机制的构建》,《探索与争鸣》2018 年第 5 期。

际合作予以反复强调,构成了对国家合作原则作为外层空间法领域的一项重要的基本原则的权威说明。此外,联合国大会还于 1996 年 12 月 13 日通过了题为《外层空间国际合作宣言》的第 51/122 号决议,进一步明确了外层空间国际合作在实际应用于外空活动实践的过程中所应具备的基本要素。

随着对外层空间的探索、开发和利用的不断深入,日趋纷繁复杂的外空活动给国际社会带来了诸多共同性问题,关系全人类的共同命运,反映了全人类的共同利益。外空活动发展的实践表明,对外层空间的进一步探索和利用不应当并且也不可能仅依靠个别空间国家单独进行,其必须由世界各国通过开展国际合作予以实现。由此,国际合作原则对于外空活动发展的重要性和必要性不言而喻。不过,尽管国际合作原则作为外层空间法领域的一项重要原则得到了诸多国际条约和文件的明确肯定,但在具体实践中,外层空间国际合作仍然面临着许多现实问题,其中最为核心的是如何保障发展程度不同、外空科技水平参差的世界各国能够达成合意,并能够通过开展国际合作,真正地平等从事外空活动,并共享基于对外层空间的探索和利用而取得的利益。对合作过程中的个体国家利益和国际社会的整体利益的恰当平衡,应当是外层空间国际合作的应有之义。①

(5)和平利用外空原则。《外空条约》第 4 条第 1 款规定:"各缔约国保证:不在绕地球轨道放置任何携带核武器或任何其他类型大规模毁灭性武器的实体,不在天体配置这种武器,也不以任何其他方式在外层空间部署这种武器。"第 4 条第 2 款规定:"各缔约国必须把月球和其他天体绝对用于和平目的。禁止在天体建立军事基地、设施和工事;禁止在天体试验任何类型的武器以及进行军事演习。"《月球协定》第 3 条第 1 款明确要求"月球应供全体缔约国专为和平目的而加以利用",第 2、3、4 款进一步规定:"在月球上使用武力或以武力相威胁,或从事任何其他任何敌对行为或以敌对行为相威胁概在禁止之列。利用月球对地球、月球、宇宙飞行器、宇宙飞行器或人造外空物体的人员实施任何此类行为或从事任何此类威胁,也应同样禁止";"缔约国不得在环绕月球的轨道上或飞向或飞绕月球的轨道上,放置载有核武器或任何其他种类大规模毁灭性武器的物体,或在月球上或月球内

---

① 蒋圣力:《"人类命运共同体"视角下中国空间站建设国际合作探析》,《上海政法学院学报(法治论丛)》2020 年第 5 期。

放置或使用此类武器";"禁止在月球上建立军事基地、军事装置及防御工事,试验任何类型的武器及举行军事演习。"

和平利用外空原则的确立对于保障世界各国在外层空间,乃至地球内部的共同和平与安全的重要意义不言而喻。不过,尽管《外空条约》第4条第1款和《月球协定》第3条第3款均明确禁止了在外层空间及天体配置、放置、部署和使用武器系统,但其所禁止的"武器"的范围仅限于核武器和其他大规模毁灭性武器。这意味着,在外层空间及天体配置、放置、部署和使用除此之外的其他类型的武器系统的情形并未被明确禁止。由此可见,《外空条约》和《月球协定》对外层空间武器化的禁止在相当程度上是不完全、不彻底的。并且,虽然《月球协定》针对军事化利用月球及其轨道所作的禁止性规定是较为周全、严格的,但是,囿于该条约本身十分有限的法律拘束力范围,其在实践中仍不足以充分地保障和平利用外空原则的有效实现。因此,虽然和平利用外空原则已经得到了明文确立,但现行外层空间国际条约在规制外层空间军事化、武器化方面仍然面临着较为严峻的困难和挑战。①

(6)保护外空环境原则。《外空条约》第9条规定:"各缔约国从事研究、探索外层空间(包括月球和其他天体)时,应避免使其遭受有害的污染,以及引入地球以外的物质,使地球环境发生不利的变化。"《月球协定》第7条第1款规定:"各缔约国在探索和利用月球时,应采取措施,防止月球环境的现有平衡遭到破坏,不论这种破坏是由于月球环境中产生的不利变化,还是由于引入环境外物质使其环境受到有害污染,或由于其他方式而产生。缔约国也应采取措施防止地球环境由于引入地球外物质或由于其他方式而受到有害影响。"

实践中,外空活动的开展不可避免地会对外层空间环境和地球环境造成一定的破坏和有害影响,并以下两种情形引发的环境问题最为突出:一是空间物体对核动力源(核裂变反应产生的能量)的使用产生了大量的核粒子和放射性尘埃,其散布于外层空间不仅对外层空间环境造成放射性污染,而且可能因为对正常运行的空间物体的电子元件造成破坏而导致后者的损毁。并且,若使用核动力源的空间物体因故失事,其在重回大气层之后

---

① 蒋圣力:《外层空间军事化及其国际法规制的模式和路径》,《北京理工大学学报(社会科学版)》2017年第1期。

还极有可能对地球环境造成严重的放射性污染。例如，1978年1月24日，苏联"宇宙-954号"核动力卫星在因失控而坠毁之后，由此产生的大量带有核残留的空间碎片导致加拿大大奴湖和贝克湖地区10万平方千米的区域均被覆盖在核污染的范围内。① 二是随着越来越多的空间物体被发射进入外层空间，有越来越多因空间物体失效（被废弃）而自然分解或因空间物体碰撞、爆炸而产生的空间碎片聚集在外层空间和地球轨道，不仅造成了外层空间环境和地球轨道结构的不利变化，而且在一定程度上妨碍了此后人类对外层空间和地球轨道持续的正常利用（对人类进入空间的能力造成消极影响）。

由此可见，对外层空间环境（以及地球环境）的保护确实迫在眉睫。然而，尽管《外空条约》和《月球协定》明文确立了保护外空环境原则，并对其内涵作出了较为具体详细的规定。但是，由于缺乏有关因造成环境破坏和有害影响而应予承担责任的规定，以及（主动）消除对环境的破坏和有害影响义务的规定，保护外空环境原则不具备充分的强制力保障，有待进一步的发展完善。

2. 外层空间法核心制度

（1）外层空间登记法律制度。现行外层空间法律制度中的登记制度主要是由1975年《登记公约》中的相关规定确立的，其主要内容如下。

第一，关于"发射国"的概念。根据《登记公约》第1条（c）项的规定，仅空间物体的发射国得以对空间物体进行登记，进而成为空间物体的登记国。根据《登记公约》第1条（a）项的规定，所谓"发射国"包括直接发射空间物体的国家、促使发射空间物体的国家，以及从其领土上发射空间物体的国家和从其设备上发射空间物体的国家。

第二，关于国内登记制度。根据《登记公约》第2条的规定，空间物体的发射国应当在本国国内设置登记册，就本国所发射的空间物体的相关信息进行登记，并向联合国秘书长报告设置这一国内登记册的情况。至于发射国在国内登记册中进行空间物体登记的具体内容，可以由该国自行决定。

第三，关于国际登记制度。根据《登记公约》第3条的规定，空间物体的

---

① 《太空中的核电站》，https://www.caea.gov.cn/n6760341/n6760359/c6826586/content.html，最后访问日期：2023年5月10日。

发射国应将本国所发射的空间物体的相关信息向联合国秘书长进行报告，而联合国秘书长则应设置一份登记册，对世界各国发射空间物体的信息进行登记。空间物体的发射国向联合国秘书长报告的信息和联合国秘书长进行登记的信息，应根据《登记公约》第 4 条的规定进行确定；联合国秘书长设置的登记册中的信息应当充分公开，听任国际社会查阅。

第四，关于国际登记的具体信息。根据《登记公约》第 4 条第 1 款的规定，空间物体的发射国应当在"切实可行的"范围内向联合国秘书长提供以下有关其所发射的空间物体的信息，以便联合国秘书长登记入册：① 空间物体发射国或多数发射国的国名；② 空间物体的适当标志或其登记号码；③ 空间物体发射的日期和地域或具体地点；④ 空间物体的基本轨道参数，包括波节周期、倾斜角、远地点、近地点等。此外，根据《登记公约》第 4 条第 2、3 款的规定，空间物体的发射国还应将除上述信息外的其他登记在本国国内登记册中的信息向联合国秘书长进行提交；若本国所发射的、曾进行过登记且原在地球轨道内的空间物体已"不复存在"，那么，空间物体的发射国应将这一情况向联合国秘书长进行报告。

（2）外层空间营救法律制度。现行外层空间法律制度中的营救制度主要是由 1968 年《营救协定》中的相关规定确立的，其主要内容如下。

第一，缔约国的通知义务。根据《营救协定》第 1 条的规定，若缔约国在其管辖领域内、公海上，或在不属于任何国家管辖之下的其他地方，发现宇航员遭遇意外事故、正遭受危难、紧急降落，应立即（秉承诚信原则，不应有任何延误）向宇航员所搭乘的空间物体的发射当局以及联合国秘书长进行通知（在无法查明空间物体的发射当局，或无法立即与空间物体的发射当局进行通信的情况下，应以一切适当的方式进行公开宣告）；联合国秘书长在接到通知后，应以一切适当的方式就上述信息向国际社会进行传播。

第二，缔约国的营救义务。根据《营救协定》第 2 条的规定，若遭遇意外事故、正遭受危难，或紧急降落的宇航员出现在一缔约国管辖领域之内，该缔约国应立即采取一切可能步骤进行援救，并提供一切必要协助；同时，该缔约国还应将所采取的援救步骤及其进展情况向宇航员所搭乘的空间物体的发射当局和联合国秘书长进行报告。若空间物体的发射当局的协助有助于实现迅速援救，或对搜寻和援救有较大帮助，则发射当局应与缔约国进行合作；发射当局在合作过程中应接受缔约国的指挥管制，而缔约国也应与发射当局保持密切的、持续的会商。根据《营救协定》第3条，若遭遇意外事故、正遭受危难，或紧急降落的宇航员出现在公海（不属于任何国家管辖之下）的任何其他地方，则有能力提供协助的缔约国应于必要时为搜寻和援救宇航员提供协助，并将所采取的协助步骤及其进展情况向宇航员所搭乘的空间物体的发射当局和联合国秘书长进行报告。

第三，缔约国的送还义务。根据《营救协定》第4条，缔约国对在本国管辖领域之内、公海或不属于任何国家管辖之下的任何其他地方发现的遭遇意外事故、正遭受危难，或紧急降落的宇航员，应安全地、迅速地将其送还至所搭乘的空间物体的发射当局。根据《营救协定》第5条第1、2、3款，缔约国对在本国管辖领域之内，或在公海或不属于任何国家管辖之下的任何其他地方发现的已经返回地球的空间物体及其组成部分，应通知空间物体的发射当局和联合国秘书长；在空间物体及其组成部分位于缔约国管辖领域内的情况下，若空间物体的发射当局提出请求并提供协助，则缔约国应采取其认为适当可行的步骤，对空间物体及其组成部分进行搜寻；当空间物体的发射当局提出请求，缔约国应将寻获的空间物体及其组成部分送还当事国，而在送还之前，缔约国可以要求发射当局提供证明资料，以证明空间物体及其组成部分系发射当局所有。根据《营救协定》第5条第4款，若缔约国有理由相信所寻获的空间物体及其组成部分具有危险或毒害性质，应通知空间物体的发射当局，而空间物体的发射当局应在缔约国的指挥和管制下，采取有效步骤消除空间物体及其组成部分可能造成的损害。

（3）外层空间法律责任制度。现行外层空间法律制度中的法律责任制度主要是由1972年《责任公约》中的相关规定确立的，其主要内容如下。

第一，外层空间法律责任的责任范围。根据《责任公约》第1条（a）项，由该条约确立的外层空间法律责任制度适用于因开展外空活动（空间物体）造成的损害所引发的法律责任：人身损害（生命丧失、身体受伤或健康之其他损害）和财产损害（国家、自然人或法人财产、政府间国际组织财产的损失或损害）。同时，结合《责任公约》第2、3条，外层空间法律责任的责任范围限于因以下三类损害情形引发的法律责任：① 空间物体对地球表面造成的人身损害或财产损害；② 空间物体对正在空间航行的航空器造成的人身损害(针对航空器上所载人员)或财产损害;③ 空间物体对由他国发射的、同样位于外层空间或天体的其他空间物体及其所载人员造成的人身损害或财产损害。至于实践中因开展外空活动(而由空间物体)造成的其他类型的损害所引发的法律责任,则虽然未被纳入外层空间法律责任的责任范围,但可以根据一般国际法律责任制度和相关国家的国内立法进行处置。

第二,外层空间法律责任的责任主体。根据《责任公约》第 1 条(c)项,通常情况下,外层空间法律责任的责任主体应为造成损害后果的空间物体的发射国。在此基础上,《责任公约》第 4、5、22 条还分别规定了各类特殊情况下的外层空间法律责任的责任主体的确定。根据第 4 条,若一国的空间物体对由他国发射的、同样位于外层空间或天体的其他空间物体及其所载人员造成了损害,并由此对第三国的国家或其自然人、法人造成了损害,则由在前的两个空间物体的发射国共同对第三国或其自然人、法人承担连带及个别责任;第 5 条规定,在两个或两个以上国家共同发射同一空间物体的情况下,由该空间物体造成的损害所引发的法律责任,由全体发射国共同承担连带及个别责任;第 22 条规定,若从事外空活动的政府间国际组织(过半数成员国系《外空条约》和《责任公约》缔约国)发射的空间物体造成了损害后果,则由该组织及该组织中作为《责任公约》缔约国的成员国为此共同承担连带及个别责任。

第三,外层空间法律责任的求偿主体。根据《责任公约》第 8 条,下列国家或自然人、法人得以对造成损害后果的空间物体的发射国主张求偿(即要求造成损害后果的空间物体的发射国承担相应的法律责任):① 直接遭受空间物体损害的国家;② 直接遭受空间物体损害的自然人、法人;③ 直接遭受空间物体损害的自然人、法人的国籍国;④ 自然人、法人遭受空间物体损害的损害行为发生地所在国;⑤ 直接遭受空间物体损害的自然人、法人的永久居所地所在国。

第四,外层空间法律责任的归责原则。根据《责任公约》第 2 条,当空间物体对地球表面造成人身损害或财产损害,以及对正在空间航行的航空器造成人身损害或财产损害时,空间物体的发射国应为此承担绝对责任,即无论发射国是否具有过错,均须承担因损害所引发的法律责任(赔偿责任)。《责任公约》第 6 条规定,一方面,若造成损害后果的空间物体的发射国证明，损害全部或部分是因遭受空间物体损害的国家或其自然人、法人的重大疏忽或故意的作为（不作为）导致的，则发射国可以根据具体程度全部或部分免予承担赔偿责任；另一方面，若空间物体造成的损害后果是因空间物体的发射国违反国际法，尤其是违反《联合国宪章》和《外空条约》的行为导致的，则无论在何种情况下，均不应免除发射国的赔偿责任。

根据《责任公约》第 3 条，空间物体对由他国发射的、同样位于外层空间或天体的其他空间物体及其所载人员造成人身损害或财产损害时，空间物体的发射国应为此承担过错责任，即仅在发射国具有过错的情况下，才应承担损害所引发的法律责任（赔偿责任）。至于何为"过错"，学界一直存在"主观过错论"和"客观过错论"的不同观点。笔者认为，国家作为抽象的人的集合，其主观态度往往是难以考察的，因此，对空间物体发射国是否具有主观过错的认定将是十分困难的；相较之下，在空间物体发射国具有客观过错（客观行为违反法定义务或不符合合理行为标准或对合法权益造成侵害）的情况下，认定其存在过错并据此要求其承担相应的赔偿责任，显然是更加适当的。

第五，外层空间法律责任的求偿或担责途径。根据《责任公约》第 9 条，遭受空间物体损害的国家得以通过外交途径向空间物体的发射国提出承担损害赔偿责任的请求。根据《登记公约》第 11 条，首先，遭受空间物体损害的一国自然人、法人得以请求其国籍国或其他相关国家通过外交途径为其向空间物体的发射国提出承担损害赔偿责任的请求，而无需事先穷尽一切当地救济办法（区别于一般外交保护制度中的"用尽当地救济原则"的要求）；其次，遭受空间物体损害的国家或其自然人、法人得以向空间物体发射国的国内法院、行政法庭或其他有关机关提出承担损害赔偿责任的请求。若国家已经就所受损害向空间物体发射国的国内法院、行政法庭或其他有关机关提出了赔偿请求，那么，不得再依据《责任公约》或其他国际协定，就同一损害提出赔偿请求。此外，《责任公约》第 14—20 条还就成立一个专门的赔偿问题委员会，作为解决遭受空间物体损害的国家与空间物体发射国之间关于损害赔偿责任的争议的方法，作出了详细的规定。

第六，外层空间法律责任的赔偿标准。根据《责任公约》第 12 条，空间物体的发射国为空间物体造成损害后果承担的损害赔偿责任的具体额度，应当依照国际法及公正与衡平原则进行确定。并且,空间物体的发射国实际承担的损害赔偿责任,应以使遭受空间物体损害的国家或其自然人、法人恢复到损害未发生前的状态(即恢复原状)为限。

二、世界主要空间国家外空安全法律机制

(一)美国外空安全法律机制

1. 美国外空安全法律政策

随着冷战结束及苏联解体,美国的空间大国地位便无威胁,美国也将空间事业发展的重点进一步扩大。其开始逐步完善外空战略,谋求外空控制与外空行动自由,意在巩固外空霸权,并向构建国家空间作战体系、组建"天军"队伍的目标更进一步。美国在 21 世纪第一个 10 年发布的一系列法律政策,都指向如何提高空间作战能力、如何构建完善的空间军事力量等议题。

然而,随着越来越多的国家和国际组织开展航天活动,高、精、尖空间攻防技术不断发展,美国长期以来拥有的空间战略优势和绝对安全优势开始受到冲击,美国对其空间地位受到威胁的认识也在不断加深。由于害怕其空间体系受到干扰和攻击,2010 年,美国奥巴马政府颁布的《国家空间政策》,以及美国国防部颁布的《空间政策指令》均表示将对空间故意干扰行为行使固有自卫权,以此来告知世界各国,美国将实施外空威慑,避免其他国家对美国外空资产进行攻击。自 2010 年以来,美国政府和军方密集出台一系列空间战略、空间政策,这些政策文件虽然出自不同的部门,但在内容上互相呼应、互相引证,共同构成了奥巴马政府执政期间的一个有机的空间政策体系。奥巴马政府加强了美国外空能力建设,提升了外空反应作战能力,强化了美国在外空的技术能力和领先地位。

美国为了维护其在外空的优势地位,近年来不断强化其外空军事利用力度。特朗普政府上台后强力推进外空军事化。2017 年发布的《国家安全战略》、2018 年发布的《国防战略》和《国防部国家安全航天部门组织和管理结构最终报告》等都反复提及增强外空作战能力的重要性,不遗余力地推动外空军事体制变革,维护国家空间安全。2020 年 6 月,美国在国防部公布《国防太空战略》,强调美国谋求全面外空优势,并把外空系统整合进军事作

战体系之中，塑造有利于美国的战略优势，赢得大国竞争背景下的战略、战役与战术胜利，该政策同时也反映了外空系统与外空军备对于美国国家安全与军事胜利的重要性。2020 年 8 月，美国天军①发布名为《太空力量：天权》的外空作战顶层文件，作为美国天军的第一本条令手册，为训练和教育天军提供基础，并为军事决策、外空任务分析、外空军事目标和外空军事战略的发展提供信息，以支持国家安全、国防和国家军事战略。

美国出台上述一系列相关政策和组建天军的行动表明，美国在进一步落实其将外空作为独立作战领域的构想，并不断加强其空间作战能力，以保障国家安全，稳固其空间霸权地位。

2. 美国外空安全机制运行实践

一般认为，广义的美国航天机制由军事航天、民用航天、商业航天和情报界航天四个部分共同构成。其中，情报界航天的存在是美国航天机制区别于世界其他航天国家的显著特征——美国情报界由美国 17 家军队和政府情报部门组成的联盟型机构，其中具有航天领域情报职能的主要机构包括美国国家侦察局、国家地理空间情报局、国家安全局和国家情报局等。而美国国家安全机制主要由军事航天和情报界航天构成。

2011 年 6 月 28 日，美国国防部发布 DoDD5105.23 号指令，对"国家安全航天"的定义作出了明确的规定：美国国防部（代表军事航天）和情报界（代表情报界航天）在和平、危机或冲突时期，用于维护国家安全、支持国防和情报行动的与航天相关的系统、服务、能力，以及其他相关的信息系统和网络；此外，经与系统所有者协调，国防部部长还可以将其他与航天相关的系统规定为国家安全航天系统。

（1）美国外空安全（国家安全航天）机制的发展变革。美国外空安全机制的发展主要经历了 20 世纪 60 年代、80 年代，以及 21 世纪初的三次重大变革，其特征主要表现为自始至终保持着军事航天与情报界航天共同作用而又相互独立的"双轨"结构，并且逐步由碎片化向集中化演变。

20 世纪 60 年代前后，美国陆军、海军、空军对于新兴的外空领域均怀有强烈的企图心，并且各行其是地在本军种中开展相关航天活动，导致严重

① 美国天军（space force）是美国的一个最新军种，最初在空军部内部建立，是美国第六大军种。

的重复建设和资源浪费，使得对各军种航天活动的整合成为必然，因此，于1958年成立的美国国防部高级研究计划局曾短暂地对各军种航天活动进行集权管理，但最终因遭遇重重阻碍而归于失败。而在同样于1958年成立的国防部国防研究与工程局的推动下，美国空军得以获得了事实上的美国军事航天执行机构的地位（依据美国国防部DoDD5160.32号指令）。与此同时，美国国家侦察局于1961年9月的成立（其前身为成立于1960年8月的国防部导弹与航天系统办公室）不仅标志着美国情报界航天的诞生，而且自此确立了美国国家安全航天以军事航天和情报界航天共挑大梁的"双轨"并行机制。

20世纪60年代之后，虽然美国军事航天的执行职能主要归于美国空军，但是，美国海、陆、空三大军种与国防部各相关机构之间针对军事航天的权属关系仍存在一定程度的碎片化，并且，空军内部对军事航天执行职能的行使亦分散于各级司令部之间。由此，20世纪80年代，美国国家安全航天机制发生了一次重大调整，其中美国空军航天司令部的成立是一件标志性事件。1982年，美国空军航天司令部成立，其作为一个全新的作战性司令部，不仅将此前分散于空军下属26个机构的军事航天执行职能集中化，而且使得美国军事航天由侧重采办、研发向侧重作战系统转型。在空军航天司令部成立的带动下，美国陆军和海军也相继成立了航天司令部，使作战性军事航天活动开始活跃发展。

自20世纪90年代第一次海湾战争，美国国家安全航天力量便被广泛应用于战役战术层面，这使国家安全航天面临着全新的外部环境和内部需求。在此背景下，唐纳德·拉姆斯菲尔德在担任美国国防部部长后，其实际领导的外空委员会推动了美国国家安全航天机制的重大调整。1999—2001年，拉姆斯菲尔德领导的外空委员会在对美国国家安全航天机制运行状况进行充分审查的基础上，提出了关于改革国家安全航天机制的10条建议，其中多项得到实际落实，主要包括：由空军副部长兼任国家侦察局局长、空军取得国防部航天执行"代理人"的职权、航天与导弹系统中心由空军器材司令部转隶航天司令部，以及美国航天司令部司令与空军航天司令部司令职位分离。

（2）美国外空安全（国家安全航天）机制的决策体系。美国外空安全机制的决策体系的组成大致可以概括为"顶层—中层—下层"的三层次结构：顶层为美国总统和国会；中层为国防部长（代表军事航天）和国家情报主任［总监（代表情报界航天）］；下层为陆、海、空各军种和国家侦察局等。其中，中层和下层的组成成员同时也是美国外空安全机制的领导管理体系和作战指挥体系的主体机构。

在美国国家安全航天机制的顶层决策中，总统领导的联邦政府作为权力机关决定了国家安全航天的宏观发展方向和整体战略，而国会作为立法机关则通过对政府的监督、授权和拨款等方式，对国家安全航天的具体发展施加影响。多数情况下，总统与国会在美国国家安全航天的发展中所发挥的作用是同向同行的，共同主导了美国国家安全航天的实际发展走向。

具体而言，总统之所以作为美国国家安全航天机制决策机构顶层，是因为其不仅是掌握着国家唯一最高的行政权力，而且是美国国家安全航天机制"双轨"结构使然。一方面，总统兼任美国武装部队总司令，是陆、海、空三军最高统帅，可以通过国防部部长及各军种部长对全军作出决策，其中自然包含对军事航天的决策。另一方面，总统作为美国国家情报事务的总负责人，可以通过国家情报主任（总监）对国家情报界进行总体和基本功能上的指挥和决策，其中也必然包含对情报界航天的决策。在实践中，根据发起来源的不同，总统对国家安全航天事务的决策可以分为两种类型：一是内部驱动（主动发起），并决定实施；二是外部驱动（被动发起），并决定实施。根据决策针对对象的不同，总统的决策又可以进一步分为对人事的决策、对财政［预算（拨款）］的决策，以及对法律、政策、指令的决策等。

作为国家立法机关，国会对有关美国军队和国防建设的一切事务均具有决定权，尤其是可以通过决定军事拨款以直接或间接控制武装力量的建立、维持和运行。由于美国有关国家安全航天的立法数量相对有限，因此，国会主要通过对总统或政府的监督和把控预算或拨款，以影响国家安全航天的具体发展。针对军事航天，美国国会参议院和众议院均设有军事委员会、科学技术和空间委员会、预算委员会、拨款委员会等机构，行使对军事航天决策、规划和预算的审查、通过、批准等重要职权；针对情报界航天，国会参众两院亦设有专门的（常设）情报特别委员会，同样可以行使监督和审查的职权。

（3）美国外空安全（国家安全航天）机制的领导管理体系。美国外空安全（国家安全航天）机制的领导管理体系的职能侧重于在平时对国家安全航天的力量建设和其他各项相关活动进行领导和管理。基于国家安全航天机制的"双轨"结构，美国外空安全（国家安全航天）机制的领导管理机构同样表现为"总统—国防部部长—各军种航天司令部［航天机构"（代表军事航天）］和"总统—国家情报主任（总监）—情报界航天机构"（代表情报界航天）的二元路径，这同时也导致美国外空安全（国家安全航天）机制的领导管理机构职权的碎片化。

第一，代表军事航天的国防部部长与代表情报界航天的国家情报主任（总监）的职权碎片化问题。对此，美国外空委员会曾建议设立国防部航天与情报副部长，但最终未获得国防部的采纳；尽管国防部设立了情报副部长作为部长的首要情报顾问，并实际兼任了情报界的高级职务，但囿于职权存在明显的局限，仍然无法从整体上实现对军事航天和情报界航天的集中化管理，并且甚至还加剧了国家安全航天领导管理职权的碎片化。

第二，国家安全航天采办职权的碎片化问题。美国国家安全航天采办主要是指国防部和情报界在航天及地面系统的需求、研发、生产、购买等各个环节开展的相关活动。采办一直是美国国家安全航天中的一项重要活动，尤其是在国家安全航天力量被大量应用于战役战术层面之后，国家安全航天采办的体量越发增长，职权行使的重要性也更加突出。而美国国家安全航天采办职权的碎片化问题主要表现为：首先，军事航天和情报界航天的采办活动长期各行其是，导致严重的重复建设和资源浪费，并使部分关键航天资产被独占、把控；其次，空军航天采办的职权经过多次利益博弈之后，由原先集中于空军副部长逐渐分散至负责技术与后勤的副部长和空军助理部长中。

第三，卫星控制职权的碎片化问题。卫星控制包括对卫星平台的控制和对平台上搭载的有效载荷的控制，主要依靠地面的各类卫星控制系统（网络）和控制设施实现，而碎片化也正是美国国家安全航天地面卫星控制系统存在的突出问题。军事航天卫星控制专用网络和共用网络的数量庞大且比例失衡，卫星通信系统的平台控制和载荷控制的林立、混乱，是导致卫星控制职权碎片化问题的主要原因。而卫星控制职权的碎片化使得美国国防部与情报界之间，以及陆、海、空各军种之间均无法实现卫星控制领域的人员、硬件、软件的有效互通和共享，形成了数量众多的"信息孤岛"。

（4）美国外空安全（国家安全航天）机制的作战指挥体系。与美国外空安全（国家安全航天）机制经历"系统研发—操作运行—战略层次应用—战术战役层次应用"的发展过程相匹配，美国外空安全（国家安全航天）机制的作战指挥体系也经历了从无到有、组织框架逐渐丰富、职权功能不断充实、积极争取确立责任区，直至最终回归基础职能的演变过程。在美国外空安全（国家安全航天）机制的作战指挥体系中，军事航天作战指挥体系的具体内容主要包括作战指挥、作战控制、战术控制和支援；而情报界航天虽处于军事航天的指挥链条之外，但也与军事航天作战指挥之间保持着协调关系，主要是协调权和授权直接联络权。由此，在军事航天内部，作战指挥体系的特征可以概括为"统一指挥"，而在军事航天与情报界航天之间，作战指挥体系的特征则可以概括为"统一协调"。

在军事航天作战指挥体系中，根据作用范围所涉地域大小的不同进行划分，军事航天力量包括全球军事航天力量和战区军事航天力量两个方面。全球军事航天作战指挥体系呈现出"总统—国防部部长—战略司令部司令（成立于 1992 年；2002 年，原航天司令部并入其中）—航天联合功能组成司令部司令（成立于 2006 年，由美国战略司令部发起，陆、海、空三大军种共同组成）—联合外空作战中心（成立于 2005 年，是美军唯一专司外空任务的作战中心）-全球航天部队"的运行结构；战区军事航天作战指挥体系则形成了"总统—国防部部长—战区司令部司令—联合部队司令—空军部队司令（联合部队司令下属的空军军种组成司令），或者外空力量主任（空军部队司令的高级航天参谋）—战区航天部队"的运行结构。

如前所述，情报界航天与军事航天作战指挥之间的协调关系主要表现为协调权和授权直接联络权。前者是指在平时，情报界并无必须接受或执行军方（国防部）指令的义务，而应当由双方协调行事；后者是指上级指挥官授予下级指挥官与其他军方司令部或机构进行议事的权力。在当前的实践中，情报界航天主要发挥为军事航天作战指挥体系中的支援部分提供支持的功能，服务重点由服务于国家高层战略决策转向支援联合部队战场作战。为此，情报界作为整体向军方派驻了国家情报支援小组，主要提供卫星情报支援,此外,情报界各航天相关机构也在军方设立了各类支援小组,主要包括国家侦察局派驻小组提供航天侦察支援、国家地理空间情报局派驻小组提供卫星图像情报支援、国家安全局派驻小组提供卫星电子侦察情报支援,以及国防情报局派驻小组(辅助)提供卫星情报支援等。

(二) 俄罗斯外空安全法律机制

1. 俄罗斯外空安全法律政策

俄罗斯外空法律政策体系较为完善,其外空法律政策可以划分为以下几个层次:一是于1993年出台的《俄罗斯联邦空间活动法》,是制定该国其他所有外空法律政策的基准;二是总统令,其已逐渐成为据以规制该国航天活动的重要法律渊源;三是政府令,即在联邦空间活动法的基础上,根据总统令的要求,依照航天产业具体业务的内容分类,为该国航天活动制定的政府文件,以保证该国的空间研究和探索活动的有序进行,并据此完善该国的外空法律政策体系;四是航天产业领域的规章制度,内容涉及该国航天活动的各个具体环节。

苏联解体之后,俄罗斯整体的航天实力大不如前,国际、国内环境也发生了深刻变化。俄罗斯外空安全法律政策的制定与实施是以本国国情为出发点。在外空军事化利用方面,俄罗斯重新聚焦核心航天活动并着力发展现有航天资产现代化;在外空武器化方面,俄罗斯采取"非对称"策略对美国的外空武器化策略进行抵制,并积极在联合国框架内推行遏制外空军备竞赛的外交倡议,以寻求同美国在外空安全领域的势均力敌。

第一,在联合国框架内积极推行遏制外空军备竞赛的外交倡议,联合世界其他国家充分利用相关国际条约和国际法规范,抵制美国开展的外空武器化进程。苏联解体后,俄罗斯综合国力衰退明显,同美国势均力敌的局面一去不复返。在自知难以直接同美国全面抗衡的情况下,俄罗斯退而求其次,开始转向通过联合国机制处理与美国的纷争。俄罗斯在联合国框架内倡导抵制美国外空武器化进程,更易得到国际社会在道义上和法律上的认同,而联合中国等航天大国一同推行遏制外空军备竞赛的外交倡议,既符合俄罗斯与相关国家的共同利益,也能为俄罗斯争取更多盟友,进而提升其在相关领域的国际影响力和话语权。

第二，积极推动"空天一体防御"战略，提升外空硬实力以谋求和确保本国的外空安全。"空天一体防御"战略是俄罗斯在现阶段和可预见的未来的外空安全战略的核心，然而，由于整体航天实力与美国相比存在较大差距，俄罗斯现阶段的"空天一体防御"战略凸显明显的"非对称性"，即不谋求与美国在外空安全领域全面、对等的抗衡，而是集中发展本国的优势力量。例如，俄罗斯将正在建设中的国家导弹防御体系的重点放在了研发能够突破美国导弹防御系统的战略导弹和隐形轰炸机上，而非全面建设本国的导弹防御网；鉴于美军对外空资产的严重依赖，俄罗斯以打击外空资产为目标，高度重视反卫星武器和激光武器的研发，并将本国具有优势的电子战整合到外空军事行动中。

第三，积极发展外空军事力量，将重振外空军事能力作为外空安全领域的发展重点。自 2000 年，外空便被视为俄罗斯大国复兴的核心空间，强大的外空军事能力被视为复兴俄罗斯的重要支撑，重建和现代化外空军事能力也被放在了优先位置。为此，俄罗斯一方面组建了独立的外空部队，并逐年增加国防预算用于研发外空侦察与导航系统、预警卫星系统、战略导弹和新型外空武器系统，以提高对空间目标的捕获、监测和攻击能力；另一方面，俄罗斯还高度重视发展配套的前沿空间技术，例如"格洛纳斯"(Global Navigation Satellite System，GLONASS)卫星导航系统现已实现全球覆盖。

2. 俄罗斯外空安全机制运行实践

根据《俄罗斯联邦空间活动法》，俄罗斯（包括外空安全在内的）外空事务的组织与领导机制的具体安排为：首先，总统是国家一切外空活动的最高指挥者，负责审查、批准外空活动领域的所有国家基本法律政策，并制定重要的外空活动方案和计划（俄罗斯外空活动管理机制的变革也是由总统签发命令的形式进行的）；其次，联邦政府在总统领导下负责执行各项具体外空任务；最后，武装部队作为国家暴力机关，通过合理利用外空资产维护国家安全，并与其他国家机构进行协调，负责军用技术创新和新式武器生产。

2015 年《俄罗斯航天国家集团公司法案》通过后，由俄罗斯联邦航天局与俄罗斯联合火箭航天公司合并而成的俄罗斯航天国家集团公司成了俄罗斯的外空活动主管机构。该公司是俄罗斯国家航天法律政策的主要制定者和执行调控者、航天基础设施的国家订购方、开展航天领域国际合作的政府代表，以及航天成果军民转化及航天商业化活动的保障者。此外，由俄罗斯空军与空天防御部队合并而成的俄罗斯空天军是俄罗斯负责外空安全的主要武装力量。

（1）俄罗斯航天国家集团公司。航天工业是苏联少数几个处于世界领先地位的工业领域之一，其采取了集中力量优先发展军事航天工业的策略。彼时，国防会议是苏联导弹航天发展计划的最高决策机构，由苏共中央总书记任主席，苏联部长会议主席任副主席，并由通用机器制造部主管战略导弹、运载火箭和航天器的研制与生产。当时，苏联航天计划经费均列入军费，从通用机器制造部战略导弹经费账户中划拨。与之相对的是，苏联一直没有类似美国航空航天局那样的主管国家民用航天活动的高级别政府机构，于1985年成立的苏联航天管理总局是通用机器制造部下属的一个部门，主要任务是将航天技术应用于国民经济发展和科学研究，兼顾管理国际合作，特别是商业性合作。

1992年2月，时任俄罗斯总统的叶利钦下令建立俄罗斯航天局。该机构是民用航天活动的政府管理和执行机构，其任务是领导为科学研究和国民经济服务的航天活动。自此，俄罗斯联邦政府中有了负责民用航天活动独立的、高级别的专门机构。与此同时，涉及外空安全的军事航天活动由俄罗斯国防部领导，而苏联时期的通用机器制造部则被取消，原属该部的企事业单位被划归俄罗斯工业部进行管理。

1997年，俄罗斯国内经济危机加剧，为减轻国防军费的重负，俄罗斯采取了一系列改革措施，其中包括全面改组航天产业结构、加快航天商业化进程等。1998年1月，叶利钦签发命令，将研制、生产导弹和军用航天设备的军事航天工业移交俄罗斯航天局进行管理（包括军事航天活动管理权，以及38家军工企业和21家控股公司），而国防部则转变为用户方，以使航天工业获得更大的经济效益。由此，俄罗斯航天局成为集民用航天和军事航天于一身的国家航天管理机构。1999年5月，叶利钦又下令将俄罗斯航空工业部的管辖权从俄罗斯经济部移交至航天局，并将航天局改建为航空航天局，从而结束了俄罗斯航空和航天分立管理的历史。

2004 年，普京政府成立了俄罗斯联邦航天局，使俄罗斯航天工业再次成为一个独立的实体。2012 年 5 月，俄罗斯开始了针对航天工业的新一轮改革，在继续保留联邦航天局的同时，其通过整合原航天局下属企业组建了俄罗斯联合火箭航天公司；联邦航天局则保留了战略规划的职能，并主要对航天工业企业的资金使用情况进行检查和管理；联合火箭航天公司负责具体的航天工业建设，并直接管理航天工业企业的日常运行。这种二元并立的管理模式导致机构间权责不清、相互诟病，使得在乌克兰危机爆发之后，俄罗斯政府又开始对这两个机构进行整合。

2015 年，俄罗斯国家杜马通过了将俄罗斯联邦航天局和联合火箭航天公司合并改组为"俄罗斯航天国家集团公司"的一读法案。2016 年，根据第 221 号总统令，联合火箭航天公司的全部股权被并入了航天国家集团公司。同时，为明确机构间的权责关系，2015 年颁布的《俄罗斯航天国家集团公司法案》明确规定，俄罗斯国家航天集团公司是该国负责研究、开发和利用外层空间的核心管理机构，是根据 1993 年出台的《俄罗斯联邦空间活动法》以及其他相关法律法规的授权，以俄罗斯联邦的名义对该国外空活动实施国家领导和管理的全权代表。

俄罗斯航天国家集团公司属于非商业机构，对该国航天产业负有政府管理（公）和促进产业发展（私）的双重职能，同时也是民用航天的国家订货方（军事航天订货方仍为国防部），负责预算资金的接收、分配和管理。该公司负责管理俄罗斯航天领域的 80 余家企业机构，并从国有资产管理局手中接管了相关企业机构的国有资产管理权。公司还全面继承联邦航天局的各项职能，主要包括：落实国家航天法律政策，依法管理本国航天活动；提供航天领域的国家服务，管理国家航天资产；组织航天科研生产；维持、发展GLONASS 全球卫星导航系统，为用户提供服务；进行开发、利用外空的国际合作；管理、协调拜科努尔发射场和东方发射场。

俄罗斯航天国家集团公司的最高管理机构是监事会，由 11 名主要来自联邦政府各大行政部门的成员组成，其中 5 名成员由总统提名，5 名成员由总理提名，另 1 名成员为公司总经理，由总理提名，总统任命。

公司内部采用企业化的运作方式，并实行以总经理为中心的网状管理结构。公司管理层由总经理、监事会和理事会组成，并设审计委员会监督公司财务运作。总经理主持公司日常业务,对公司下属各股份制公司董事会的国家公司代表下达指令,并直接管辖公司监察委员会、科技委员会、新闻局、事务局、内部审计局等行政部门,以及主管各业务部门的第一副总经理和副总经理(第一副总经理和副总经理的设置对应了俄罗斯国家空天发展的各个分支领域的需求,包括国家武器项目实施副总经理、安全副总经理、国际合作副总经理等直接主管各业务部门的职位,以及轨道卫星发展与远景项目第一副总经理、财政事务第一副总经理等)。

(2)俄罗斯空天军。1961年,苏联成立空间防御司令部,直接隶属于最高统帅部;1972年,苏联开始部署A-135战略反弹道导弹系统,由防空军进行指挥。1992年苏联解体后,俄罗斯接管了苏联的大部分军事遗产,包括苏军的五大军种(战略火箭军、陆军、海军、空军、防空军)和空降兵。同时,俄罗斯又在苏联时期国防部航天器主任局所属军事航天部队的基础上,组建了军事航天部队司令部(Voenno-kosmicheskie Voiska),从而形成了"五军种两兵种"的军事力量结构,其中,军事航天部队主要负责航天发射、测控,以及反弹道导弹系统、反卫星武器系统和卫星防御系统的指挥。

1997年,俄罗斯将军事航天部队与防空军中的外空导弹防御部队进行合并,加入战略火箭军中。2001年,针对战略火箭军规模过于庞大的问题,普京指出应当根据国防需要和国家经济实力现实,对各军种进行均衡发展。同时,受到世界各国加强外空军事力量发展的影响,俄罗斯认识到外空军事化利用和外空作战将不可避免,必须组织专门力量整合资源、加强发展。由此,俄罗斯将军事航天力量和外空导弹防御力量从战略火箭军中分离出来,组建了"航天兵"(Kosmicheskie Voiska)这一特有兵种。

俄罗斯空天军下辖航天部队、防空反导部队和空军三大兵种,主要使命为空天情况军事侦察,抗击空天军事入侵,保护最高国家和军事指挥中心、行政中心等免遭空天军事袭击,使用常规武器与核武器打击敌方空天军事目标,以及实施航空兵支援并保障其他各军兵种的战斗行动,保障航天器(包括洲际弹道导弹)发射,并对在轨航天器进行指挥管理。

俄罗斯空天军总司令部在总参谋部的指挥下,负责统一指挥该国全境所有防空反导防天部队,以及组织协调航天司令部、防空反导司令部和空防司令部之间的行动。空天军总司令部担负组织建设和对俄罗斯所有空天防御力量进行作战指挥的双重任务——非战时作为军种建设机关，对所属部队进行实战化训练；战时作为战略指挥机关，对所属部队进行集中指挥。航天司令部下辖航天器发射和控制部队、导弹袭击预警和外空监视部队等，并下设航天试验总中心、导弹袭击预警总中心和航天情况侦察总中心，主要担负航天器的试验与控制、弹道导弹袭击预警和航天器监视等任务。防空反导司令部负责在莫斯科防空责任区内组织实施防空反导作战，下辖战略拦截、战略预警、防空导弹、航空兵、雷达和电子对抗等部队。各战区的空防司令部，具备由防空导弹、歼击机、雷达和电子对抗组成的防空预警与拦截体系以及较为完善的防空一体化作战指挥体系，装备各型防空导弹和地面中近程雷达，主要担负防空作战值班以及对战役战术弹道导弹实施末端低层拦截的任务。

俄罗斯空天军作为俄罗斯主要军种之一，其上级领导机制为"总统—国防部—总参谋部—空天军总司令部"，其内部作战指挥机制则为"空天军总司令部—防空反导司令部—防空反导师—部队（团、营）"四个层级，其中防空反导师是最大的战术单位，接受防空反导司令部指挥，主要负责掌握整体态势，明确来袭方向，区分作战任务，并独立负责具体作战区域内的各下级部队（团、营）的指挥；团、营两级战术单位根据上级命令指示完成具体操作，重点负责组织运用战术、战法对来袭目标完成拦截。

（三）欧空局及其主要成员国外空安全法律机制

1. 欧空局及其主要成员国外空安全法律政策

（1）欧空局外空安全法律政策。欧洲由众多国家、政府间国际组织和超国家国际组织组成，具有不同的空间政策优先事项，并由此创造出多层面和充满活力的共同体空间部门，作为欧洲一体化进程的重要组成部分。总体而言，欧洲空间部门已经与欧洲一体化进程交织在一起，空间政策有助于加强欧洲合作和一体化，以应对包括但不限于气候变化、移民和网络安全等在内的一系列挑战。近年来，私营商业实体数量的激增以及军民融合模式的演进，促使欧洲空间部门开始转型。新时代的挑战加之欧洲空间部门的特殊动态，使空间安全成为政策和监管辩论的前沿问题。

欧洲从事空间安全活动的主体主要是欧洲国家、欧盟和欧洲航天局

(European Space Agency，ESA，简称欧空局)，其各自从不同角度制定了外空安全相关的法律政策。1999 年，欧洲航天界经过研究认为欧洲外空政策的主要问题包括：① 与美国相比，国家投入较少；② 没有将外空事务作为国家总体政治、科学、经济和军事战略的一部分来对待；③ 美国创新领域具有绝对优势；④ 对美国的卫星导航系统严重依赖；⑤ 战略与行动在欧洲整体层面和国家层面互为分离，不相联系；⑥ 军民融合联系不密切；⑦ 欧空局对外空设施设备负有的责任不明确；⑧ 欧空局与各成员国之间的外空任务重合。

为解决上述问题，欧盟与欧空局领导人在 1999 年 5 月的布鲁塞尔部长级会议上强调共建"欧洲外空战略"的重要性，并提出"更多、更好"的政策原则。"更多"是指欧洲各空间活动主体之间进行更多的利益汇聚和行动协调；"更好"是指欧空局、欧盟及其成员国在外空活动项目和公共技术网络方面开展政策协调，并实施共同战略。依据该原则，欧盟要求委员会与欧空局合作，制定综合的、连贯的欧洲外空政策文件。2000 年，欧盟与欧空局成立联合工作组，起草相关外空政策文件；2003 年 1 月，欧盟委员会与欧空局联合发表了《欧洲航天政策绿皮书》；2007 年 5 月，29 个欧洲国家共同通过并发布了新的《欧洲航天政策决议》。由此可见，欧洲在外空事务中的一体化程度不断加深，特别是在外空战略和外空政策的宏观规划与协调方面，这对欧洲外空事业的发展产生了积极而深远的影响。

（2）英国外空安全法律政策。2020 年 6 月，英国制定了国家空间计划（National Space Programme），并成立了一个由政府最高级别代表组成的国家空间委员会（National Space Council，NSC），现已解散。目前，英国正在建立一个外空伙伴关系，包括英国政府、学术界和工业界的代表，以实施国家外空战略和国防外空战略。2021 年 9 月，《英国国家空间战略》（*UK National Space Strategy*）发布，阐述了英国政府对外空活动的雄心，并将民事外空活动与国防外空活动结合在一起。2021 年 10 月，英国发布《苏格兰空间战略》（*Scottish Space Strategy*）。2022 年 2 月，英国发布《英国国防外空战略》（*UK Defence Space Strategy*），承诺在未来 10 年将投资 14 亿英镑开发兼具军事和民事应用价值的尖端空间技术，并概述了本国在相关领域的战略优先事项。

（3）法国外空安全法律政策。法国在 2008 年 6 月通过第 2008 - 518 号《法国空间行动法》（*French Space Operations Act*，FSOA），其空间活动的监管框架主要由行政惯例组成。法国政府通过对在法国进行的私人外空活动行使事实上的控制权，以监督本国的外空活动，例如，法国政府作为阿丽亚娜航天公司（Arianespace）的最大股东之一，始终保持对该公司所开展的各类外空活动的间接监督。而航天产业格局的变化，例如政府间卫星运营商欧洲通信卫星组织的私有化和阿丽亚娜航天公司的外空活动多样化（包括使用圭亚那航天中心的俄罗斯发射器提供服务等），也促使了法国国家航天立法的制定。

（4）德国外空安全法律政策。2001 年，德国联邦经济事务和能源部公布《国家空间方案》（*National Space Programme*），这是德国空间法律政策的一个里程碑。《国家空间方案》确定了德国的空间政策方针，包括参加欧空局和欧洲气象卫星利用组织，以及在国家层面为系统的空间活动研究和发展方案提供资金。此后，德国于 2010 年发布《国家空间战略：让德国的航天部门适应未来》（*National Space Strategy: Making Germany's Space Sector Fit for the Future*），旨在大幅增加本国在全球空间活动市场所占的份额，并提议通过一项航天基本立法，为政府外空活动和私人商业外空活动构建一个全面的法律框架。不过，尽管德国一再重申计划制定国家航天立法，并宣布将于 2020 年提出初稿，但时至今日，其仍未正式出台本国的航天法，其外空法律政策主要散见于各项相关法律法规和政府行政性文件中。

2. 欧空局及其主要成员国外空安全机制运行实践

（1）欧空局外空安全机制运行实践。欧空局成立于 1975 年，既是全球第一个区域性政府间空间合作组织，也是一个综合性的国际空间合作组织，具有完全的国际法律人格，目前共有 22 个成员国，并与加拿大等国订立了合作协议。欧空局的宗旨和使命是基于和平目的，为欧洲国家搭建空间研究、空间技术和空间应用方面的合作平台，并促成其合作，以塑造和推动欧洲空间能力的发展。为此，欧空局的主要职能包括：制定和实施长期性的欧洲空间政策，向成员国建议空间活动目标，并协调成员国相互之间以及与其他国际组织和机构之间的空间活动政策；制定和实施欧洲在空间领域的活动和计划；协调欧洲空间计划与成员国的国家空间计划，并尽可能使后者逐步被全面地纳入前者,特别是在开发应用卫星方面;制定和实施与空间计划相适应的工业政策,并向成员国建议相应的协调一致的工业政策。

除了位于法国巴黎的总部之外,欧空局的主要分支机构还包括:位于荷兰的欧洲航天技术中心、位于德国的欧洲空间指挥中心和欧洲宇航员中心、位于意大利的欧洲空间研究所、位于西班牙的欧洲空间天文学中心,以及位于法国的欧洲圭亚那库鲁发射中心等。

欧空局理事会是欧空局的管理机构,确定欧空局制定、实施欧洲空间计划的基本政策范围。欧空局全体成员国在理事会中均有本国代表,且无论各国的空间能力和对欧空局的财政贡献如何,均享有平等的投票权。欧空局由总干事领导,总干事由理事会每四年选举一次;欧空局下设的各独立的研究部门直接向总干事报告工作。

值得注意的是,虽然以完全的和平目的作为开展工作的基本原则,但欧空局正越来越多地涉足军民融合领域的空间能力的建设,并与欧盟防务局的合作关系愈发密切。较为典型的例子是欧空局正在开展的空间态势感知系统的建设。空间态势感知系统的目的是保护欧洲空间系统,尤其是与空间运行服务、对抗空间碎片、数据政策、数据安全、体系结构、空间(天气)监视有关的系统。欧盟防卫局和欧盟各国对这一由欧空局主导的系统建设的参与正不断深入,这在一定程度上表明欧空局正在向外空安全领域拓展其职能。

(2)英国外空安全机制运行实践。在军用外空安全机制方面,英国于2021年4月成立外空司令部,由空军副元帅负责指挥,其与英国皇家空军集团指挥官处于同等地位。外空司令部不仅负责作战,而且负责组建、训练和扩充部队,以及提供军事航天能力支持。当具备完全作战能力时,外空司令部将指挥和控制国防部所属的全部外空军事力量,包括英国外空作战中心、天网(卫星)通信、英国皇家空军费林代尔监测站(Raf Fylingdale)等。

在民用外空安全机制方面,英国经历了由国家航天中心松散领导向航天局统一领导的转变。20世纪80年代初,英国政府指示贸易和工业部外空司成立特设委员会,以评估英国应如何组织开展外空活动并提出相应建议;1985年,在该委员会基础上成立了英国国家航天中心,作为负责协调英国民用外空活动及相关空间政策的政府机构,其由10个英国政府部门(机构)以及研究委员会组成,业务领域主要侧重于空间科学、地球观测、通信卫星和全球卫星导航。英国航天局成立于 2010 年 4 月,其取代了英国国家航天中心,负责全面管理英国所有的民用外空活动,以及民用空间政策的制定和对外的空间问题谈判。

（3）法国外空安全机制运行实践。在军事外空安全机制方面,法国空天军(French Air and Space Force, AAE)统筹法国外空军事防务。跨军种外空司令部是法国于 2010 年成立的一个跨军种组织,由法军总参谋部指挥,职责包括制定和执行法国的外空军事政策。2018 年,法国总统马克龙提出将出台外空防御战略,加强对外空安全形势的了解,以更好地保护本国的在轨卫星。2019 年,马克龙宣布将在法国空军内部成立新的外空司令部,以取代原跨军种外空司令部,并将空军转变为"航空与外空部队"。2019年 7 月,法国发布《太空防务战略》,以改组外空军事架构,组建空天军,并修订和颁布了相关新法案,由空天军接管军事卫星的控制权,以及制定新的空间能力路线图,确立了实施积极外空防御的方针。2020 年 9 月,法国空军正式改组为空天军。

在民用外空安全机制方面,法国国家空间研究中心主要负责法国参与欧空局航天计划的具体事务。事实上,长期以来,法国大部分的航天预算均投入到了参与欧空局的航天计划中,甚至使部分法国国家空间研究中心的航天计划不得不暂停,部分国内航天项目也逐步移交至欧空局实施。

（4）德国外空安全机制运行实践。在军事外空安全机制方面,自 2009 年以来,德国空军一直通过德国航空航天中心监测本国的外空资产,命令空间系统机动,并向商业卫星运营商推荐避碰路线。2020 年,为了回应北约在2019 年英国伦敦会议上宣布外空作为新的作战领域,德国成立了航空航天作战中心;与北约其他成员国一样,德国航空航天作战中心更多地强调将外空作为防御领域,重在保护本国的空间系统,以及加大对外空态势感知能力的建设。

在民用外空安全机制方面,德国航空外空中心(以下简称中心)是德国联邦政府的航天、能源与交通运输主管机构,代表联邦政府承担航天领域的法定任务,在有效分配给其任务范围内,执行联邦政府的空间战略,发展和管理国家空间计划,并根据分配的任务,在与空间活动有关的国际机构中代表联邦政府。中心为联邦政府提供建议,并制定国家空间政策的倡议和战略方针。中心的所有活动均遵循联邦政府在空间战略中确定的指导方针,通过任务和项目,加强本国的空间科学优势,扩大本国航天工业的技术专长和全球竞争力,并促进空间技术的商业化应用。德国航空航天中心下属的德国航天局具体执行联邦政府的外空战略,负责协调国内层面和欧洲层面的空间活动的实施,具体任务主要包括规划和实施国家空间方案,以及管理德国参与欧空局和欧洲气象卫星组织航天计划的相关事务。

三、主要外空安全威胁及其法律应对

（一）传统外空安全威胁及其法律应对

当外层空间对于人类不再遥不可及时,部分拥有先进空间科技的国家在巨大的经济、资源和战略利益的驱使下,开始竞相拓展其在外层空间的"势力版图"。因此,在对外层空间的探索、开发和利用为人类文明的进步做出积极贡献的同时,世界各国对外层空间的控制权的争夺,以及日益频繁且形式越发多样的外空活动的开展,也引起了国际社会的诸多矛盾、冲突,其中外层空间军事化利用应当是对全人类福祉和国际和平与安全的影响最为深刻的一项。

1. 外层空间军事化利用引发的外空安全威胁

自美国与苏联分别于 1959 和 1962 年发射军用照相侦察卫星,外层空间军事化利用的序幕就已经被拉开。随着空间科技被广泛应用于军事领域,不仅在冷战期间,外层空间成为美、苏军备竞赛的必争之地,而且在冷战终结之后,世界各国在外层空间的军事化活动也从未"偃旗息鼓"。不过,当前既有的以外空活动法律关系作为调整对象的国际立法,以及内容涉及对外空活动规制的其他国际(法律)文件,均未就"军事化"定义作出明确界定,而部分空间国家为了粉饰其特定的外空军事化活动的合法性和合理性,也往往会对"军事化"作出迎合本国外空军事化战略需要的不同解释。截至目前,国际社会尚未就"外层空间军事化利用"的内涵形成统一的认识。

在中国学界,对于"外层空间军事化利用"的概念内涵较为一致的理解是:具有军事目的或者军事服务性质的利用或者穿越外层空间,或者直接发展和部署外空武器。① 具体而言,外层空间军事化利用应当包含以下两

---

① 贺其治:《外层空间法》,法律出版社 1992 年版,第 295 页。

方面内容：一是为军事目的利用人造卫星的图像侦察、电子侦察、海洋监测、气象观测、通信、预警和导航等功能，支持和增强己方以地球（包括陆地、海洋和大气层）为基地的常规武器系统和陆、海、空军的作战效能；二是发展和部署以外层空间为基地的（天基）外空武器，以打击或摧毁对方在陆地、海洋和大气层中的目标或损害其正常功能，或者发展和部署以地球为基地的（地基）外空武器，以打击或摧毁对方的外空目标或损害其正常功能。[①]

上述中国学界对于"外层空间军事化利用"的内涵的理解实则是将其区分为两方面的内容，这是与实践中各空间国家所从事的外空军事化活动的实际情形相适应的。

一方面，从前述美、苏两国在 20 世纪 60 年代前后便开始使用军用照相侦察卫星，以及美军在两次海湾战争、科索沃战争和阿富汗战争中，大量使用专门的军用卫星和平时民用、战时军用的军民两用卫星为其提供各类资源、信息等实例看，[②]利用人造卫星支持和增强地基武器系统和海、陆、空军的作战效能，是外层空间军事化利用在形成之初就首先出现的，并且至今仍然为一种相当活跃的表现形式。

另一方面，美国自 20 世纪末开始从事的一系列外空军事化活动，即部署或者研发地基（陆基、海基、空基）或者天基的外空武器系统，主要包括反卫星武器和反弹道导弹武器等[③]开辟了外层空间军事化的另一表现形式——外层空间武器化，其既包括部署地基外空武器系统和在外空部署这一武器系统的情形，也包括研发和建立天基外空武器系统的情形，[④]而这也

---

① 贺其治、黄惠康：《外层空间法》，青岛出版社 2000 年版，第 198 页。

② Jessica West. *The Space Security Index: Changing Trends in Space Security and the Outer Space Treaty*. Conference Report, 2007, p.124.

③ 当前，美国的一体化反弹道导弹武器系统主要由拦截系统、探测系统和指挥控制系统构成，其中，拦截系统主要包括地基中段拦截系统、宙斯盾系统和末段高空区域拦截系统等；探测系统则主要包括早期预警雷达、国防支援计划卫星、空间跟踪和监视系统等。从反导能力来看，美国的反弹道导弹武器系统已经基本完成了预定的部署目标，具备对洲际弹道导弹、中远程弹道导弹的初步的和立体的防御能力，并为其改进、扩大部署奠定了基础。参见《美国反导系统：大杀器还是大败笔?》，http://www.cnsa.gov.cn/n6464000/n6464002/c6563452/content.html，最后访问日期：2023 年 10 月 20 日。

④ 当前，美国的地基和天基外空武器系统（主要为天基反导弹激光武器）的部署和研发均已经付诸行动。在美国的引导下，日本和欧洲部分国家也已经开始着手部署或者研发地基或者天基外空武器系统。例如，日本自 2007 年起就已开始从美国全面引进导弹防御系统。参见《陆海齐头并进，日本本土导弹防御系统雏形"乍现"》，http://news.xinhuanet.com/mil/2007-12/04/content_7200533.htm，最后访问日期：2023 年 10 月 20 日。

正是"发展和部署以外空为基地的武器系统，或从陆、海、空发射穿越外空的武器"所指的情形。

此外，值得关注的是，随着空间科技的不断进步，美国还于近年开始了对临近空间飞行器和武器系统的大力开发和研制，其已先后实施了空天飞机（NASP）计划、高超声速技术（HyTech）计划、X-51 高超声速试验飞行器计划，以及高速打击导弹（HISSM）计划和快速反应导弹演示（ARRMD）计划。虽然临近空间介于地球内部空气空间与外层空间之间，但由于临近空间武器系统在客观上必然对地球和外层空间产生直接的军事效果，因此，其应当构成外层空间武器化的一种表现形式。

当前外层空间军事化利用的现状是，利用人造卫星支持和增强地基武器系统和海、陆、空军的作战效能，即人造卫星的军事化利用已经成为普遍现实，而部署或者研发地基或者天基外空武器系统，即外层空间武器化也已经成为部分具备发达空间科技的空间国家外空军事化战略的重要组成部分。[1] 因此，无论是军事化利用人造卫星的情形，还是外层空间武器化的情形，均是为"外层空间军事化利用"的内涵所包容的：前者是外层空间军事化利用的初级表现形式，所达到的军事效果一般是被动的、不具有攻击性的；后者则可以被视为外层空间军事化利用的高级表现形式，通常是为了达到主动的、具有攻击性的军事效果。

2. 外层空间军事化利用的国际法律规制

当前，以外空活动法律关系为调整对象的专门性国际条约，以及内容涉及对外空活动的规制的其他国际条约（包括《联合国宪章》），构成了外层空间法的主要法律渊源，而以条约文本为表现形式的国际条约法律规则也相应地成了现行国际法框架下规制外层空间军事化利用的主要法律依据。除了《外空条约》第 4 条和《月球协定》第 3 条的规定之外，另有多部国际条约及其相关规定明确了对外层空间军事化利用的规制。例如，于 1963 年 10 月 10 日生效的《禁止在大气层、外层空间和水下进行核武器试验条约》即是在《外空条约》之前、国际社会首部就外层空间军事化利用的法律规制作出明文规定的国际条约。而自《限制反弹道导弹系统条约》生效起至美国单方

---

[1] 李寿平、赵云：《外层空间法》，光明日报出版社 2009 年版，第 155 页。

面退出的 30 年间,国际社会中有数十部裁军和核不扩散国际条约与之挂钩,使该条约第 5 条有关禁止研制、试验或者部署地基和天基反弹道导弹武器的规定成为对外层空间军事化利用,尤其是外层空间武器化进行规制的国际条约规则中的一项重要内容。不过,从相关国际条约的文本内容及其实践情形看,其对外层空间军事化利用的规制仍存在较为明显的不足和难以克服的困难。

在现行国际条约的基础上,联合国与世界各主要空间国家、国际组织积极尝试通过在联合国框架内外制定有关国际规则以加强对外层空间军事化利用的规制,其中较为典型的除了中国与俄罗斯联合推动的《防止在外空放置武器和对外空物体使用或者威胁使用武力条约(草案)》[简称《PPWT(草案)》]之外,还包括在联合国框架内起草的《外层空间活动透明度与信任建设措施》(TCBMs)专家组报告(简称《TCBMs 报告》)、联合国外空委科技小组委员会设立的外层空间活动长期可持续性工作组拟定的《外空活动长期可持续性准则》(简称《LTS 准则》),以及欧盟发布的《外层空间活动国际行为准则(草案)》(简称《ICoC(草案)》]。上述各项国际规则在组织架构、思维模式和内容形式等方面均具有较为鲜明的特征,在体现国际社会致力于抑制外层空间军事化利用蔓延整体趋势的同时,也相对客观、真实地反映了不同主体对于规制外层空间军事化利用的不同利益诉求和主张。

(1)《PPWT(草案)》。中国和俄罗斯先后于 2008 年 2 月 12 日和 2014 年 6 月 10 日共同向联合国裁军谈判会议提交了两份《PPWT(草案)》。在提交《PPWT(草案)》之前,中、俄已向联合国裁军谈判会议提交过多份关于规制外层空间军事化利用、防止外空军备竞赛的文件,例如 2001 年 6 月 5 日由中国代表提交的《关于防止外空武器化的国际法律文件的要点的设想》,[①]以及在 2004 年 8 月 24 日联合国裁军谈判会议第 966 次全体会议上,由中、俄代表共同分发的两份"非文件"(non-paper)《现行国际法律文件与防止外空武器化》和《关于防止外空军备竞赛的核查问题》[②]等。

中、俄于 2014 年提交的经修订的《PPWT(草案)》提出通过谈判达成一

---

① Possible Elements of the Future International Legal Instrument on the Prevention of the Weaponization of Outer Space,CD/1645.

② Report of the Conference on Disarmament to the General Assembly of the United Nations,CD/1744.

项新的国际法律文件,以防止外空军备竞赛和规制外层空间军事化(武器化)的主张。① 与2008年版本的《PPWT(草案)》相比,2014年的版本删除了对"外层空间"的概念所做的界定,而保留了"外空物体""在外空的武器""放置在外空""使用武力"或"武力威胁"等概念,其中,"在外空的武器"被界定为:"位于外空、基于任何物理原理,经专门制造或改造,用来消灭、损害或干扰在外空、地球上或大气层物体的正常功能,以及用来消灭人口和对人类至关重要的生物圈部分或对其造成损害的任何装置";②"使用武力"或"威胁使用武力"被界定为:"对象为外空物体,包括旨在摧毁、破坏以及暂时或永久性的损害外空物体的正常功能,以及蓄意改变其轨道参数,或威胁采取这些行动。"③

由此可见,2014年版本的《PPWT(草案)》关于武力使用的禁止性规定一方面是有意识地针对"天基外空武器";另一方面,又以"外空物体"作为保护对象,对相关使用武力和威胁使用武力的行为予以了否定,旨在从禁止外空武器和保障空间资产安全两个方面同时对外空军备竞赛的扩张和外层空间武器化的蔓延进行抑制。④ 此外,该草案还主张建立一个促进条约履行的执行机构,主要职能包括受理缔约国关于违反条约的询问;组织并与缔约国举行磋商;讨论和通过对条约的修正;制定集合数据共享与信息分析的程序;收集和发放缔约国提交的作为透明与建立信任措施组成部分的信息。⑤

然而,《PPWT(草案)》一经提出即遭到美国等个别空间国家的反对。美国认为,《PPWT(草案)》超越既有国际法律制度对天基外空武器系统所做的阻碍和限制,不符合美国的国家安全利益,并直言其部分条款令其难以接受。长期以来,美国一贯主张国际社会就天基外空武器是无法制定出能够对其进行切实有效的核查协议的。在《PPWT(草案)》提出之后,美国仍

---

① 《中俄共同提交"外空条约"新草案》,http://www.gov.cn/xinwen/2014-06/11/content_2698467.htm,最后访问日期:2023年10月20日。

② Article 1(b), Treaty on the Prevention of the Placement of Weapons in Outer Space, the Threat or Use of Force against Outer Space Objects (Draft).

③ Article 1(d), Treaty on the Prevention of the Placement of Weapons in Outer Space, the Threat or Use of Force against Outer Space Objects (Draft).

④ 聂明岩:《"总体国家安全观"指导下外空安全国际法治研究》,法律出版社2018年版,第102页。

⑤ Article 6, Treaty on the Prevention of the Placement of Weapons in Outer Space, the Threat or Use of Force against Outer Space Objects (Draft).

然认为该草案不具有一个作为条约组成部分且具有法律约束力的核查机制来有效地监控条约的遵守情况。① 但事实上，《PPWT（草案）》所确立的核查机制的构建本身就是以关于防止外空军备竞赛和规制外层空间武器化的国际法律制度的建立为前提的，只有在此基础之上才能逐步健全核查机制。

诚然，不具有法律约束力的国际规则即使在文本设计上尽善尽美，也无法向其他国家施加强制性的法律义务，以使其必须遵守。《PPWT（草案）》在肯定国际软法对于规制外层空间军事化利用方面能够起到的积极作用的同时，所提出的通过制定具有法律约束力的国际条约作为防止外空军备竞赛、规制外层空间军事化的法律依据的主张，显然具有一定的合理性和可行性，并由此应当能够成为今后在联合国（裁军谈判会议）框架下，针对外层空间军事化利用的法律规制问题进行进一步谈判的基础。②

（2）《TCBMs 报告》。透明度与信任建设措施作为裁军与军控领域中的一项据以约束国家行为、维持国际稳定的常规机制，旨在防止对危机的误解或误判而引发的国际武装冲突，以及随之产生的不必要的危机升级，并在世界各国之间建立相应的防护机制。③ 一般而言，透明度与信任建设措施通常包含加强透明度和加强信任建设两个方面，其中，以关于军事活动的情报共享为基础的透明度渠道的建立，对于降低冷战期间的国际武装冲突一度发挥了十分重要的作用。

在外层空间领域，透明度与信任建设措施的议题首见于联合国大会第 60/66 号决议"外层空间活动中的透明度和建立信任措施"。随后，根据联合国大会第 65/68 号决议，时任联合国秘书长潘基文于 2012 年组织设立了外层空间活动透明度与信任建设措施政府专家组，其基本目的是促进外空活动国际合作并减少因误解和误传而对外空活动的开展造成的风险，最终目的则是就透明度与信任建设措施达成一项包含具体结论和建议的一致性报告，从而保障外层空间的持续稳定。

外层空间活动透明度与信任建设措施政府专家组于 2013 年 7 月 29 日

---

① USA. Analysis of the 2014 Russian — Chinese Draft Treaty on Prevention of the Placement of Weapons in Outer Space, the Threat or Use of Force against Outer Space Objects. CD/1998.

② 聂明岩：《"总体国家安全观"指导下外空安全国际法治研究》，法律出版社 2018 年版，第 115 页。

③ Jana Robinson. Space Transparency and Confidence-building Measures, in Kai-Uwe Schrogl, et al., *Handbook of Space Security: Policies, Applications and Programs.* Springer, 2015, p.292.

向联合国大会提交了专家组报告,该报告于同年 11 月 5 日经联合国大会第 68/50 号决议通过。联合国大会第 68/50 号决议倡导全体联合国成员国在开展外空活动的过程中,应当在最大限度内,通过国内机制实施报告所确立的各项透明度与信任建设措施。为此,上述专家组报告就如何通过建立有效的情报共享渠道,以达到加强世界各国在外层空间领域的相互理解和信任,从而防止外层空间武装冲突、维持全球和区域稳定的目的,提出了多项可能的具体措施。①

报告第四部分"加强外层空间活动透明度"与规制外层空间军事化利用、防止外层空间武装冲突的关联最为紧密。该部分第 37 段规定,世界各国应当公布本国的外层空间政策和战略信息,包括涉及国家安全的事项;②第 38 段进一步规定,世界各国应当通过既有机制,对其用于从事外层空间军事行动的经费情况,以及其他涉及国家安全的外空活动情况进行报告。③据此,针对涉及国家安全的外层空间政策和国家用于从事外层空间军事行动的经费情况的情报共享,作为使世界各国得以了解他国在外层空间军事行动中的部署和投入的透明度措施,将能够起到遏制外空军备竞赛的作用。④

(3)《LTS 准则》。1999 年第三届联合国探索与和平利用外层空间大会通过了《空间千年:关于空间和人的发展的维也纳宣言》,明确肯定了外层空间对于全球可持续性发展以及实现联合国"千年发展目标"的重要意义,使外空活动长期可持续性(LTS)开始成为国际社会关注的焦点。从概念的角度看,"外空活动长期可持续性"包含"和平利用原则""安全利用原则""自由利用原则""公平利用原则"和"效率(效益)利用原则"等内容。世界安全基金会(Secure World Foundation)则将"外空活动长期可持续性"定义为:"保证在可预见的未来里,人类能够基于和平目的和社会经济利益目标,持续地利用外层空间,特别是地球轨道。"⑤

联合国外空委科技小组委员会于 2010 年设立了外空活动长期可持续

① UNGA,A/68/189,para.20.
② UNGA,A/68/189,para.37.
③ UNGA,A/68/189,para.38.
④ 聂明岩:《"总体国家安全观"指导下外空安全国际法治研究》,法律出版社 2018 年版,第 76 页。
⑤ 王国语:《"外空活动长期可持续性"问题与我国的对策》,《中国航天》2012 年第 6 期。

性工作组，下辖四个专家组，分别审议以下四项议题：① 支持全球可持续发展的可持续空间利用；② 空间碎片、空间作业和支持协作感知空间态势的工具；③ 空间气象；④ 针对空间领域行动者的管理制度和指导。2014 年，外空活动长期可持续性工作组公布了 33 条案文草案，[①]后来数量缩减至 29 条。[②] 在上述草案中，首次达成一致的 12 条草案在联合国外空委第五十九届报告中以附件形式列出，[③]而剩余的部分则在 2018 年 2 月 23 日联合国外空委科技小组委员会第五十五届会议上通过的《外空活动长期可持续性准则》中得以确立（序言及 9 条案文草案）。[④] 由此，《外空活动长期可持续性准则》A 部分载明了已经商定的序言和 21 项准则案文，而 B 部分所载的则是仍在讨论中的 7 项准则案文。

《外空活动长期可持续性准则》中已经商定的准则案文分为"空间活动的政策和监管框架""空间业务安全""国际合作、能力建设和认识"以及"科学和技术研究与开发"四个部分。其中，"空间活动的政策和监管框架"特别强调国家对外空活动的监管以及对国家外空活动的监督；"空间业务安全"要求对各类空间数据、信息的收集、传播、共享和评估，以及对相关风险的防范；"国际合作、能力建设和认识"着眼于促进对空间能力的建设、提高对空间活动的认识，以及加强有利于外空活动长期可持续性的国际合作；"科学和技术研究与开发"主要关注推动有利于外空活动长期可持续性的科技研发，以及对空间碎片的处置。

《外空活动长期可持续性准则》旨在加强外空活动长期可持续性建设，以为和平目的、全人类共同利益而安全且可持续地利用外层空间为最终目标。由此，虽然该准则以自愿执行为基础，本身并不具有强制性的法律约束力，但其仍然应当被视为国际社会为完善现行国际法律体系而做出的重要努力，并对外层空间国际立法的整体趋势，以及外层空间军事化利用的规制产生了重大影响。[⑤]

---

① A/AC.105/L.339.
② A/AC.105/L.348.
③ A/71/20.Annex.
④ A/AC.105/L.315.
⑤ 尹玉海、余佳颖：《外层空间软法规制之发展及其价值判断》，《北京航空航天大学学报（社会科学版）》2019 年第 1 期。

（4）《ICoC（草案）》。欧盟就外空活动制定国际行为准则的主张是 2007 年 6 月由欧盟理事会组织、德国担任主席国的"外层空间安全与军备控制及欧盟的作用"工作组中被首次提出的，其主要目的之一即是作为对前述联合国大会于此前通过的第 60/66 号决议（"外层空间活动中的透明度和建立信任措施"）的应对。① 在此基础上，欧盟于 2008 年 11 月 17 日首次发布了《外层空间活动行为准则（草案）》，②并在经过数轮修改之后，于 2014 年 3 月 31 日正式发布了最新版本的《ICoC（草案）》。③ 之后，欧盟又于 2015 年 7 月 27 日—31 日，邀请世界各国在纽约联合国总部就上述草案文本进行讨论、磋商，希望以此将草案的影响力由欧盟拓展至整个国际社会。④

与联合国外层空间活动透明度与信任建设措施一样，《ICoC（草案）》的初衷旨在为防止外空军备竞赛提供一项可供选择的、间接的操作机制，例如通过磋商和合作机制以在提升信息透明度的基础上，避免因信息不对称而产生不必要的外层空间武装冲突。然而，在经过数轮修改之后，《ICoC（草案）》的上述初衷被不断削弱，取而代之的是对外层空间安全中的民事领域的关注。⑤ 尽管如此，最新版本的《ICoC（草案）》仍然保留了若干有关防止军备竞赛的专门性规定，对防止外空军备竞赛、规制外层空间军事化利用和外层空间武装冲突可以发挥一定的借鉴作用。

从整体上看，《ICoC（草案）》旨在增强涉及空间物体和空间环境的各类外空活动的安全、安保和长期可持续性发展，并通过外层空间活动透明度与信任建设措施，加强世界各国在外层空间领域的多边谅解和信任，以保障国家、区域和全球的安全与稳定。⑥ 为此，草案明确要求世界各国在开展外空活动的过程中必须要遵守以下原则：一是和平利用外层空间并遵守现行国际法规则；二是遵守《联合国宪章》关于限制使用武力或以武力相威胁的规

---

① Marcel Dickow. The European Union Proposal for a Code of Conduct for Outer Space Activities, in Kai-Uwe Schrogl, et al. *Yearbook on Space Policy（2007/2008）*. Springer, 2009, pp.154 - 155.

② EU Council, Draft Code of Conduct for Outer Space Activities.

③ EU Council, Draft International Code of Conduct for Outer Space Activities (Draft ICoC).

④ Lucia Marta. Code of Conduct on Pace Activities: Unsolved Critiques and the Question of its Identity, https://www. frstrategie. org/publications/notes/code-of-conduct-on-space-activities-unolved-critiques-and-the-question-of-its-identity-201526,最后访问日期：2023 年 10 月 20 日。

⑤ Jean-Francois Mayence. The European Union's Initiative for a Code of Conduct on Space Activities, in Irmgard Marboe ed. *Soft Law in Outer Space*. Boelau Verlag, 2012, p.347.

⑥ Part I. Purpose, Scope and General Principles 1, Draft ICoC.

定；三是推动国际合作以减少对外空活动的有害干扰；四是为全人类共同利益而和平探索和利用外层空间。① 在此基础上，《ICoC（草案）》进一步升华了和平利用外空原则的重要意义，提出"应为当代和后代的利益考虑，保障外层空间的持久和平及可持续利用"。②

由此可见，虽然目前还只是被视为防止外空军备竞赛的一项间接手段，但《ICoC（草案）》的序言及其相关规定仍然传递了这样一个信息，即虽然因为经过数轮修改而使有关防止军备竞赛的规定有所弱化，但该草案终究是致力于防止外空军备竞赛、规制外层空间军事化利用的一项重要国际规则。③

（二）新型外空安全威胁及其法律应对

1. 外空自然资源开采引发的外空安全威胁及其法律应对

外空自然资源是指在外层空间由地质成矿作用自然形成的、具有一定实际价值的非生物资源，或为固态、液态、气态。由于缺少具有普遍法律拘束力的国际法规范的规制，外空自然资源的法律性质不明，其权利归属问题亦无法可依。在此情形下，世界各国纷纷开始国内先行立法的进程，国家或私人实体逐步开展相关外空活动，由此引发了新型外空安全威胁。

（1）外空自然资源开采引发的外空安全威胁。长期以来，外空自然资源的权属问题一直缺乏具有普遍法律拘束力的国际法规范的规制。作为具有外层空间法领域"宪章"地位的《外空条约》通篇均未直接提及"外空自然资源"。尽管《外空条约》第 2 条确立的"不得据为己有"原则已成为一项外层空间法基本原则，但其规制的主体仅限于国家，规制的对象又仅限于外层空间及天体，因此，"外空自然资源"并不能够通过文义解释而被该原则所涵摄，④并且，虽然有观点提出，从《外空条约》的立法意旨看，外空自然资源应不得为任何国家或私人实体所有，但国际学界和世界各国的国家实践对此

---

① Part I. Purpose, Scope and General Principles 2，Draft ICoC.
② Preamble 1 - 2，Draft ICoC.
③ Michael J. Listner. The International Code of Conduct：Comments on Changes in the Latest Draft and Post-Mortem Thoughts，http：//www.thespacereview.com/article/2851/1，最后访问日期：2023 年 10 月 20 日。
④ 贾兵兵：《国际公法：和平时期的解释与适用》，清华大学出版社 2015 年版，第 341 页。

仍有不同意见。^① 与之相对,虽然《月球协定》第11条第1款将"外空自然资源"界定为"人类共同继承财产"(common heritage of mankind),并对其开发、利用行为进行了抽象、凝练的规定,但由于《月球协定》截至目前仅有18个缔约国,且包括美、俄、中在内的世界航天大国均未加入,因此,该协定的法律拘束力相当受限,其关于"人类共同继承财产"的规定亦难以实际发挥定分止争的效果。^②

目前,整个国际社会进行外空自然资源开采的路线和模式尚不成熟,仅有少数国家具备相应的技术能力并开展了初步探索。针对外空自然资源开发、利用和权利归属问题,国际社会更未达成广泛共识,国际立法工作尚无明显进展。^③ 由此,基于"法无禁止即可为"的法理原则,除了《月球协定》缔约国及其国民不得获得"月球和在太阳系内的其他天体"的自然资源所有权之外,其余各国及私人实体正涉足外空自然资源开采这一蓝海,并通过国内立法提供法律支持。

在国内立法层面,美国、卢森堡、日本分别在本国国内法中确立了外空自然资源商业开发的权利归属,引发了国际社会的高度关注和强烈反响。2015年,美国《外空资源开发和利用法案》第3条赋予"美国公民"(该国私人实体)对其所开采的外空自然资源的所有权。卢森堡国会于2017年通过的《探索与利用空间资源法》确立了外空自然资源开采的国家许可制度,以吸引外资、技术在卢森堡进行外空自然资源商业开发。2021年,日本参议院通过《宇宙资源勘探开发相关商业活动促进法》,确立了外空自然资源开采的国家许可制度。

在外空活动实践层面,越来越多的私人实体开始参与到外空自然资源的商业开发中。2004年6月,美国空间探索政策委员会号召更多地依赖私

---

① Stephen Gorove. Interpreting Article II of the Outer Space Treaty. *Fordham L. Rev.*, Vol.37, 1969, p.349; P. J. Blount. Outer Space and International Geography: Article II and the Shape of Global Order. *New Eng. L. Rev.*, Vol.52, 2018, p.95.

② Status of International Agreements Relating to Activities in Outer Space, http://www.unoosa.org/res/oosadoc/data/documents/2021/aac_105c_22021crp/aac_105c_22021crp_10_0_html/AC105_C2_2021_CRP10E.pdf;赵云:《外层空间法中的热点问题评议》,《北京航空航天大学学报(社会科学版)》2010年第1期。

③ Lara L. Manzione. Multinational Investment in the Space Station: An Outer Space Model for International Cooperation. *AM. U. Int'l L. Rev.*, Vol.18, 2002, p.507.

人实体进行空间活动，并鼓励私人投资外空活动。2010 年，奥巴马政府发布的《国家空间政策》将促进商业航天发展作为一项基本原则。受此影响，"深空工业""月球快递"、美国行星资源公司、沙克尔顿能源公司等以外空自然资源商业开发为主营业务的私人实体纷纷成立。以美国行星资源公司为例，该公司计划从探查近地小行星，并尝试提取其中的矿产资源和水资源，将外空自然资源商业开发业务扩展至向各大矿业勘探机构出售在轨勘探平台和勘探项目承揽等服务项目。[①]

尽管上述私人实体开展的外空自然资源商业开发活动并未明显违反现行外层空间国际法律规则，且给予了世界各国私人实体"平等的"地位，但是由于目前具备实际进行外空自然资源开发能力的国家和私人实体在整个国际社会中仅占极少数，且据以分配外空自然资源权利归属的普遍性国际规则尚未建立，因此，若将外空自然资源视为可依据任意自由并基于"先占"而获得所有权的无主物，那么，必然在事实上造成对广大发展中国家和欠发达国家的共同利益的损害，进而引发各发达空间国家之间围绕外空自然资源权利归属的"争夺战"。同时，前述有关国家通过国内立法的单边手段抢先"占据"外空自然资源开发的"法律高地"，将有可能激化国家间（竞相通过单边手段）对外空自然权利归属的争夺，从而导致相应国际秩序的紊乱，并引发外空安全威胁。

（2）外空自然资源开采引发外空安全威胁的法律应对。在国际层面，前述美国、卢森堡、日本等国的国内立法通过国家行政许可制度授权私人实体开展外空自然资源开发活动，并承认其对外空自然资源的所有权，无疑是对《外空条约》中"不得据为己有"原则作出的片面且有利于本国利益的解读，这将使国际社会围绕外空自然资源开发的竞争愈加激烈。对此，以《外空条约》和 1996 年《外层空间国际合作宣言》的相关规定为依据，中国应在国际层面进一步挖掘外层空间国际合作的潜力，拓展实施外层空间国际合作的对象、内容和方式。具体而言：在围绕外空自然资源开发的国际合作中，应更多地将国际合作定位为通过提升空间技术发展水平，进而保障实现国家空间利益和保护国家空间安全的重要途径；更多地发挥我国国有航天

---

① Lewicki C., Diamandis P. & Anderson E. Planetary Resources: The Asteroid Mining Company. *New Space*, Vol.1, 2013, p.105.

企业和民营航天企业在国际合作中的作用,为开展外空自然资源开发活动达到降低风险、获取利润、引进技术、扩大市场的效果。

为回应外空自然资源开发的国际竞争局势越发激烈的现实需求,中国应当尽快就外空自然资源开发活动的开展和外空自然资源的权利归属制定法律规范:可以考虑对外空自然资源的开发活动进行目标导向,针对行政登记、审批、许可、发射及实施等各个环节作出规范性指引,并在市场准入门槛、税收、航天金融监管等具体领域实施优惠政策,以鼓励民营航天企业更加积极、有效地参与外空自然资源开发活动。

2. 空间碎片问题引发的外空安全威胁及其法律应对

(1) 空间碎片问题引发的外空安全威胁。空间碎片是在航天技术领域里广泛使用的概念。虽然现行联合国框架下的外层空间国际条约并未就何为空间碎片作出明确的法律定义,但是,国际社会于 21 世纪初对空间碎片的概念仍达成了普遍共识——2003 年机构间空间碎片委员会(IDAC)提交给联合国外空委的《空间碎片减缓指南》、2006 年联合国外空委科技小组空间碎片工作组提交的《空间碎片减缓指南修订草案》,以及联合国外空委于2007 年通过的《空间碎片减缓准则》均对空间碎片作出了一致定义:"空间碎片是位于地球轨道上或再入大气层的非功能性人造物体,包括其碎片和零件。"

空间碎片对外层空间环境和人类外空活动造成的威胁是多维度的——数以千万计滞留在外层空间和地球轨道上的空间碎片随时可能与正常服役的空间物体发生碰撞,并导致后者损毁,甚至使在轨空间物体缩短或永久丧失使用寿命;空间碎片再入地球也会对地球表面的人身和财产造成难以预知的危害,并且,空间碎片之间的碰撞还会进一步加剧新的碎片的产生,甚至造成连锁碰撞(级联效应),使外层空间和地球轨道完全不可用,并由此使人类永久丧失正常进入和探索外层空间的能力。

空间碎片的高速碰撞将直接对外空活动和空间物体的安全造成严重威胁。空间碎片虽看似不起眼,但足以摧毁整颗卫星,即使是毫米尺寸的空间碎片,也可能导致卫星瘫痪。

空间碎片相互碰撞(空间碎片污染)将造成严重的外层空间环境污染(安全)问题。与传统的环境污染的概念不同,空间碎片污染专指滞留在地球轨道的大量空间碎片引发轨道结构发生不利变化，并进而影响对其正常利用。[1] 较之化学污染、生物污染、电磁干扰、核放射污染等污染源，空间碎片污染已经成为目前外空环境污染中最突出的污染源。[2] 根据欧空局的统计，1957 年 10 月—2021 年 1 月，人类共成功发射运载火箭 6 000 余次，送入地球轨道的人造卫星超过 10 000 颗，其中约有 6 250 颗卫星仍然在轨，约有 3 600 颗仍在工作；与此同时，被空间碎片监测网络定期跟踪、编目的碎片超过 28 000 个。[3]

（2）空间碎片问题引发外空安全威胁的法律应对。针对空间碎片问题，现行外层空间国际条约几乎未作出任何能够据以进行有效法律规制的规定。联合国框架内针对空间碎片问题的专门性规范文件主要为联合国外空委于 2007 年发布的《空间碎片减缓准则》（简称《准则》），包含 7 项关于空间碎片减缓的具体指导方针，旨在明确应当如何有效防止外空活动中的有害副产品（即空间碎片）的产生或至少使其"最小化"，并明确希望通过世界各国的国内法律政策保障其落实。虽然本身并非具有强制性法律拘束力的国际立法，但上述《准则》在实践中已经形成了一定的影响力，并获得了较高的接受度，部分空间国家已依据其制定或完善了本国相关法律政策，还将其转化适用于规制民用、商用或军事空间活动的参与者。

当前，空间碎片治理（清除和减缓）已经成为一个全球性的政治和战略问题，世界各主要空间国家和相关国际组织均在积极探索可行的应对方案，并为空间碎片治理活动提供资金保障和政策支持。

美国航空航天局于 1981 年发布了该国有关空间碎片问题的第一份正式报告，是国际社会在国家层面首次发布的有关空间碎片问题的官方文件。2006 年发布的《美国航天政策》再次确认："轨道碎片对天基服务和运行的连续可靠利用以及对空间和地面的人员和财产安全构成威胁。美国应寻求最大限度地减少政府和非政府空间运行所产生的轨道碎片，以为后人保护空间环境。"

---

[1] 李寿平：《空间碎片造成空间环境污染的国际责任》，《中国航天》2007 年第 5 期。

[2] 侯瑞雪：《风险社会视阈中的外空环境法律保护：以空间碎片污染为例》，《当代法学》2020 年第 5 期。

[3] Space Debris by the Numbers, https://www.esa.int/Safety_Security/Space_Debris/Space_debris_by_the_numbers，最后访问日期：2023 年 10 月 23 日。

2006年，欧空局外空碎片协调小组提交的《欧洲的外空监视能力》报告指出，欧洲缺乏系统的外空监视能力，严重依赖外部信息渠道；针对上述问题，欧空局启动了"外空态势感知计划"和"清洁外空行动"倡议。"清洁外空行动"倡议于2012年启动，旨在通过开发对地球和外空环境友好的工业材料、工艺和技术，促进生态友好、可持续的外空活动。该倡议包括："生态设计"框架，旨在解决环境问题和促进绿色技术研发，减轻外空活动对人类健康和地球环境的影响；"清洁卫星"计划，制定技术解决方案和标准，以减少未来卫星产生的外空碎片，解决方案有推进系统和电力系统钝化、航天器消亡设计、外空碎片环境建模；开发外空碎片主动清除技术，移除轨道上的大碎片，研发目标表征、捕获机制和处置方法；等等。此外，值得关注的是，欧空局与瑞士初创公司"清洁外空"公司（Clearspace）的工业团队于2020年12月1日签署了一项价值8 600万欧元（约6.8亿元人民币）的合同。根据该合同，世界上第一颗外空垃圾清洁卫星"清洁外空一号"将于2025年发射，该卫星采用的是利用航天器将外空垃圾抓取后带离轨道这一目前最为成熟的空间碎片移除方式。

中国长期关注并积极采取行动应对空间碎片问题引发的外空安全威胁。2018年11月7日，在中俄两国总理共同见证下，中国国家航天局局长张克俭与俄罗斯国家航天集团公司总经理罗戈津在人民大会堂签署《中华人民共和国国家航天局与俄罗斯联邦国家航天集团公司关于在空间碎片监测和数据应用领域合作的协定》，为双方启动空间碎片领域的国际合作奠定了重要基础。[①] 中、俄将联合开展空间碎片监测研究并积极推动外空活动长期可持续性领域的国际规则的制定，体现了大国担当。

3. 商业微小卫星星座建设引发的外空安全威胁及其法律应对

近年来，基于空间科技日新月异的蓬勃发展和商业航天产业的异军突起，由国家或非国家主体开展的商业微小卫星星座建设开始在世界范围内盛行。商业微小卫星星座建设使人造卫星的通信、导航、遥感、空间观测等应用功能的能效得到了极大的提升，应用场景得到了极大的拓展，为空间科技的进步和商业航天产业的顺利运行提供了巨大动力。与此同时，商业微

[①]《中俄两国航天机构签署空间碎片监测和数据应用合作协定》，https://www.gov.cn/xinwen/2018-11/11/Content_5339230.htm，最后访问日期：2024年5月16日。

小卫星星座建设的不断扩张所带来的外空安全风险问题也日益突出。

就商业微小卫星星座建设对中国空间安全利益的影响而言，一方面，中国在外层空间拥有大量在轨空间设施并正接连开展航天员长期在轨驻留活动，而商业微小卫星星座建设带来的一系列外空安全风险问题，极有可能对中国空间设施的资产安全和航天员的人身安全造成侵害；另一方面，中国的商业航天产业发展对商业微小卫星星座建设同样有着迫切的需要，这要求国家航天企业和民营航天企业应着力提升所开展的商业微小卫星星座建设的安全等级，维护本国和世界其他国家的空间安全利益。因此，确有必要通过法律路径切实加强对商业微小卫星星座建设安全风险的应对。

（1）商业微小卫星星座建设引发的外空安全威胁：一是军事化利用趋势日益凸显。军事化利用人造卫星是最基础、最普遍的外空军事化利用方式；而外空军事化利用无疑是国际社会所面临的最严峻、紧张的外空安全风险问题。当前，在美军陆续炮制出"马赛克战""决策中心战"等未来战争理念的同时，SpaceX 的"星链"计划可谓与之如影随形、互动紧密，并极有可能成为上述理念在外空域的直接载体，催生出新型作战样态——2020 年 5 月，SpaceX 与美国陆军签订协议，后者将可以在此后三年内试验通过"星链"卫星宽带在军用网络中进行数据传输；[1]同年 10 月，SpaceX 与美国国防部外空发展局签订了价值 1.53 亿美元的合同，前者将基于"星链"计划的总线设计，为后者制造并部署导弹预警卫星。[2]

二是空间进入安全问题加剧。空间进入安全（空间设施安全进入外空的能力）是一切外空活动得以顺利开展的根本保障。然而，囿于其固有特征，商业微小卫星星座建设在一定程度上加剧了空间碎片问题和空间交通管理问题，并由此为空间进入安全带来了巨大隐患。一方面，商业微小卫星星座建设导致数量极其庞大的卫星在短时间内竞相涌入本已相当拥挤的地球轨道，极大增加了空间设施相互碰撞的概率，并使空间碎片的数量不可避免地激增。另一方面，一次性同时发射数量过多的卫星往往会增加卫星失

---

[1] U.S. Army Signs Deal With SpaceX to Assess Starlink Broadland, https://spacenews.com/u-s-army-signs-deal-with-spacex-to-assess-starlink-broadband/,最后访问日期：2023 年 10 月 20 日。

[2] L3 Harris, SpaceX Win Space Development Agency Contracts to Build Missile-Warning Satellite, https://spacenews.com/spacex-l3harris-win-space-development-agency-contracts-to-build-missile-warning-satellites/,最后访问日期：2023 年 10 月 20 日。

控、脱轨,甚至坠落等意外事故发生的可能,不仅威胁着其他在轨空间设施的正常运行,而且增加了空间交通管理的负担。① 例如,SpaceX 于 2019 年 5月 23 日发射的一批 60 颗"星链"卫星中的 3 颗在发射后即脱离了地面的控制,迫使欧洲空间局 Aeolus 卫星为避免可能与其发生碰撞而不得不进行紧急避碰。②

三是空间设施接近和干扰事件频发。2021 年 7 月 1 日和 10 月 21 日,SpaceX 的两颗"星链"卫星("星链-1095 号"和"星链-2305 号")先后与中国空间站发生近距离接近事件,对空间站及正在其中执行任务的中国航天员的生命造成了威胁。出于安全考虑,中国空间站两次采取紧急避碰措施,避免发生碰撞。③ 对此,中国外交部发言人赵立坚于 2021 年 12 月 28 日主持外交部例行记者会时严正指出:SpaceX"星链"卫星两次接近中国空间站的事件表明,美国未能履行外层空间国际条约确立的相关法律义务;美国应当立即采取有效措施预防此类事件的再次发生,并以负责任的态度维护在轨航天员的生命安全和空间设施的安全、稳定运行。④

（2）商业微小卫星星座建设引发外空安全威胁的法律应对。在国际法层面,中国应推动国际社会围绕军事化利用人造卫星的法律规制、空间进入安全的法律保障、空间设施避碰的协调机制构建,开展新一轮国际法规则的谈判和制定,进而通过具有普遍适用性的国际法手段,遏制商业微小卫星星座建设造成的外空安全风险的提升。

诚然,随着世界各国在外空的利益竞争和力量博弈日趋激烈,协调国家意志以形成新的国际条约或国际习惯规则的困难客观存在,不过,鉴于维护外空安全的共同愿望,国际社会可以首先通过相关联合国大会决议、联合国外空委工作文件等"国际软法"以弥补既有规则的缺失,而后在此基础上逐步促成正式的国际法规则。例如,可以根据"公平礼让原则""重大（载人）航

---

① 苏金远:《中美"星链"之争凸显航天合作重要性》,http://fzyjs.chinalaw.org.cn/portal/article/index/id/1096.html,最后访问日期:2023 年 10 月 20 日。

② 《有惊无险！欧洲航天局 Aeolus 卫星和 SpaceX 的星链卫星擦肩而过》,https://t.qianzhan.com/caijing/detail/190904-0e2127d3.html,最后访问日期:2023 年 10 月 20 日。

③ 依照《关于各国探索和利用外层空间包括月球与其他天体活动所应遵守原则的条约》递交的资料,2021 年 12 月 3 日中国常驻联合国（维也纳）代表团致秘书长普通照会。

④ 《2021 年 12 月 28 日外交部发言人赵立坚主持例行记者会》,https://www.fmprc.gov.cn/fyrbt_673021/jzhsl_673025/202112/t20211228_10476420.shtml,最后访问日期:2023 年 10 月 20 日。

天任务优先原则""造成接近、干扰一方主动避让原则"等国际社会达成的初步共识，确立有关空间设施避碰的具体（法律）规则，并推动相应国际协调机制的构建。①

此外，考虑到商业微小卫星星座建设带来的外空安全风险问题关系国际社会的共同利益，中国应积极号召世界各国加强在相关领域开展更加主动、透明的国际合作。例如，针对空间设施避碰，应加强各类卫星运营主体间的信息交流，并建立国际统一的空间设施评估通知制度。

在国内法层面，在中国国内航天基本立法仍未完成制定的现实背景下，相关国家政策法规和地方立法应齐头并进，共同为应对商业微小卫星星座建设带来的外空安全风险问题提供法律和政策保障，并在此过程中特别关注开展商业微小卫星星座建设与遏制外空安全风险提升之间的动态平衡。

一方面，基于商业航天产业发展的客观需要，相关国家政策法规和地方立法应在继续肯定商业微小卫星星座建设的支柱作用并支持其有序开展的同时，进一步深入发掘其之于促进商业航天产业发展的其他重要潜能；另一方面，为有效规避可能的外空安全风险问题，相关国家政策法规和地方立法应加强对商业微小卫星星座建设的合理规制，不仅应对同一时期内卫星发射的数量和频次进行全盘统筹和规划，并在必要时予以一定限制，而且应明确要求各类卫星发射和运营主体采取一切适当的技术措施，着力降低商业微小卫星星座建设造成的外空安全风险的可能性。

---

① 王国语：《解读"星链卫星两次接近中国空间站"事件的外空全球治理视角》，https://mp.weixin.qq.com/s/TF0GLAvmr-olkCNxTS0Z2g，最后访问日期：2023 年 10 月 20 日。

单边制裁与我国海外资产安全法律问题

——以美国对俄罗斯的单边制裁为切入*

王洪根**

摘要： 俄乌冲突爆发后，为了遏制俄罗斯，以美国为首的西方国家对俄罗斯采取了规模空前的全方面制裁措施，包括冻结、扣押和没收俄罗斯的海外资产，甚至将没收的俄罗斯海外资产直接转入乌克兰政府账户。对此，俄罗斯采取了对不友好国家在俄资产实施临时管制等一系列反制措施。这种制裁与反制裁拉锯战既影响了制裁国与反制裁国自身的经济发展和社会稳定，也不利于全球经济的和谐有序发展。随着"一带一路"倡议的快速发展，我国对外投资持续增长，海外资产种类繁多且数额巨大。在中美关系竞争和摩擦共存的背景下，我国庞大的海外资产面临被美国单方面冻结、扣押或没收、美元的获取及使用渠道被切断等安全风险。为了应对未来可能出现的单边制裁，保护我国国家、企业和公民的海外资产安全及合法权益，在国家层面，我国应建立健全海外资产安全风险预警和应急处置机制，完善反制裁法律体系，优化海外资产配置并推进人民币国际化。对企业而言，应加强境内企业"走出去"的合规管理，同时要积极利用美国的国内渠道寻求救济，多措并举为我国海外资产安全提供保障。

关键词： 单边制裁；海外资产；安全风险；反制裁；阻断法

* 本文系上海市法学会国家安全法律研究会课题结项报告。

** 王洪根，烟台大学法学院副教授、华东政法大学国际调解研究中心特聘研究员，法学博士。研究方向：国际私法、国际商事调解。

一、引言

　　自 2014 年"克里米亚危机"以来，俄罗斯与乌克兰之间的冲突不断，双方关系降至冰点。2022 年 2 月，俄罗斯对乌克兰采取了所谓的"特别军事行动"，导致两国之间的冲突进一步升级，双方陷入了武装冲突的泥淖。为了遏制和孤立俄罗斯，以美国为首的西方国家对俄罗斯采取了规模空前的全方位制裁措施，包括资产冻结和旅行禁令、武器禁运、取消高级别对话和合作项目，以及能源、金融和贸易制裁等。更有甚者，2023 年 5 月，美国司法部长梅里克·加兰授权将没收的俄罗斯商人康斯坦丁·马洛费耶夫的资金转入乌克兰政府账户，这是美国首次以此种方式处理没收的俄罗斯资金。对此，俄罗斯采取了一系列反制裁措施，例如临时资本管制、天然气卢布结算、在俄外资企业国有化、加速使用替代 SWIFT 的 SPFS 系统等。这种制裁与反制裁行为不仅对一国的海外资产安全构成严重威胁，而且影响了制裁国与反制裁国自身的营商环境，不利于全球经济的和谐、有序发展。

　　随着"一带一路"倡议的快速发展和企业"走出去"战略的持续推进，我国对外投资持续增长，海外资产种类繁多且数额巨大。在与外国关系竞争和摩擦共存的背景下，外国单方面对我国海外资产采取制裁措施的可能性不容忽视。如果外国与我国关系恶化，我国在该国领土内的国家、企业及公民的资产可能会面临什么样的风险？一旦该国对我国国家、企业或公民的海外资产采取单边制裁措施，我国应采取何种举措来保护本国国家、企业及公民海外资产安全？为了应对未来可能出现的单边制裁，保护我国国家、企业及公民的海外资产安全和合法权益，笔者以美国对俄罗斯的单边制裁为样本，归纳并分析了美国对俄制裁的具体措施，特别是对俄海外资产的制裁措施，并对其进行评估，这将有助于预测我国各类海外资产可能面临的制裁风险，并提出较为可行的保障建议。

（一）国内外研究动态

　　第二次世界大战之后，美国开始对外广泛实施经济制裁，对经济制裁的研究也逐渐成为国际政治、国际经济和国际法等学科研究的热门问题。从20 世纪 70 年代末—80 年代初开始，国外学者便系统地研究国际经济制裁问题,包括制裁案例研究以及对经济制裁的成本、目标及有效性等问题的研究。至今,累积的研究资料浩如烟海,不计其数。国内法学界则从 20 世纪 80 年代开始关注经济制裁的法律问题,随后,国际法学者也开始关注联合国的经济制裁制度、国际贸易中的制裁问题、国际金融制裁问题以及被制裁国家采取的应对措施等,对制裁问题的研究逐渐深入。近年来,美国将中国视为"唯一的头号竞争对手",对中国采取了多重制裁措施,以遏制和打压中国的发展。因此,制裁问题成为经济、政治及国际法学界重点研究的热门课题。

1. "单边制裁"概念厘定

对于"单边制裁"的概念,国内存在不同的理解。从制裁措施与手段的角度来看,可以分为狭义和广义两种理解。狭义的理解认为单边制裁仅指经济制裁,即通过强制性的经济措施与手段,以达到制裁国在政治、外交、军事等方面对被制裁国施加影响的目的。[①] 而广义的理解认为,所有能够达到制裁国对目标国政治目的的强制性对外决策及行为都应被视为单边制裁的考量,这必然包括除经济手段以外的政治、外交和军事手段。[②] 此外,还有学者从制裁发起者的角度出发,认为单边制裁是国家或国家集团在联合国框架之外或超出联合国授权的情况下对其他国家实施的自主制裁,其中包括区域一体化组织所实施的对外制裁。[③]

国外学者对单边制裁也没有统一的界定,但多数学者认为单边制裁是实现制裁发起国对外政策的工具。这一认识并未对单边制裁作出专门界定,其研究更多着眼于服务国家政策,从政治、经济及法律层面分析单边制裁的效果、成本、影响其有效性的因素。

2. 单边制裁合法性问题

单边制裁的合法性一直是制裁问题研究的重点。国家是否拥有对其他国家甚至非国家行为体实施制裁的合法权力? 这种权力来自何处? 这些问题一直是学界关注的焦点,并引发了截然不同的两种观点:少数学

① Barry E. Carter. *International Economic Sanctions: Improving the Haphazard U.S. Legal System.* Cambridge University Press, 1989, pp.4-5.

② David A. Baldwin. *Economic Statecraft.* Princeton University Press, 1985, pp.32-36.

③ 张悦:《单边制裁的非法性解析及法律应对》,《政治与法律》2023 年第 5 期。

者（主要是美国学者），例如哈里·L.克拉克（Harry L. Clark）等认为："美国经济制裁法具有域外管辖权，据此，实施的单边制裁具有合法性。"①然而，与之相反，国内外多数学者认为联合国框架外的单边制裁不符合国际法规则。例如，拉赫马特·穆罕默德（Rahmat Mohamad）指出："《联合国宪章》只涉及集体经济措施，因此根据国际法，单边制裁是不被允许的。依据国内法实施的单边制裁违背了国际法中既定的管辖原则。单边制裁及国内制裁法的域外适用违反了各国法律的平等性，违背了互相尊重国家主权、互不干涉内政的国际法原则。"②苏里亚·P.苏贝迪（Surya P. Subedi）也认为："除非单边制裁符合国际法的程序和实质性要求，否则是非法的。分散在国际法不同领域中的这些规则增强了对单边制裁的限制。"③王震、刘道纪等国内学者也认为根据美国法律实施的单边制裁系破坏他国主权的行为，其既违反了国际法相关基本原则，也违背了国际社会公认的普遍价值观，不具有合法性。④

但也有学者认为单边制裁的合法性问题不能一概而论。例如，霍政欣认为，"在当代国际法上，单边制裁是否合法，并没有清晰准确的边界，也没有统一的答案，需要针对具体制裁措施和具体情形加以判断"⑤。张辉认为，"单边制裁难以截然地被认定为合法或非法，而是应结合具体制裁规定、相关国际法规则来进行分析和判断。"⑥张悦也认为，"单边制裁的法律性质并非在任何情况下都相同，而主要取决于制裁国所采取的具体措施的性质。"⑦上述学者均主张应针对单边制裁具体措施的性质，进而分析其合法性问题。

3. 具体领域中的单边制裁

在金融领域，徐以升、马鑫以美国国际金融制裁案例为样本，为思考中

---

① Harry L. Clark. Dealing with U.S. Extraterritorial Sanctions and Foreign Contermeasures. *University of Pennsylvania Journal of International Economic Law*，Vol.25，2004.

② Rahmat Mohamad. Unilateral Sanctions in International Law：A Quest for Legality，in Ali Z. Marossi & Marisa R. Bassett eds. *Economic Sanctions under International Law: Unilateralism，Multilateralism，Legitimacy and Consequences*. T.M.C. Asser Press，2015，p.71.

③ Surya P. Subedi ed. *Unilateral Sanctions in International Law*. Hart Publishing，2021，p.6.

④ 王震：《对新形势下美国对华"长臂管辖"政策的再认识》，《上海对外经贸大学学报》2020 年第 6 期；刘道纪、高祥：《美国次级制裁合法性问题研究》，《南京社会科学》2018 年第 10 期。

⑤ 霍政欣：《〈反外国制裁法〉的国际法意涵》，《比较法研究》2021 年第 4 期。

⑥ 张辉：《单边制裁是否具有合法性：一个框架性分析》，《中国法学》2022 年第 3 期。

⑦ 张悦：《单边制裁的非法性解析及法律应对》，《政治与法律》2023 年第 5 期。

国的金融安全和国家安全战略提供了重要启示；①梁潇以美俄金融制裁为例，分析在美俄金融制裁博弈中，我国可汲取的关于保障金融安全的有益经验；②陶士贵、徐婷婷通过对美国对俄罗斯金融制裁的研究，分析了当前美国对外经济金融制裁的特点，即目标与对象更具针对性，制裁方式更加集中，并结合中国实际提出了对中国的政策建议。③

在仲裁领域，范晓宇、漆彤以国际争端解决机制（Investor-State Dispute Settlement，ISDS）处理的涉及经济制裁的国际投资仲裁案为样本，分析了经济制裁对国际投资仲裁的影响。他们认为："仲裁庭可能因投资违反联合国制裁而拒绝管辖和受理争端，裁决亦可能因制裁而无法顺利执行。经济制裁是否违反投资保护的实体待遇标准，东道国能否援引条约中的国家安全例外，或以习惯国际法中的不可抗力、紧急措施、反措施规则予以抗辩，均存在较大的不确定性。在投资保护与经济制裁的价值冲突和效力等级方面，联合国制裁属于国际公共政策，其效力高于投资条约义务，而单边制裁则不然。……在国际立法缺位的当下，投资仲裁可作为约束或制衡经济制裁的有效武器之一。"④赵德铭等也对国际投资仲裁中的经济制裁问题进行了研究，认为"东道国经济制裁措施的合法性和适当性将可能在 ISDS 机制下接受国际法层面的审视和考验"。⑤ 杜涛、叶子雯以国际商事仲裁为中心对经济制裁的影响进行了分析，认为"单边经济制裁对仲裁机构、仲裁员、仲裁准据法以及仲裁裁决的承认与执行都会带来法律风险，其中，资产冻结制裁可能会阻碍仲裁机构收取费用，且在仲裁过程中导致案件无法顺利进行"。⑥

4. 关于单边制裁的应对策略

对于单边制裁的法律应对，学者通过分析俄罗斯、欧盟、新加坡等的反制裁实践及经验，提出了多种法律应对措施，例如，徐伟功认为，"阻断法是

① 徐以升、马鑫：《美国金融制裁的法律、执行、手段与特征》，《国际经济评论》2015 年第 1 期。
② 梁潇：《俄乌冲突下美俄金融制裁活动对中国金融安全的启示》，《吉林金融研究》2022 年第 10 期。
③ 陶士贵、徐婷婷：《西方国家对俄罗斯经济金融制裁的演进、影响及启示》，《国际金融》2016 年第 2 期。
④ 范晓宇、漆彤：《经济制裁对国际投资仲裁的影响：基于 ISDS 实践的分析》，《国际法研究》2022 年第 5 期。
⑤ 赵德铭、金挺峰、周文桐：《国际投资仲裁中的经济制裁问题研究》，《国际经济法学刊》2023 年第 2 期。
⑥ 杜涛、叶子雯：《论经济制裁对国际商事仲裁的影响》，《武大国际法评论》2023 年第 3 期。

阻断一定行为或阻断外国法域外效力的一种法律，可以作为反制次级经济制裁的一种法律措施"；①张红侠从制裁与反制裁的视角分析了俄罗斯破解欧美制裁困境的实践，强调被制裁国的主动反击；②简基松认为，"被制裁国家在应对别国施加制裁时，会存在三种选择：一是通过自主措施来实施经济对抗；二是借助于国际法或国内法，来进行法律反制；三是通过外交行为予以强制反击"；③刘桂强认为，"追偿诉讼是我国反制裁法律体系中的一项重要制度，兼具司法救济和法律威慑功能，充实了我国开展对外斗争的'工具箱'"，追偿诉讼制度是私人救济的有效措施；④霍政欣、陈彦茹认为，可以通过"事前预防"、国际争端解决机制、国内立法反制等路径反制他国的单边制裁。⑤

综上所述，无论是国外学者还是国内学者，他们主要从政治和经济层面分析单边制裁问题，以服务于国家的对外政策。国内外法学界对单边制裁的研究主要集中在宏观层面，探讨单边制裁的合法性问题。此外，也有部分学者专注于研究对单边制裁的法律应对，例如构建国内阻断法或反制裁法律体系。然而，从微观层面具体分析单边制裁对海外资产安全的法律问题的研究相对较少。

（二）研究框架

本文以美国对俄罗斯的单边制裁和我国海外资产安全法律问题为中心，从以下几个方面展开研究。

第一，美国单边制裁法律制度简述。主要介绍单边制裁的概念及类型、美国单边制裁制度的法律框架、美国单边制裁措施的主管和执行机构等内容。

第二，美国对俄罗斯制裁的主要措施及其影响评估。总结美国对俄罗斯采取的主要制裁措施，包括将俄罗斯个人和实体列入特别指定国民名单（Specially Desiguated Nations List，SDN）、冻结俄罗斯在美资产、禁用

---

① 徐伟功：《论次级经济制裁之阻断立法》，《法商研究》2021 年第 2 期。
② 张红侠：《制裁与反制裁：俄罗斯经济困局及脱困之路》，《俄罗斯东欧中亚研究》2016 年第 6 期。
③ 简基松：《关于单边经济制裁的"司法性"与"合法性"探讨》，《法学》2007 年第 1 期。
④ 刘桂强：《我国反制裁追偿诉讼制度面临的挑战与应对》，《环球法律评论》2023 年第 3 期。
⑤ 霍政欣、陈彦茹：《反外国制裁的路径演化与中国选择》，《社会科学》2023 年第 2 期。

SWIFT 系统、设置融资壁垒、禁止提供高新技术和服务、实施能源禁运等。这些制裁措施不仅导致俄罗斯通货膨胀率上升、经济增长受阻、主权信用下降等,而且加剧了全球能源和粮食危机、加速了全球货币秩序的重构和供应链危机。美国冻结俄罗斯外汇储备等资产的做法可以说是"伤敌一千,自损八百",进一步动摇了美元的全球货币地位和美国的主权信用。

第三,俄罗斯的反制措施及其效果评估。总结俄罗斯为应对美国及其西方盟友的制裁所采取的反制裁措施,包括构建国内反制裁法律体系、制定不友好国家和地区名单、通过一系列政策"组合拳"来稳定卢布汇率和资本市场、实施出口管制及合法化"灰色"进口、冻结制裁国在俄资产等。这些措施有效稳定了俄罗斯国内经济形势,缓解了金融风险,使得以美国为首的西方国家对俄罗斯发动的"经济闪电战"未能达到预期效果。

第四,我国海外资产状况及可能面临的安全风险。总结我国海外资产的现状,包括资产的构成、分布以及在美资产的具体情况。通过美国对俄制裁措施的分析,总结我国海外资产可能面临的风险,包括在美资产被直接冻结或没收、美元获取及使用渠道被切断、储备资产被冻结或没收等。

第五,保护我国海外资产安全的对策建议。在借鉴对俄罗斯反制裁措施的基础上,提出了保障我国海外资产安全的建议,包括建立海外资产风险预警和应急处置机制、健全反制裁法律体系、优化我国海外资产配置、推进人民币国际化、加强境内企业"走出去"合规管理和利用美国国内诉讼渠道获取救济等。

（三）研究方法

1. 文献分析方法

本文通过广泛查阅、深入研读相关文献资料,并对其进行分类、研究和总结,从而能够较为客观、全面地了解美国对俄罗斯单边制裁的具体措施和基本现状,以便准确定位本文研究的基本思路和主要框架。

2. 类比分析方法

本文通过归纳总结美国对俄罗斯实施的单边制裁措施,尤其是对俄罗斯海外资产实施的单边制裁措施,预测我国海外资产可能面临的潜在风险,并据此提出相应的预防及救济措施。

二、美国单边制裁制度简述

（一）单边制裁的概念与类型

虽然国际上缺乏对国际制裁的统一定义，且有关国际制裁的实践不断发展和变化，但人们对国际制裁有一个较为普遍的理解，即一个国家或国际组织所采取的非武装强制措施，目的是向被制裁对象（包括国家、国际组织或非国家实体）施加压力，迫使其改变行为。① 在此概念中，采取制裁措施的国家或国际组织被称为制裁国，即制裁的来源或发起者；而作为非武装强制措施的对象的国家或实体通常被称为被制裁国或制裁目标。

根据制裁发起者不同，国际制裁可以分为多边制裁（multilateral sanctions）和单边制裁（unilateral sanctions）。多边制裁是在国际组织框架内采取的制裁措施，例如联合国安理会根据《联合国宪章》的有关规定所实施的经济制裁行动，因此，也被称为集体经济制裁。② 单边制裁是相对于多边制裁而言的，主要是指由单个国家或国家集团采取的、未经联合国授权的制裁措施，旨在限制或完全剥夺其他国家作为主权国家根据国际法享有的自由，并对目标国家或实体施加压力，但不包括威胁或使用武力。除了经济和金融制裁外，对其他国家的航行、航空和过境自由以及通信权利的限制也属于单边制裁的范围。③ 简言之，单边制裁是由单个国家根据国内法对他国实施的制裁，例如美国对俄罗斯的制裁。

单边制裁是广义国际制裁概念与单边主义概念的结合，是国家为了影响国际关系而主动采用的外交政策工具。因此，单边制裁与多边制裁的区别在于其背后的政治推力（political impetus）。与联合国安理会为应对任何对和平的威胁、破坏或侵略行为而采取的集体经济制裁不同，单边制裁在本质上是国家外交政策的工具，是制裁国根据自身的外交政策利益自主确定的，其目标和目的更加广泛。④ 单边制裁是制裁国使用单方面的经济、金融

① Charlotte Beaucillon ed. *Research Handbook on Unilateral and Extraterritorial Sanctions*. Edward Elgar Publishing, 2021, p.2.
② 杜涛：《国际经济制裁法律问题研究》，法律出版社 2023 年版，第 39 页。
③ Surya P. Subedi ed. *Unilateral Sanctions in International Law*. Hart Publishing, 2021, p.2.
④ Charlotte Beaucillon ed. *Research Handbook on Unilateral and Extraterritorial Sanctions*. Edward Elgar Publishing, 2021, p.3.

或其他形式的措施(非武装性措施),诱使或迫使被制裁国改变其国家行为的外交政策工具。单边制裁常用的手段或方式包括:经济禁运、经济抵制、封锁和没收财产、通过措施限制外国人与被制裁国国民的活动、限制被制裁国的贸易以及其他类似措施。[①] 根据不同的标准,单边制裁可分为如下几种类型。

第一,根据制裁所针对目标的不同,单边制裁可以分为一级制裁(primary sanctions)、次级制裁(secondary sanctions)。一级制裁又称初级制裁、直接制裁,是单边制裁中常用的方式。初级制裁针对的是被制裁国,意在禁止或限制位于制裁国领土上或具有其国籍的个人和实体与被制裁国进行属于制裁实质范围的往来交流。因此,初级制裁措施只对受制裁国管辖的人和实体具有约束力,不存在域外适用的争议。次级制裁或称间接制裁,是美国单边制裁的一个关键特征。次级制裁针对的是被制裁国以外的其他国家(第三国),意在禁止或限制第三国与被制裁国或跟被制裁国有贸易往来的国家进行属于制裁实质范围的往来交流。简言之,次级制裁的目的是迫使位于第三国或有第三国国籍的人和实体遵守制裁国的单边制裁措施,即使其并不受制裁国管辖。因此,次级制裁又被称为"域外适用的制裁"或"具有域外效力的制裁"。[②]

第二,根据制裁措施针对主体的不同,单边制裁可分为行业制裁(sectoral sanctions)和个人制裁(individual sanctions)。与最初的全面或全球制裁相比,单边制裁更具针对性(targeted)或更精准(smart)。这种定向制裁主要有两种形式:行业制裁和个人制裁。行业制裁的首要目标是影响一个国家的核心经济命脉,例如武器、石油、黄金或珍贵木材等。此外,通过禁止金融交易或投资,金融和银行业也经常成为制裁对象。行业制裁可以采取各种各样的非经济形式,例如限制空中交通、缩减外交关系、抵制文化和体育运动。个人制裁的设计旨在影响那些被认定有能力影响被制裁国国家行为的个人和实体,从而起到震慑作用。因此,不只是国家官员和实体,企业家和银行也很快被列入制裁黑名单。众所周知且最常用的个人制裁措施既包括旅行限制(例如签证禁令、旅行管制),也包括以资产冻结为主要形式的金融

---

① Surya P. Subedi ed. *Unilateral Sanctions in International Law*. Hart Publishing, 2021, p.2.
② 杜涛:《国际经济制裁法律问题研究》,法律出版社 2023 年版,第 34 页。

和银行限制。[1]

第三，根据制裁措施所用手段的不同，单边制裁还可以分为贸易制裁和金融制裁。贸易制裁也被称为贸易管制或禁运，包括进出口管制、禁运、旅游禁令等手段；金融制裁包括限制商业融资、限制国际金融组织的信贷以及双边援助，冻结或扣押被制裁国所拥有的处于制裁国控制之下的资产等。[2]

（二）美国单边制裁制度法律框架

1. 战时单边制裁的基础：《对敌贸易法》

现代意义上的单边制裁制度肇始于第一次世界大战（简称一战）后的美国。在一战期间，为了尽可能地取得胜利，美国国会通过立法将越来越多的紧急权力下放给总统，《对敌贸易法》（*Trading with the Enemy Act*，*TWEA*）便在此背景下诞生。1917 年，美国国会颁布 *TWEA*，以规范美国加入一战后与敌国的国际贸易。*TWEA* 授权美国总统在战争这一紧急状态下，对美国与敌国的贸易实行管制，禁止或限制向敌国出口军事设备、军事物资及服务。[3] 20 世纪 30 年代，由于经济大萧条的爆发，美国国会对 *TWEA* 进行了紧急修改，允许总统在战时以外的其他情况下也可以宣布紧急状态，并对国内和国际贸易拥有广泛的权力，从而将美国总统实施经济制裁的权力从战争时期拓展到了和平时期。此后，*TWEA* 成为美国总统实施单边制裁的权力基础。[4]

二战结束后，单边制裁尤其是次级制裁，在美国与苏联"相互遏制、不动武力"的冷战期间被广泛采用。1945—1970 年，作为美国冷战战略的一部分，*TWEA* 成为实施制裁的核心手段。总统利用 *TWEA* 宣布国家紧急状态，具体措施包括：遏制国际金融贸易、没收外国公民在美国持有的资产、限制出口、修改法规以阻止囤积黄金、限制外国对美国公司的直接投资，并对所有进口到美国的商品征收关税等。由于历届总统都将 *TWEA* 第 5（b）

---

① Charlotte Beaucillon ed. *Research Handbook on Unilateral and Extraterritorial Sanctions*. Edward Elgar Publishing，2021，pp.4 - 5.

② 杜涛：《国际经济制裁法律问题研究》，法律出版社 2023 年版，第 36 页。

③ The Trading with the Enemy Act of 1917（40 Stat.411，codified at 12 U.S.C. §95 and 50 U.S.C. §4301 et seq.），enacted on October 6，1917.

④ 杜涛：《国际经济制裁法律问题研究》，法律出版社 2023 年版，第 43 页。

条解释为赋予其拥有无限制的国际经济控制权力，因此，该条款受到广泛批评。人们充分认识到，一旦这些经济法规在战时融入美国金融体系，战后将很难摆脱，使第 5(b)条的效力不再局限于存在迫在眉睫、危险意义上的"紧急情况"。①

2. 限制总统单边制裁权力的尝试：《国家紧急状态法》

为了限制总统在外交上的权力，美国国会于 1976 年通过了《国家紧急状态法》(National Emergencies Act，NEA)，尝试对总统宣布国家紧急状态的权力施加限制。NEA 在 1978 年结束了当时所有正在进行的除了依据 TWEA 第 5(b)条所宣布的紧急状态，并对总统在未来宣布紧急状态的方式和紧急状态的持续时间给予了新的限制，例如要求总统立即通知国会国家进入紧急状态。同时，国会还要求每两年进行一次审查，根据该审查，国会参众两院应开会考虑就一项共同或联合决议进行表决，以决定是否应终止紧急状态。NEA 还授权国会通过一项共同决议来终止总统所宣布的紧急状态。②

然而，NEA 一直受到批评，原因在于其缺乏"牙齿"。③ 尽管该法旨在授权国会对总统宣布的国家紧急状态（以及在紧急状态下授予总统的相关权力）进行审查，并有效终止这种"紧急状态"，但这一意图被美国最高法院否定，理由是其违宪。国会随后颁布的《宪法（修正案）》要求参众两院必须同时通过决议后才能终止总统宣布的国家紧急状态，这使得国会很难对此进行有效的审查。④ 实质上，NFA 对美国总统单边制裁权力的限制已名存实亡。

3. 非战时单边制裁的基础：《国际紧急状态经济权力法》

1977 年美国国会颁布了《国际紧急状态经济权力法》(International Emergencies Economic Power Act，IEEPA)，授权总统在美国面临某一国

① Christopher A. Casey et al. The International Emergency Economic Powers Act：Origins, Evolution and Use. *Congressional Research Service*. R.45618, 2022.
② Daniel Meagher. Caught in the Economic Crosshairs：Secondary Sanctions, Blocking Regulations and the American Sanctions Regime. *Fordham Law Review*，Vol.89, No.3, 2020.
③ Christopher A. Casey et al. The International Emergency Economic Powers Act：Origins, Evolution and Use. *Congressional Research Service*. R.45618, 2022.
④ Daniel Meagher. Caught in the Economic Crosshairs：Secondary Sanctions, Blocking Regulations and the American Sanctions Regime. *Fordham Law Review*，Vol.89, No.3, 2020.

际局势或事件对美国国家安全、外交政策和经济利益构成非同寻常威胁时，可以宣布美国进入紧急状态并采取相应的制裁措施，无须事先得到国会批准。该法还对 TWEA 进行了修改，删除其在非战时的适用。此后，IEEPA 成为美国在非战时状态下实施制裁措施的基本法律。[①]

根据 IEEPA，美国总统可以通过指示、许可或其他方式，调查、管制或禁止任何外汇交易、信贷转移或支付、货币或证券的进出口；对涉及任何外国政府或其国民所有的各种财产及受美国管辖的各种财产性权利进行调查、监管；没收策划、协助或参与针对美国敌对行动的任何外国人、外国组织或国家在美国的财产等。在行使法律授予的这些权力时，总统可以要求任何人以报告等形式保存上述任何行为或交易的完整记录，在宣誓后提供所有与该行为或交易有关的完整信息，或所涉外国人、外国组织或国家拥有或曾经拥有任何权益的所有财产的信息。在任何情况下，总统可要求保存人出示其保管或控制的任何账簿、记录、合同、信函、备忘录或其他文件。

美国历届总统都运用 IEEPA 来限制各种国际贸易、扣押外国人持有的在美资产、限制出口、修改法规以阻止囤积黄金、限制外国对美国公司的直接投资，并对所有进口到美国的商品征收关税。IEEPA 颁布的初衷是限制总统对 TWEA 看似无限制的使用，以便对和平时期的国际金融和贸易施加控制。IEEPA 赋予了总统可以在国家紧急状态情况下使用新权力，但是权力范围要小于 TWEA 第5(b)条规定的权限，并且需要遵循各种程序限制，包括 NEA 的限制。具体而言，众议院通过重新定义"紧急状态"来限制第5(b)条的范围，从而禁止总统发布长达数十年的紧急状态。IEEPA 包含的限制总统在这一领域的权力的措施，包括通知国会、定期进行重新评估并向国会报告等。[②]

事实上，IEEPA 和 NEA 一样无法有效限制总统使用紧急状态下的经济权力。自 IEEPA 颁布以来的几十年里，有关单边制裁的法规和制裁的目标、使用的频率、紧急状态的持续时间在范围上都有了极大的扩展。美国总统经常依据 IEEPA 宣布有关单边制裁的国家紧急状态，并将其延长数

---

① 杜涛：《国际经济制裁法律问题研究》，法律出版社 2023 年版，第 43 页。

② Daniel Meagher. Caught in the Economic Crosshairs: Secondary Sanctions, Blocking Regulations and the American Sanctions Regime. *Fordham Law Review*, Vol. 89, No. 3, 2020.

年甚至数十年。*IEEPA* 原本旨在限制该法在美国国内的适用,仅限于某些外国利益的交易,然而,全球化已经削弱了这种区别,因为如今大多数贸易都涉及某种形式的外国利益。*IEEPA* 本应解决的 *TWEA* 所存在的缺陷,例如咨询、时间限制、国会审查、权力范围以及与宣布紧急状态的逻辑关系,但这些缺陷也成了 *IEEPA* 自身的问题。①

4. 其他补充性法律法规

自 *IEEPA* 颁布后,美国又针对不同的对象颁布了多部制裁相关法律,比较典型的有 1996 年的《伊朗制裁法》(*Iran Sanctions Act*)、2000 年的《贸易制裁改革和加强出口法》(*Trade Sanctions Reform and Export Enhancement Act*)、2010 年的《伊朗综合制裁、问责、撤资法》(*Comprehensive Iran Sanctions, Accountability and Divestment Act*)、2017 年的《通过制裁反击美国对手法》(*Countering America's Adversaries through Sanctions Act*)等。同时,在联邦法规层面,美国也颁布了诸如《伊朗贸易和制裁条例》(*Iranian Transaction and Sanction Regulation*)、《伊朗金融制裁条例》(*Iranian Financial Sanctions Regulations*)等多部关于制裁具体实施和操作的行政法规。此外,美国还通过总统行政令、财政部外国资产控制办公室(Office of Foreign Assets Controls, OFAC)问答和指南等形式,对单边制裁的具体运用进行进一步补充和解释,形成了一套严密且复杂的单边制裁法律框架。

(三)美国单边制裁的主管机构

根据 *TWEA*、*NEA*、*IEEPA* 等法律法规,美国总统拥有宣布国家紧急状态、对目标国进行制裁的广泛的紧急经济权力。美国财政部是美国实施金融制裁的核心部门,OFAC 是美国财政部下属的一个机构,根据美国总统的命令主管和执行美国广泛的制裁制度,例如根据美国的外交政策和国家安全目标,对目标国家和政府、恐怖分子、国际毒品贩运者、从事大规模杀伤性武器扩散相关活动的人以及其他威胁美国国家安全、外交政策或经济的情形管理和执行经济制裁措施。此外,美国国务院的经济制裁政策与实施办公室(Office of Economic Sanctions Policy and Implementation,

---

① Daniel Meagher. Caught in the Economic Crosshairs: Secondary Sanctions, Blocking Regulations and the American Sanctions Regime. *Fordham Law Review*, Vol.89, No.3, 2020.

OESPI)专门负责对外经济制裁的政策制定和实施问题，而美国司法部则会介入经济制裁相关的刑事案件。

三、美国对俄罗斯制裁的主要措施及影响评估

自 2014 年因克里米亚和乌东四州遭受西方国家制裁之后，俄罗斯一直在被制裁与反制裁的博弈中挣扎和摸索，而且自 2022 年 2 月俄罗斯在乌克兰东部地区采取"特别军事行动"以来，更加严厉的单边制裁再一次密集爆发，呈现出由点及面的态势，且随着俄乌冲突的持续，制裁全面升级——以美国为首的西方国家针对俄罗斯采取了涵盖经贸和金融制裁、精英制裁、政治制裁、军事制裁、科技制裁、文体制裁等多方面、全方位的极限制裁。[①] 根据 Castellum.AI 的追踪统计，截至 2023 年 10 月 16 日，针对俄罗斯的制裁项目多达 17 937 项，位居伊朗、叙利亚、朝鲜等被制裁国家之首。制裁国涉及美国、加拿大、瑞士、英国、欧盟、澳大利亚、日本等西方发达经济体，其中美国以 3 954 项制裁措施位列所有制裁国的第一。[②]

（一）美国制裁俄罗斯的主要措施

2014 年 3 月 6 日，OFAC 根据时任总统奥巴马第 13660 号命令开始实施乌克兰/俄罗斯有关的制裁计划（Ukraine-/Russia-related sanctions）。当时总统在第 13660 号行政令中宣布国家进入紧急状态，以应对某些破坏乌克兰民主进程和机构的人的行为和政策所构成的威胁，以及对乌克兰和平、安全、稳定、主权和领土完整的威胁和参与侵占乌克兰资产的行为。为进一步回应俄罗斯联邦政府的行动和政策，美国总统随后又发布了第 13661、13662 和 13685 号行政令，扩大了第 13660 号行政令宣布的国家紧急状态的范围。后来，美国总统特朗普又发布了第 13849 和 13883 号命令，进一步扩大了对俄罗斯的制裁范围。2021 年 4 月 15 日，根据新任美国总统拜登发布的第 14024 号行政令，OFAC 开始实施俄罗斯有害外国活动制裁计划

---

① 刘军梅：《俄乌冲突背景下极限制裁的作用机制与俄罗斯反制的对冲逻辑》，《俄罗斯研究》2022 年第 2 期。

② Russia Sanctions Dashboard, https://www.castellum.ai/russia-sanctions-dashboard，最后访问日期：2025 年 1 月 2 日。

（russian harmful foreign activities sanctions）。拜登认为俄罗斯联邦政府的特定有害外国活动，例如参与并促进针对美国及其盟友和伙伴的恶意网络活动、促进和利用跨国腐败影响外国政府活动等，对美国的国家安全、外交政策和经济构成了异常威胁，因此，宣布国家紧急状态以应对这一威胁。随后又发布了第 14039、14065、14066、14068 和 14071 号行政令，进一步扩大了对俄罗斯的制裁范围。OFAC 根据上述行政令，分别作出了针对俄罗斯个人和实体、不同行业的具体制裁措施决定和指令。①

1. 将特定俄罗斯个人和实体列入特别指定国民名单

特别指定国民名单是 OFAC 根据美国总统的行政命令所公布的目标国家拥有或控制、代表目标国家或个人和公司的名单。SDN 名单涵盖范围非常广泛，既包括俄罗斯总统普京、总理米舒斯京、外交部长拉夫罗夫、国防部副部长塔蒂亚娜·舍夫佐娃等政府及军队官员，也包括叶卡捷琳娜·日丹诺娃等俄罗斯精英阶层和高管，以及杜马议员，还包括俄罗斯联邦中央银行（简称俄央行）、俄罗斯储备银行、AST 股份公司等实体和"芬瓦尔"号等船舶。截至 2022 年 9 月 21 日，共有 1670 名俄罗斯个人和实体被列入 SDN 名单。

2. 冻结 SDN 名单中俄罗斯个人和实体在美资产并限制其交易

根据美国第 14024 号命令第 1 条的规定，SDN 名单中俄罗斯个人和实体拥有或控制的在美国境内或今后在美国境内的所有财产和财产权益均被冻结，不得转让、支付、出口、撤回或以其他方式进行交易。2023 年 5 月，OPAC 发布指令，认定俄央行、俄罗斯联邦国家财富基金和俄罗斯联邦财政部是政治分支机构，禁止美国人从事或在美国境内从事涉及这三个机构的任何交易，包括资产转移、外汇交易等。同时禁止任何以逃避或避免为目的且导致违反或试图违反该指令的禁止性命令的规避或避免交易，禁止为违反该指令的强制性命令而形成的共谋等行为。

其至美国会没收被冻结的俄罗斯个人和实体的资产，并随意处置，例如，2022 年 4 月，美国司法部以康斯坦丁·马洛费耶夫"直接或间接为俄罗斯政府服务"为理由，冻结了其在一个美国银行账户中的 540 万美元。2023

---

① Office of Foreign Assets Control，https://ofac. treasury. gov/sanctions-programs-and-country-information/russia-related-sanctions，最后访问日期：2024 年 12 月 27 日。

年 2 月 3 日，美国司法部长梅里克·加兰与乌克兰总检察长科斯京对外宣布，美国已经授权划拨马洛费耶夫的近 540 万美元，以支持乌克兰的重建工作，并补救俄罗斯对乌克兰"侵略"所造成的伤害。虽然这 540 万美元对乌克兰的重建工作来说是杯水车薪，但这是一个危险的开端——美国和西方国家首次开始非法处分俄罗斯个人的资产。对此，俄罗斯驻美大使馆发表声明，痛斥美国政府的这一行为，并将其描述为："不可容忍的先例"。美国政府利用各种法律技巧和操纵手段，公然窃取他国公民的私人财产，践踏了美国《宪法》中"私人财产神圣不可侵犯"的原则，正义女神"忒弥斯"（Themis）也正在被白宫的政治意愿所左右。

3. 对俄罗斯特定银行禁用 SWIFT 系统

2022 年 2 月 26 日，美国联合欧盟、英国、加拿大等西方国家共同发表声明，宣布禁止俄罗斯国家开发银行等七家主要银行使用 SWIFT 全球支付系统。SWIFT，即 Society for Worldwide Interbank Financial Telecommunications，是环球同业银行金融电讯协会的简称。该协会创建于 1973 年，总部设在比利时首都布鲁塞尔，其主要职能是在全球银行系统之间传递结算信息，其负责管理的 SWIFT 全球支付系统可以为全球银行及其他金融机构、企业提供金融信息传输服务的高安全性网络，是各国金融机构与全球银行系统间进行跨境金融交易的重要平台。禁止使用 SWIFT 系统被视为制裁手段中的"金融核武器"。美国曾对伊朗采取禁止伊朗国内 4 家重要银行使用 SWIFT 系统，导致伊朗损失了近一半的石油出口收入。同样，美国和西方国家联合对俄罗斯采用此种制裁措施，将使俄罗斯失去在国外进行外币支付的能力，无论是进口付款还是出口结算，抑或全球投资都将无法进行，导致其国际贸易遭受全方位冲击，等于被排除在国际贸易体系之外。对俄罗斯而言，这无疑是一种灾难性的打击，相当于被切断了出口创汇能力，无法确保各项财政开支，进而陷于财政困境，影响整个国家的经济和金融稳定。①

4. 设置融资壁垒

除了冻结俄罗斯在美资产（包括外汇储备）、禁止俄罗斯主要银行使用

---

① 刘军梅：《俄乌冲突背景下极限制裁的作用机制与俄罗斯反制的对冲逻辑》，《俄罗斯研究》2022 年第 2 期。

SWIFT 全球支付系统之外，美国还禁止其国内的金融机构发行俄罗斯主权债券，为俄罗斯到期债务设置融资壁垒。例如，OFAC 发布的执行第 14024 号命令的指令明确禁止美国金融机构参与俄央行、俄罗斯联邦国家财富基金或俄罗斯联邦财政部在 2021 年 6 月 14 日之后发行的卢布或非卢布计价债券的一级市场，以及在 2022 年 3 月 1 日之后发行的卢布或非卢布计价债券的二级市场，并向其提供卢布或非卢布计价资金。此外，该指令还禁止美国金融机构为相关外国金融机构或其财产开立、维持往来账户，以及处理相关外国金融机构或其财产或财产权益的交易。同时，禁止美国人或在美国境内发行特定实体的新债务或新股权，或为其到期债务提供融资等服务。

5. 禁止向俄罗斯提供高新技术和服务

为了限制俄罗斯实现经济多元化发展，美国对其采取严格的出口管制，并禁止向俄罗斯提供高新技术和服务。例如，美国商务部工业和安全局实施了部分针对俄罗斯国防、航空航天、能源和海运领域的新出口管制措施，对在美国境外生产但依赖美国原产软件、技术或设备的美国敏感技术实施严格限制。[①]

6. 禁止进出口、运输、销售俄罗斯的能源和资源

对俄罗斯能源资源产业施加制裁是美国在冻结俄罗斯在美资产后做出的另一决定。俄罗斯是世界重要的能源资源出口国，在世界最大的石油出口国排名中，俄罗斯位居第二。2021 年，油气资源占俄罗斯出口总量的一半以上，出口收入则在不同时期占到俄罗斯预算收入的 36%—51%，油气公司在俄罗斯股票市场上的占比也高达 45%—55%。[②] 因此，制裁俄罗斯的能源资源产业，禁止进口、运输和销售俄罗斯的能源资源，相当于切断了俄罗斯经济的"大动脉"。OFAC 在 2023 年 2 月 5 日决定，禁止直接或间接在美国或由美国人提供与俄罗斯石油产品海上运输有关的某些服务，包括交易或商品代理、融资、运输、保险（包括再保险、保障和赔偿）、海关代理等。

此外，美国对俄罗斯的制裁措施还包括禁止特定人员入境、禁止在俄罗

<hr />

① 《2022 年度制裁回顾——第二期：俄罗斯》，https://www.mofo.com/resources/insights/2022-sanctions-year-in-review-chinese，最后访问日期：2024 年 12 月 28 日。

② 刘军梅：《俄乌冲突背景下极限制裁的作用机制与俄罗斯反制的对冲逻辑》，《俄罗斯研究》2022 年第 2 期。

斯进行新的投资、取消对俄罗斯的永久性正常贸易关系待遇、增加从俄罗斯进口商品的关税等。

（二）美国对俄单边制裁所产生的影响

1. 对全球经济的影响

自俄乌冲突发生后，以美国为首的西方国家对俄罗斯实施了全方位的极限制裁措施，对全球经济的发展造成了严重影响。

第一，造成能源短缺、价格飙升。俄罗斯是世界第二大石油出口国，日出口原油和其他燃料产品约为 700 万—800 万桶。欧盟国家进口的石油和天然气分别有 30％和 40％来自俄罗斯。2022 年 6 月 2 日，欧盟正式通过针对俄罗斯的第六轮制裁，其中最严厉的制裁手段是 2022 年年底前禁止通过海运进口俄罗斯原油，此举将使欧盟在 2022 年年底前减少 90％从俄罗斯进口的原油。对俄罗斯石油出口的制裁导致国际油价大幅上扬，一度逼近每桶 140 美元。原油价格飙升导致以原油为原材料的工业产品价格上涨，增加人们的生活负担，引起人们的不满和社会动荡，进一步危害了国家的社会经济秩序。

第二，加剧粮食危机。俄罗斯与乌克兰均为世界粮食主要产地及供应方。USDA 数据显示，2021—2022 年全球小麦收获面积达 2.2 亿公顷，总产量为 7.79 亿吨，其中俄罗斯小麦产量为 7 516 万吨，占全球小麦产量的 9.65％；俄罗斯小麦出口量为 3 200 万吨，占全球出口量的 15.76％，仅次于欧盟，乌克兰则位列第五。[1] 俄乌冲突及美国和西方国家对俄罗斯的制裁导致全球粮食、能源、化肥短缺，小麦等粮食价格急剧上升，引发全球粮食安全危机，而受影响最大的是中东、非洲、拉丁美洲等地区的最贫困人群。粮食价格上涨也将对许多国家的政治和社会稳定产生影响。

第三，导致全球货币秩序的加速重构。美国和西方国家对俄罗斯实施经济制裁，将俄罗斯银行踢出 SWIFT 系统，一度使卢布汇率暴跌。作为反制，俄罗斯推出天然气"卢布结算令"，以稳定本国货币和金融体系。以"卢布结算令"为契机，俄罗斯将在与各国的双边贸易中优先使用本国货币，加

---

[1] 王乾、钱浩、郑颖欣：《俄乌主要农作物生产及出口情况分析》，https://finance.sina.com.cn/stock/stockzmt/2022-04-10/doc-imcwipii3365750.shtml，最后访问日期：2025 年 1 月 1 日。

大力度摆脱以美元为基础的支付系统,导致国际贸易结算货币多元化,加速了全球货币秩序的重构。

第四,加速全球供应链危机。俄乌冲突叠加美国和西方国家对俄制裁,使全球供应链受到干扰,严重影响了全球贸易的正常运行。俄罗斯除了是重要的能源、粮食出口国之外,还是铂、镍、木材等原材料的重要出口国。对俄罗斯的制裁会阻碍其原材料的出口,给全球经济带来干扰。此外,美国和西方国家对俄制裁还会加剧各国企业对地缘政治风险的担忧,使得这些企业不得不通过供应渠道多样化和增加库存等办法来应对供应链可能出现的中断,这将显著增加企业的运营成本。

2. 对俄罗斯的影响

第一,导致通货膨胀率上升,国内经济增长受阻。首先,因俄乌冲突叠加美国和西方国家制裁,使得俄罗斯通货膨胀率飙升。Trading Economics数据显示,2022 年 3 月,俄罗斯通货膨胀率为 16.7%,4 月攀升至 17.8%,2022 年 5 月—2023 年 2 月的通货膨胀率虽有所下降,但依然在 11%以上。其次,俄罗斯 2022 年的 GDP 持续下降。根据俄罗斯经济发展部 11 月 2 日的经济简报,2022 年 9 月,俄罗斯国内生产总值的下降幅度从一个月前的4%扩大至 5%。此前 4 月份的 GDP 下降了 2.7%,5 月份下降了 4.5%,6 月份收缩了 5%,7 月份下降了 4.3%。最后,俄罗斯的工业产值也呈现创纪录式下降。据俄罗斯经济部披露,自 2022 年俄乌冲突发生后,俄罗斯的工业产量下降了 3.1%;货运量同比下降 7.2%;批发贸易在 2022 年 9 月下降了22.4%,全行业经历了全面崩溃;而零售业的下降速度也加快至 9.8%。

第二,引发外企"撤俄潮",居民收入下降。因美国禁止其国民或非国民在美国境内为俄罗斯个人和实体提供各种服务,并对违反者进行处罚,导致在俄罗斯的西方企业出现大规模集体撤离现象。在高科技、石油和天然气领域、航空航天和汽车、银行和金融、运输、消费品快销品牌、食品和饮料以及快餐连锁等行业,已有近 700 家外国公司撤离或计划撤离俄罗斯。[1] 俄罗斯联邦议会联邦委员会副主席加利纳·卡雷洛娃于 2022 年 3 月 23 日表示,由于外资企业大规模撤离俄罗斯,估计已有近 9.6 万个岗位停工或被裁

---

[1] 李建民:《俄乌冲突西方制裁对俄罗斯的影响、应对及启示》,《和平发展观察》2022 年第 4 期。

减。俄罗斯统计局公布的 2022 年第三季度经济数据显示,按年度计算,第三季度俄罗斯公民的实际收入(税前和利息支付前)继第二季度下降了 1.9％之后,再度下降 2.4％,下降幅度扩大了 0.5 个百分点。而居民收入下降的主要原因是企业支付给员工的工资、奖金福利等报酬减少。

第三,造成零部件、高精尖技术供应链危机。美国及其盟友的制裁几乎波及俄罗斯所有的经济部门,俄罗斯联邦政府发布的救助清单包括七十多个行业,其中受影响最大的是技术、设备、零部件等对进口依存度高的部门,包括计算机、电子电气设备、半导体芯片、机动车辆等,这些产品的进口依存度均超过 50％。另外,俄罗斯经济对外依存度在地域上高度集中,进口产品和技术一半来自欧盟和北美,另一半主要来自中国。俄罗斯高级经济学校、宏观分析和短期预测中心等智库的制裁评估报告均认为,这种进口来源地高度集中和对有限供应商的高度依赖对俄罗斯经济的长期稳定性构成了威胁。由于西方的出口限制,俄罗斯的公司实体将被迫转移供应链或开始自己生产零部件。①

第四,跨境债务偿付能力受到质疑,俄罗斯主权信用下降。由于美国禁止俄罗斯使用美国银行支付美元计价的债券,俄罗斯政府正面临债务违约的风险,这将是自 1998 年债务危机以来的首次违约。2022 年 3 月 3 日,惠誉和穆迪评级机构都对俄罗斯的主权信用评级下调了 6 个级别,降至"低信用级"。惠誉认为如果俄罗斯试图以卢布支付美元利息,则意味着违约或类似违约的过程已经开始。这将引发信用风险的连锁反应,扰乱关联机构和金融衍生品市场,对俄罗斯和制裁国来说都是一把双刃剑。例如,1998 年,俄罗斯债务违约引发的市场波动导致美国长期资本管理公司(LTCM)倒闭,并促使美联储采取干预措施平抑国际资本市场。②

3. 对美国的影响

美国制裁俄罗斯的预期目标是扰乱俄罗斯经济,借由民众或个人对俄政府施加压力等迫使俄罗斯政府改变其政策、行动。然而,在经济全球化时代,国际关系彼此交织、牵一发而动全身,任何国家的某一行为都会产生难以预估的"蝴蝶效应"。美国对俄罗斯的极限单边制裁不仅冲击了俄罗斯的

---

① 李建民:《美西方制裁对俄罗斯经济的影响及启示》,《欧亚经济》2022 年第 4 期。
② 陈佳雯:《俄乌冲突下的经济制裁:措施、影响与不确定性》,《国际经济合作》2022 年第 3 期。

经济,而且进一步动摇了美元作为全球货币的地位。美国冻结俄罗斯资产的行为彻底破坏了其在国际货币体系的国家信用基础,将动摇市场对于美元的信任。[①]

四、俄罗斯采取的反制措施及效果评估

(一)构建国内反制裁法律体系

当前国际政治局势波诡云谲,尤其是在美国和西方国家对俄罗斯实施大规模经济制裁且不断加码的背景下,俄罗斯已成为当前世界上被制裁次数最多的国家。为了有效应对制裁,俄罗斯有意识地构建起了较为系统的反制裁法律体系。

1. 反制裁的尝试:《俄罗斯联邦特别经济措施法》

事实上,俄罗斯早在 2006 年就尝试制定反制裁法律框架,颁布了《俄罗斯联邦特别经济措施法》,以应对外国的单边制裁或其他限制性措施。该法首次确定了适用特别经济措施的个人和实体清单,这一清单类似于美国的 SDN 清单,以有效应对外国的单边制裁。此外,2019 年 5 月 1 日就该法修订颁布的《特别经济措施和强制措施法》,将特别经济措施与强制措施的概念进行区分,更详细地阐释了总统在实施限制性措施方面的权力,并规定了其他相关权力机构的职能和作用。[②]

2. 反制裁的依据:《反制美国和其他国家不友好行为措施法》

2018 年 5 月 22 日,俄罗斯国家杜马通过了《反制美国和其他国家不友好行为措施法》(简称《俄罗斯反制裁法》),同年 6 月 4 日,俄罗斯总统普京签署法律。《俄罗斯反制裁法》旨在保护俄罗斯的利益、安全、主权、领土完整及公民的自由和权利不受外国不友好行为的侵害,并引入"反制裁措施"的概念,奠定了关于限制性措施的制度性法律框架。根据该法,对于外国的不友好行为,俄罗斯及俄罗斯实体可采取的反制裁措施主要有:终止或暂停与不友好国家或机构的国际合作、禁止或限制与不友好国家关联企业[③]

---

① 陈佳雯:《俄乌冲突下的经济制裁:措施、影响与不确定性》,《国际经济合作》2022 年第 3 期。
② 孙祁:《俄罗斯反制裁法律工具箱》,《检察风云》2023 年第 7 期。
③ 不友好国家关联企业是指对俄罗斯做出制裁或威胁领域完整、破坏经济和政治稳定行为的不友好国家管辖、受其直接控制或间接控制或附属的企业。

进行原材料和产品进出口贸易、禁止或限制不友好国家关联企业从事特定的劳动或提供特定的服务、禁止或限制不友好国家的关联企业或公民参与俄罗斯政府采购项目和国有资产私有化项目等。①

（二）制定不友好国家和地区名单

《俄罗斯反制裁法》规定了"不友好行为"，并赋予俄罗斯联邦政府采取特别经济措施或反制裁措施的广泛权力。基于此授权，俄罗斯联邦政府颁布了一系列"战时"法令，提出了"不友好国家和地区"的概念，有针对性地采取了反制措施。② 例如，2022年3月5日，俄罗斯总统普京签署《关于履行对某些外国债权人义务的临时程序总统令》，要求政府确定对俄罗斯国家、实体和个人实施不友好行为的国家和地区名单；3月7日，俄罗斯联邦政府批准了首批不友好国家和地区名单；③7月22日，俄罗斯联邦政府扩大不友好国家和地区名单，增加了希腊、丹麦、斯洛文尼亚、克罗地亚和斯洛伐克；7月24日，进一步扩大不友好国家和地区名单，将支持对俄制裁的巴哈马群岛、英属根西岛和曼岛列入其中。

2022年5月3日，普京签署总统令，要求对与不友好国家和地区的交易采取报复性特别经济措施，严格限制与不友好国家和组织、企业及个人的交易，例如可以用卢布偿还不友好国家的到期债权；未经授权在俄罗斯使用不友好国家的知识产权不构成侵权；与不友好国家进行交易必须经过俄罗斯联邦政府外国投资监管委员会的批准；取消对欧盟及一些不友好国家的官员实施的签证简化制度；禁止从不友好国家和地区进口鱼类和海产品制品；等等。

（三）通过"组合拳"稳定卢布汇率和资本市场

美国和西方国家发起制裁初期，俄罗斯金融市场剧烈震荡。股市、汇市

---

① 舒雄：《经济制裁与反制裁：美俄争斗的法律机制分析与启示》，上海市法学会《东方法学》微信公众号，2022年4月25日。
② 沈伟、方荔：《美俄金融制裁与反制裁之间的拉锯和对弈：理解金融反制裁的非对称性》，《经贸法律评论》2023年第2期。
③ 具体包括：美国、欧盟成员国（全部27国）、乌克兰、英国、日本、澳大利亚、新西兰、加拿大、韩国、新加坡、瑞士、黑山、阿尔巴尼亚、挪威、冰岛、列支敦士登、安道尔、摩纳哥、北马其顿、圣马力诺、密克罗尼西亚，共48个国家和地区。

持续下跌,两大股指及大企业股价几乎腰斩,卢布兑美元离岸汇率一度跌破150∶1,银行挤兑风险陡增,标普、道指等海外股指将俄罗斯企业除名,纽约证券交易所、伦敦证券交易所、德意志证券交易所等欧美证券交易平台纷纷暂停俄罗斯企业的股票交易。一时间,俄罗斯的金融市场风雨飘摇,处于危机边缘。对此,俄罗斯实施了一套"组合拳",以稳定卢布汇率和资本市场,具体措施如下。

1. 提高关键利率

为了防止国内经济因外国单边制裁而停摆甚至崩溃,俄央行在卢布汇率快速下跌时迅速做出反应,在 2022 年 2 月 28 日一次性加息 1 050 个基点,将关键利率从 9.5％上调至 20％,创下近 20 年来的新高。关键利率的大幅上涨会带动银行存款利率的上升,让银行存款极具吸引力,使民众的储蓄免于贬值,既有利于抑制通货膨胀,也有助于吸附资金、避免大规模的资本外逃。之后,俄央行又将卢布锚定黄金,要求在 2022 年 6 月 30 日之前按5 000 卢布/克的价格购买黄金,实际上为卢布设定了固定汇率,进一步稳定了卢布汇率。①

2. 实施资本管制

为了防止资本外逃,摆脱缺少外汇的困境,俄罗斯总统普京签署《关于保障金融稳定补充临时措施》等多个总统令,对外汇业务采取临时程序,限制资本跨境流动。一方面,俄央行紧急启动外汇干预,要求国内出口商出售80％的外汇收入,增加国内市场外汇供给,满足市场外汇需求;另一方面,通过限制本国居民提取外汇现金额度,例如禁止将外币记入境外账户、禁止携带 1 万美元以上的外币出境、禁止向境外提供外汇借款、暂停向境外投资者支付股息和利息、暂停对外国债权人的外币支付、允许个人和实体使用卢布偿还外债等措施限制国内市场对外汇的需求。

3. 推出天然气卢布结算令

为了应对美国采取的禁止使用美元结算、将俄主要银行踢出 SWIFT系统的制裁措施,俄罗斯推出天然气出口卢布结算令。2022 年 3 月 31 日,总统普京签署法令,宣布 4 月 1 日起,不友好国家公司应当先在俄罗斯银行

---

① 刘军梅:《俄乌冲突背景下极限制裁的作用机制与俄罗斯反制的对冲逻辑》,《俄罗斯研究》2022 年第2 期。

开设卢布账号，再经由此账号支付所购买的俄罗斯天然气；如果拒绝从 4 月 1 日起以卢布结算购买天然气，这些不友好国家的公司将被视为未遵守天然气合同规定义务，合同效力将被中止。卢布成为天然气交易的支付工具，有利于降低俄罗斯的交易成本，提振卢布的国际需求，减少国际市场做空卢布的意愿，进而稳定卢布汇率。① 此外，俄罗斯还可以通过卢布定价来调控天然气价格的浮动空间，使卢布从依附性货币转变为具有完全主权的硬通货。

4. 扩大双边本币贸易

此外，为了进一步缓解禁用 SWIFT 全球支付系统的压力，俄罗斯开始寻求与其他国家进行双边本币贸易，并推动建立替代美元为基础的支付系统。财政部长安东·西卢阿诺夫于 2022 年 4 月 8 日在金砖国家部长级会议上倡议由巴西、中国、印度、俄罗斯和南非组成的新兴经济体——金砖国家组织整合支付系统，并扩大使用本国货币进行进出口业务。例如，俄罗斯开发的 SWIFT 替代品——金融信息传输系统（SPFS），它可以让银行在被制裁国内进行支付。俄央行行长埃尔薇拉·纳比乌林娜在 2022 年 6 月 29 日曾表示，已有 70 家外国金融机构接入 SPFS 系统。有了 SPFS 系统之后，俄罗斯国内金融资金结算不受影响，接入该系统的其他国家银行可以与俄罗斯交易。中国的 CIPS 系统上也接入了俄罗斯银行，与中国的资金划转选项更多。

5. "俄概念股"退市及限制外资退市

"俄概念股"是指在海外上市的俄罗斯企业股票。为了制裁俄罗斯，美国纽约证券交易所、英国伦敦证券交易所等金融机构都停止了"俄概念股"的交易。作为应对，普京总统在 2022 年 4 月 16 日签署"俄概念股"退市法令，要求俄罗斯公司必须终止在外国股市的存托凭证配售与流通，并将外国股市中的存托凭证转换成俄罗斯证券交易市场中的股票。此外，为了遏制外国企业撤出俄罗斯市场的趋势，普京总统在 2022 年 8 月 5 日签署《关于针对外国和国际组织"不友好"行为在金融和能源领域采取特殊经济措施的总统令》，规定不友好国家的投资者 2022 年年底之前不得出售其所持的俄

---

① 刘军梅：《俄乌冲突背景下极限制裁的作用机制与俄罗斯反制的对冲逻辑》，《俄罗斯研究》2022 年第 2 期。

能源企业和金融机构的股份。如果俄罗斯企业完成了海外退市并转为俄罗斯证券在俄交易所交易,则意味着外国投资者无法将其所持有的存托凭证转换为股票,更无法将这些股票售出变现,这相当于俄罗斯反向"冻结"了欧美投资者的资产。随着这些措施的实施,俄罗斯国内金融形势得到快速稳定,到2022年3月31日,卢布对美元汇率已恢复到俄罗斯采取"特别军事行动"前的水平。对此,俄罗斯联邦中央银行认为,俄罗斯的金融风险已经得到有效缓解,美国和西方国家针对俄罗斯的"经济闪电战"已经失效。

（四）实施出口管制及"灰色"进口合法化

为了应对美国禁运、出口限制、高新技术封锁等贸易制裁措施,俄罗斯实施了较为严格的出口管制措施,例如,停止向制裁国供应天然气、石油、煤炭和矿物肥料,禁止包括镍、铜、铝、锌、锡等稀有金属在内的特定种类原料的出口。此反制措施会影响全球汽车、不锈钢、电动车电池、微芯片、发光二极管（LED）以及智能手机屏幕等工业企业的生产与供应。此外,俄罗斯还采取了一系列大胆的、特殊的非标准措施,例如,俄罗斯工业和贸易部在2022年4月19日发布了允许进行平行进口的货物清单,允许在未经知识产权所有者许可的情况下在俄罗斯境内市场销售超过50个类别的商品,用于满足其国内对外国商品的需求。此举实质上是将"灰色"进口合法化,允许没有申报关税、缺乏售后保障的走私物品流入正常的销售渠道。[①]

（五）冻结制裁国在俄资产及外国资产国有化

俄乌冲突爆发后,美国及西方国家以制裁俄罗斯为由,冻结和扣押了上千亿美元的俄罗斯资产,包括俄罗斯购买的西方国家债券、外汇储备以及被制裁个人海外资产等。据报道,美国司法部2022年6月29日公布的数据显示,美国及其盟友已经冻结了超过300亿美元的俄罗斯寡头的资产,并冻结了约3000亿美元的俄央行资产。[②] 根据俄罗斯公布的数据,350万名俄罗斯公民在国外拥有的超过160亿美元的资产被冻结。作为回应,普京总

---

① 刘军梅:《俄乌冲突背景下极限制裁的作用机制与俄罗斯反制的对冲逻辑》,《俄罗斯研究》2022年第2期。

② 张春友:《美西方企图将俄罗斯海外资产据为己有》,《法治日报》2022年7月18日,第5版。

统在 2023 年 11 月 8 日签署法令，将外国投资者和企业在俄罗斯境内的股份和资产进行冻结，并将其锁定在固定账户内。俄罗斯公民可以用被冻结的外国资金交换他们被外国冻结的资产，限额为 10 万卢布（约 1 000 美元）。该法令从法律上打通了资产交换的通道，既是为了给俄罗斯公民"保底"，也是对美国和西方国家可能强取俄罗斯海外资产的回应。①

此外，作为对"撤俄潮"的回应，俄罗斯拟对撤出的外国企业实施国有化。俄罗斯正在推动立法，对不友好国家人员持股超过 25% 的企业引入外部管理机制，以防止其随意宣布破产。若此前宣布退出俄罗斯的企业在 5 日内恢复运营或出售股份，可免于引入外部管理，但前提是主体业务和员工结构完好，否则，法院将向公司任命一个为期 3 个月的临时管理层，此后，新机构的股票将被拍卖，旧机构也将被清算。②

五、我国海外资产状况及可能面临的安全风险

（一）我国海外资产状况

近年来，随着"一带一路"倡议的深入发展和高水平对外开放的推进，中国国家、企业和公民持有的海外资产快速增长。商务部统计数据显示，截至 2022 年年底，我国海外资产总额约为 8.4 万亿美元。中央企业海外资产近 8 万亿元，分布在 180 多个国家和地区，项目超过 8 000 个。

1. 我国海外资产的构成

我国海外资产的具体划分包括储备资产、直接投资、证券投资、保险等其他投资和金融衍生品。

第一，储备资产。在我国海外资产的构成中，储备资产一直是最重要的部分。根据《中国国际投资头寸表》显示，2022 年我国储备资产有 24 845 亿 SDR，约为 3.3 万亿美元，占我国海外资产总额的 39.29%，其中货币黄金约 1 177 亿美元，占比 3.57%；特别提款权和在国际货币基金组织的储备约 514 亿美元，占比 1.56%；美元等外汇储备约为 3.1 万亿美元，占比 93.94%。

第二，对外直接投资。在我国海外资产的构成中，从 2017 年开始，对外

---

① 孙昌洪：《普京下令冻结西方国家在俄投资》，《文汇报》2023 年 11 月 13 日，第 4 版。
② 沈伟、方荔：《美俄金融制裁与反制裁之间的拉锯和博弈：理解金融反制裁的非对称性》，《经贸法律评论》2023 年第 2 期。

直接投资超越其他类型的投资,成为仅次于储备资产的第二大类投资。《2022年度中国对外直接投资统计公报》显示,截至2022年年底,中国境内2.9万家投资者在国外共设立对外直接投资企业(境外企业)4.66万家,分布在全球190个国家或地区;雇用员工410.8万人,其中中国国籍员工161.5万人;对外直接投资累计净额(存量)2.7万亿美元。

第三,证券投资。《中国国际投资头寸表》显示,2022年我国对外证券投资7766亿SDR,约1万亿美元,其中,股权投资5923亿美元,债券投资4449亿美元。

第四,保险等其他投资。根据《中国国际投资头寸表》,2022年我国对外其他投资15723亿SDR,约2.1万亿美元,其中,货币和存款类投资约5158亿美元,占比24.56%;贷款类投资约8426亿美元,占比40.12%;贸易信贷类投资约6199亿美元,占比29.52%。

此外,我国海外金融衍生品投资规模较为有限,截至2022年年末仅306亿美元。

2. 我国海外资产的分布

第一,区域分布情况。我国海外资产遍布全球190个国家或地区。2022年,我国对外直接投资超过70%流向亚洲地区,其中对中国香港的投资975.3亿美元,占比78.5%;对东盟10国的投资186.5亿美元,占比15%;流向拉丁美洲的投资163.5亿美元,流向欧洲的投资103.4亿美元,流向北美洲的投资72.7亿美元,流向大洋洲的投资30.7亿美元,流向非洲的投资18.1亿美元。2022年年末,我国对外直接投资存量的近90%分布在发展中经济体,约有2.4万亿美元;在发达经济体的直接投资存量为2983.1亿美元,占总存量的10.8%。具体而言,2022年年末,我国在东盟设立直接投资企业超过6500家,在欧盟设立直接投资企业超过2800家,在美国设立境外企业近5300家。

第二,行业分布情况。2022年,中国对外直接投资涵盖了国民经济的18个行业大类,其中流向租赁和商务服务、制造、金融、批发和零售、采矿、交通运输(仓储)和邮政业的投资均超过百亿美元。具体而言,流向租赁和商务服务业的投资434.8亿美元,主要分布在中国香港、英属维京群岛、澳大利亚、开曼群岛等国家和地区;流向制造业的投资271.5亿美元,主要流向专用设备制造、汽车制造、计算机（通信）和其他电子设备制造、金属制品、医药制造、非金属矿物制品、橡胶和塑料制品、黑色金属冶炼和压延加工、通用设备制造、电气机械和器材制造、有色金属冶炼和压延加工、纺织业、化学原料和化学制品、石油（煤炭）及其他燃料加工业等；流向金融业的投资221.1亿美元；流向批发和零售业的投资211.7亿美元；流向采矿业的投资151亿美元；流向运输（仓储）和邮政业的投资150.4亿美元。这六个领域合计投资1 440.6亿美元，占当年流量的88.3%。

2022年年末，我国对外投资存量规模上千亿美元的行业有6个，分别是：租赁和商务服务业10 737.4亿美元、批发和零售业3 615.9亿美元、金融业3 039亿美元、制造业2 680亿美元、采矿业2 101.3亿美元和信息传输（软件）和信息技术服务业1 384.9亿美元。这6个行业存量合计2.4万亿美元，占中国对外直接投资存量的85.5%。

第三，海外资产持有者情况。在对外直接投资中，截至2022年年末，中国对外直接投资者（境内投资者）超2.9万家，从其在我国市场监督管理部门登记注册情况看，私营企业占33.6%，是我国对外投资占比最大、最为活跃的群体；有限责任公司占28.7%；股份有限公司占13.5%；外商投资企业占5.7%；国有企业占5.6%。2022年6月，我国银行、企业等市场主体持有的对外资产余额5.9万亿美元，占对外资产总量的比重为64.5%，较2012年年末上升了29%。近10年我国持续推进跨境贸易和投资自由化便利化，资本项目开放水平稳步提升，为各类市场主体开展对外投资提供了有利的政策环境，市场主体活力持续增强，成为对外投资的重要参与者。

3. 我国在美国的海外资产

除在美国直接投资设立的5 300家企业之外，我国其他类型海外资产还有很大一部分位于美国境内。截至2023年第三季度，我国投资者持有美国长期资产占我国海外总资产的比重达到17%，占我国海外证券投资与储备投资之和的比重的36%。我国投资者持有美国长期资产的规模由2007年6月的9 000亿美元上升至2015年6月的1.84万亿美元，随后逐渐下降至2022年6月的1.47万亿美元。具体而言，在我国投资者持有的美国长期资产中，长期国债的规模一直保持高位，且在2015年6月达到了1.27万亿美元的峰值；长期机构债的规模在2008年6月一度高达5 270亿美元，但随着金融危机的爆发,我国投资者持有的长期机构债规模在次贷危机后发生了趋势性下降;股票的规模在 2015 年 6 月达到 3 300 亿美元峰值,且在 2021 和 2022 年,我国投资者持有美国股票的规模超过了持有长期机构债的规模。截至 2022 年 6 月,我国投资者持有美国长期国债、股票、长期机构债与长期公司债的规模分别为 9 370 亿美元、2 710 亿美元、2 440 亿美元与 180 亿美元。[①]

（二）单边制裁视域下我国海外资产可能面临的风险

俄乌冲突发生后,以美国为首的西方国家对俄罗斯采取了极限制裁措施。此次制裁开创了一个恶性先例——没收被制裁国海外资产并随意处置。由于我国拥有数量庞大的海外资产,仅直接位于美国境内的海外资产就有近 5 300 家企业、约 792 亿美元的对外直接投资累计净额、约 1.47 万亿美元的长期资产。因此,若中美关系持续恶化、美国对中国实施类似对付俄罗斯的单边制裁,我国的海外资产将不可避免地陷入被冻结、被没收的安全风险。美国财政部长耶伦曾在 2022 年 4 月 6 日公开向中国发出"警告",称如果中国大陆对台湾地区进行军事行动,则美国政府肯定会联合其他西方国家对我国采取单边制裁的"围攻",即美国对俄罗斯采取的制裁方式可能会在我国重演。

1. 直接冻结或没收个人或金融机构在美海外资产

美国在构建制裁措施和清单体系的过程中,主要以 SDN 名单为基准,明确了制裁对象的制裁名目、特定国家和制裁严重程度,以便于对特定的机构和实体进行制裁。这些被制裁对象既包括个人,也包括企业和私人金融机构等实体。[②] 被列入 SDN 名单的个人,其在美国金融机构开立的个人账户及账户内资产将面临被冻结和没收的风险。例如,美国干涉我国香港问题并推出与香港有关的制裁计划,将我国香港特别行政区的行政长官及内地多名官员列入 SDN 名单,冻结其银行账号,其银行卡也被限制使用。此外,被列入 SDN 名单的企业和金融机构也将面临在美直接投资、股权、证券等财产或财产利益被冻结和没收的风险。例如,2016 年中国农业银行纽约分行

---

① 张明:《中国海外资产配置:特征事实、问题挑战与应对策略》,《国际金融》2023 年第 7 期。
② 钟春平、汪川:《金融制裁与中国海外资产安全》,《银行家》2022 年第 4 期。

因涉及与被美国制裁的金融机构进行交易等行为而被罚没 2.15 亿美元。类似事件估计日后会不断出现，而我国国有金融机构极大可能是重要制裁对象，稍有不慎，我国海外资产将面临被美国及其盟友冻结或罚没的风险。

2. 切断美元获取及使用渠道

如果未来我国与周边国家因领土纠纷问题发生严重冲突，美国极有可能会联合其他西方国家对我国采取类似冻结中央银行资产、限制美元使用、禁运 SWIFT 系统等制裁措施，使我国金融系统面临严重的风险与威胁。基于美国构建的美元霸权，全球范围内的重要国际金融机构大多会配合美国政府，对被制裁的资产进行冻结和交易限制。此外，美国还可以轻松地截断被制裁国获取及使用美元的渠道，对制裁对象给予最严厉的打击。例如，2012 年美国对伊朗实施的制裁措施，导致伊朗与其他国家的原油、燃料油和铁矿石出口无法进行正常结算，使其出口贸易大减。因此，一旦中美发生重大冲突，美国很可能也会对中国采取类似的经济制裁措施，这将影响我国的国际贸易和结算，甚至形成金融孤岛的局面，我国外汇储备在这种情形下将面临无法兑换和使用的风险。[1]

3. 冻结或没收储备资产

美国联手英国等西方国家把俄罗斯从 SWIFT 系统踢出，并冻结了俄罗斯的外汇储备和黄金储备，包括俄罗斯持有的 24 亿美元的美国国债。事实上，这意味着美国政府及其盟国，向俄罗斯宣布其投资的发达国家金融资产定向违约。美国政府的这一举动，严重损害了国际投资者眼中美国国债作为全球最重要安全资产的声誉。[2] 据统计，我国目前外汇储备约有 3.1 万亿美元，其中过半数是以美元保有的。我国至少持有 1.1 万亿美元的美国国债，是俄罗斯所持美债的 458 倍。一旦美国借口国家利益受损，对我国储备资产进行制裁，这 1.1 万亿美元的美债将成为一堆废纸，我国海外资产大规模损失将不可避免，经济发展也将遭受重大打击。

六、保护我国海外资产安全的对策建议

我国国家、企业和个人拥有规模庞大的海外资产，在逆全球化、单边主

---

① 钟春平、汪川：《金融制裁与中国海外资产安全》，《银行家》2022 年第 4 期。
② 张明：《中国海外资产配置：特征事实、问题挑战与应对策略》，《国际金融》2023 年第 7 期。

义、地缘政治等背景下,我国的海外资产面临巨大的安全风险。存在风险并不意味着我们不能进行海外投资,我国《国民经济和社会发展第十四个五年规划和 2035 年远景目标纲要》、中国共产党第二十次全国代表大会报告均提出,要"推进高水平对外开放",依托我国超大规模市场优势,以国内大循环吸引全球资源要素,增强国内国际两个市场两种资源联动效应。未来,我国依然会继续进行海外投资,充分利用国际大市场,但与此同时,我国需要未雨绸缪地考虑如何应对美国和西方国家随时可能实施的制裁。笔者认为在积极稳妥发展中美关系、管控中美之间冲突问题的同时,可从以下几个方面做好可能的风险预防及应对措施。

（一）建立健全海外资产安全风险预警和应急处置机制

为了防止未来可能出现的单边制裁,我国应建立健全海外资产安全风险预警和应急处置机制,在危险发生之初就采取措施予以化解。2023年 7 月 13 日,国务院发布《中华人民共和国领事保护与协助条例》,要求我国驻外外交机构应当结合当地安全形势、法律环境、风俗习惯等情况,建立领事保护与协助工作安全预警和应急处置机制,开展安全风险评估,对履责区域内的中国公民、法人和非法人组织进行安全宣传,指导其开展突发事件应对、日常安全保护等工作。笔者认为,领事保护与协助工作安全预警和处置机制应包含海外资产安全风险预警和应急处置的内容。具体来说,我国驻外外交机构,尤其是驻美使领馆,要积极追踪履责区域内的政治倾向、经济态势、安全形势、外交政策变动等情况,进行安全风险评估并同步向外交部和履责区域内的中国公民、法人和非法人组织通报,根据安全风险级别提醒海外资产持有人及时采取资产转移等应急处置机制。

此外,国务院还应构建跨部门的信息共享平台,动态监测海外资产风险,实时共享海外资产信息及发布风险预警,制定并完善紧急情况下境外资产转移和处置的应急预案,为海外资产持有人提供指引。同时,我国还可以针对美国 OFAC 发布的 SDN 名单、综合制裁名单(非 SDN 名单)、部门识别制裁清单等制裁名单建立数据库,准确把握美国的制裁标准,消除潜在的风险,提前做好规避和防范措施,尽力消除单边制裁对我国海外资产安全的负面影响。① 值得指出的是,除了做好应急预案、提前做好被西方发达国家经济制裁的准备之外,保持我国经济稳步增长、稳定我国国内政治大局是根本应对之策。实质上,经济制裁的真正功能在于消耗,被制裁国国内的经济和政治氛围影响着一个制裁事件的最终结果。②

（二）完善反制裁法律体系

在应对美国单边制裁的域外实践中,欧盟采取了禁止成员国公民和实体遵守外国制裁法律的被动反制方式(亦称为"防守模式")。早在1996年,为了应对美国《古巴自由民主团结法》(又称《赫尔姆斯-伯顿法》)和《达马托法》的域外适用效力(约束非美国公民和实体),欧盟理事会颁布了第2271/96号条例,即《关于反对第三国立法域外适用效果以及基于此或由此产生的行动的条例》(简称《欧盟阻断法》)。尽管该法可以起到阻碍美国经济制裁法域外效力的作用,为当事人在国内法院提供法律上的救济途径,同时创设了与美国法之间真实的法律冲突,借此为在美国法院涉诉时援引国际礼让原则提供了法律支撑,但是,其保护力度有限的固有缺陷,不仅不能使欧盟成员国个人和实体的合法权益得到真正的保护,而且将使其陷入"要么违反美国制裁法,要么违反本国阻断法"的两难选择境地。在美国制裁法越来越体系化、制裁措施越来越全面化、制裁威慑效果越来越显化的当下,单靠《阻断法》已经难以应对美国的经济制裁。③

相对于《欧盟阻断法》的被动防守,《俄罗斯反制裁法》是一种积极的反制裁方式(亦称为"进攻模式")。2018年出台的《俄罗斯反制裁法》从国家立法层面对美国的单边制裁进行了反制,为反制美国单边制裁提供了国内法依据。该法是一部总括性法律,仅规定了报复措施的总体范围,其通过授权条款赋予俄罗斯总统采取其他报复措施的权力,为具体反制裁报复措施的出台提供了法律支撑。这种积极的反制裁经验值得我国参考与借鉴。

我国商务部通过借鉴其他国家防守模式的反制裁立法,于2021年1月

---

① 钟春平、汪川：《金融制裁与中国海外资产安全》，《银行家》2022年第4期。
② 张明：《中国海外资产配置：特征事实、问题挑战与应对策略》，《国际金融》2023年第7期。
③ 杜涛、周美华：《应对美国单边经济制裁的域外经验与中国方案：从〈阻断办法〉到〈反外国制裁法〉》，《武大国际法评论》2021年第4期。

9 日颁布《阻断外国法律与措施不当域外适用办法》(简称《阻断办法》),从三个方面对外国具有域外效力的单边制裁措施实施阻断:禁止遵守外国的相关法律与措施;不予执行外国相关判决;赋予遭受损害的国民或企业诉讼赔偿请求权。《阻断办法》为我国企业提供法律保护,使我国企业在面临外国政府或个人的法律诉讼时有合理的法律依据进行抗辩,但是《阻断办法》只是部门规章,不具有普遍约束力,效力位阶较低。2021 年 6 月 10 日,第十三届全国人大常委会通过了《中华人民共和国反外国制裁法》(简称《反外国制裁法》),为我国应对外国制裁提供了有力的法律保障,为《不可靠实体清单规定》《阻断办法》和具体反制措施提供了更明确的法律依据,是我国从立法层面应对美国单边制裁的有力回击和必然选择。然而,该法出台较为匆忙,条文也比较简略,在具体实施过程中留下了一些亟待厘清的疑难问题。[①]

为了完善我国反制裁法律制度,形成攻守兼备的反制裁法律体系,我国可以从以下几方面采取措施。

第一,设立专门反制裁机构,统一协调和实施反制裁措施。就像美国有 OFAC 主管和执行美国对外制裁事务一样,我国也应设立一个统筹和执行反制裁事务的专门性机构。因《反外国制裁法》的实施需要其他法律的配合,而该法与其他现有法律法规之间的衔接并不顺畅,加之反制裁措施的实施会涉及经济贸易的各个领域和多个政府部门,因此有必要设立一个由国务院直属领导的专门性反制裁机构,统一协调和实施对外国政府、组织和个人的反制裁措施。[②]

第二,授权反制裁机构采取具体反制措施。《俄罗斯反制裁法》授予总统采取法律没有规定的其他反制裁措施,包括没收制裁国在俄资产并允许俄国民以被制裁国冻结的海外资产进行兑换。我国《反外国制裁法》可借鉴此种做法,授权反制裁机构采取具体反制裁措施的权力,为未来我国海外资产被冻结或没收预设应对方案提供法律基础。

---

① 杜涛、周美华:《应对美国单边经济制裁的域外经验与中国方案:从〈阻断办法〉到〈反外国制裁法〉》,《武大国际法评论》2021 年第 4 期。
② 杜涛、周美华:《应对美国单边经济制裁的域外经验与中国方案:从〈阻断办法〉到〈反外国制裁法〉》,《武大国际法评论》2021 年第 4 期。

第三，尽快完善反制清单。现行商务部《不可靠实体清单》的规定比较模糊，透明度规则的缺失可能会加大反制裁措施适用的不确定性。制定反制清单需要综合考量列入清单的标准、管制措施与范围、权力救济以及是否符合国际法等因素。[①]

（三）优化海外资产配置

1. 优化我国外汇储备结构

《国家外汇管理局年报（2021）》显示，2017 年我国外汇储备中美元货币占比 58%。目前我国约有 3.1 万亿美元的外汇储备，以 2017 年外汇储备货币结构比例推算，美元货币储备约有 1.8 万亿，非美元货币储备约有 1.3 万亿美元。简言之，我国目前的外汇储备仍然过度依赖美元货币，使得我国的外汇储备资产很难有效地进行风险分散。因此，我国应进一步降低美元货币在我国外汇储备资产中的占比，尤其是减少存放在境外银行账户内的美元资产，适度增加其他资产比重，进一步优化外汇的资产结构。[②] 同时，适度调整外汇储备的规模，进一步推进外汇储备投资的国别多元化，优化非美元货币的资产配置。[③] 此外，我国应转变境内投资者持有美元资产的方式，以更加隐蔽、更市场化的方式持有美元资产。

2. 增加对实物资产的配置

随着国际经济政治不确定性日益增加，我国境内投资者应考虑增加对外汇资产之外的战略性实物资产的配置。一方面，应持续增加黄金储备。目前，黄金仍然是全球范围内最重要的避险资产之一。另一方面，应持续增持能源、资源等实物资产。将部分外汇资产转为对能源、矿产等大宗商品的实物资产进口，并增加对大宗商品期货的投资及大宗商品供应商的股权持有，这样既能满足我国庞大的大宗商品进口需求，也有利于进行跨期风险对冲。[④]

3. 进一步减持美国国债

美国冻结俄罗斯持有的 24 亿美元美国国债的制裁措施提醒我国投

[①] 沈伟：《中美贸易摩擦中的法律战：从不可靠实体清单制度到阻断办法》，《比较法研究》2021 年第 1 期。

[②] 钟春平、汪川：《金融制裁与中国海外资产安全》，《银行家》2022 年第 4 期。

[③] 张明：《中国海外资产配置：特征事实、问题挑战与应对策略》，《国际金融》2023 年第 7 期。

[④] 张明：《中国海外资产配置：特征事实、问题挑战与应对策略》，《国际金融》2023 年第 7 期。

资者,其持有的美国国债随时可能成为一堆废纸;美国国内通货膨胀率持续走高,继续持有美国国债将带来更多的账面浮亏,且美债规模快速扩张到33万亿美元的现状也已引起国际社会对美债债务信用风险问题的担忧。为了避免未来的不确定风险,我国投资者应进一步减持美国国债,尤其是减少美国长期国债的持有规模,进一步优化证券投资结构,动态持有美元资产。

(四) 推进人民币国际化

为了应对美国单边制裁切断我国获取和使用美元渠道的风险,我国可借鉴俄罗斯的反制裁经验,扩大双边本币贸易,大力促进国际贸易以人民币作为结算方式,逐步提高人民币在国际上的使用频率,以推进人民币的国际化。

1. 建立可替代 SWIFT 全球支付系统的人民币跨境支付系统

目前,美国控制的 SWIFT 系统和 CHIPS 系统基本覆盖了我国金融机构在美元交易过程中的信息传递和支付清算。一旦美国对我国进行单边制裁,我国金融机构的跨境支付渠道将面临随时被切断的风险,这将造成不可估量的损失。我国亟须推动跨境结算的去美元化,加快建设人民币跨境支付清算的基础设施,优化跨境人民币结算的便捷性,促进人民币成为国际贸易结算货币,提高人民币的国际影响力。①

我国在 2012 年就开始建设人民币跨境支付系统(cross-border interbank payment system, CIPS),为境内外金融机构提供跨境人民币清算结算服务。截至 2019 年年末,CIPS 共有 33 家直接参与者,903 家间接参与者,覆盖全球 6 大洲 94 个国家和地区,CIPS 业务实际覆盖 167 个国家和地区的 3 000 多家银行法人机构,基本实现了对各时区金融市场的全面覆盖。然而,CIPS 的未来发展仍面临完全境外金融机构缺位、CIPS 独立性不足的难题。为此,我国在 CIPS 的运行机制和规则设计中,应主动遵守国际通行法律法规和金融监管要求,强化风险识别和防控能力,寻求有效识别资金、法律、操作等各类风险的防控措施和手段。同时,借助"一带一路"倡议、RCEP、

---

① 钟春平、汪川:《金融制裁与中国海外资产安全》,《银行家》2022 年第 4 期。

CPTPP 等国际合作平台，尽可能地促使各国银行加入 CIPS，使 CIPS 更好地支持和服务于我国实体经济的发展和"走出去"战略的实施。[①]

2. 扩大人民币在全球外汇储备中的占有率

美国在单边制裁中频繁使用冻结被制裁国美元外汇储备等金融制裁手段，破坏了美元在国际货币体系中的国家信用基础，既动摇了市场对美元的信任，也削弱了美元作为储备货币的作用。在各国寻求储备货币构成多元化的情势下，我国可采取签订货币互换协议、推动跨境旅游人民币直接支付等方式，继续推进人民币的国际化，提升人民币在国际货币体系中的地位，强化市场对人民币的信心，扩大人民币在全球外汇储备中的占有率。

（五）加强境内企业"走出去"的合规管理

除了在国家层面采取措施建立健全海外资产安全风险预警和应急处置机制、完善反制裁法律体系、优化海外资产配置及推进人民币国际化之外，我国境内企业也应加强合规管理。虽然我国不承认外国单边歧视性经贸制裁的域外效力及其"长臂管辖"，但发起制裁国家往往具有经济、技术优势，且拥有庞大的消费市场，我国企业和个人应加强合规管理，避免被外国制裁法令"域外适用"及"长臂管辖"。[②]

我国企业可设立合规专员岗位，在熟悉美国单边制裁法律体系及常用措施的基础上，在草拟涉外合同时加入专门条款以应对制裁风险。在签订及履行涉外合同时，应排查敏感国家、地区以及政治敏感人；建立自身的"制裁名单"排查体系；做好客户背景调查，即审查货物原产地、目的地、制造商及最终用户等信息；对交易链条中的所有主体开展合规筛查，排查是否列于 SDN 清单等限制性清单，并根据被制裁的清单类别、所对应的制裁效力及限制行为、合同的重要程度等综合研判是否可继续特定交易。[③]

---

① 沈伟、方荔：《美俄金融制裁与反制裁之间的拉锯和对弈：理解金融反制裁的非对称性》，《经贸法律评论》2023 年第 2 期。
② 舒雄：《经济制裁与反制裁：美俄争斗的法律机制分析与启示》，上海市法学会《东方法学》微信公众号，2022 年 4 月 25 日。
③ 舒雄：《美对俄经济制裁的法律机制、措施分析及启示》，《中国外汇》2022 年第 13 期。

（六）积极利用美国的国内渠道寻求救济

我国境内企业除了加强合规管理之外，还应积极利用美国的国内渠道寻求救济，保障自身的合法权益。虽然美国现有法律体制缺乏对于单边制裁的司法审查救济制度，也缺乏向美国财政部申请行政申诉或行政复议的法律依据，但是其三权分立的制度设计允许美国法院对政府行为进行合宪性司法审查。虽然在"华为诉美国案"中，华为公司败诉，但该案给我国境内企业在美国通过司法途径维护权益时提供了一个新路径，即未来应将诉讼重点放在对行政机关违反正当程序侵犯权利的合宪性问题上。"小米诉美国国防部和财政部案"表明，以美国行政机关未经正当法律程序侵犯企业合法权益为诉求，在美国宪法机制下更易获得司法机关的支持。[①]

七、结语

当前国际局势变幻交织，国际政治纷争和军事冲突多点爆发，全球发展和安全形势错综复杂。特朗普再次就职美国总统后，为了防范和应对美国的单边制裁，我国应在长期跟踪、深入分析美国单边制裁法律体系的基础上，加强对反制裁法律制度的研究，构建海外资产安全风险预警和应急处置机制，完善反制裁法律体系，优化海外资产配置，推进人民币国际化进程，加强境内企业"走出去"的合规管理；同时，要积极利用美国的国内渠道寻求救济，多措并举保障我国海外资产的安全。当然，要从根本上解除海外资产的安全风险，不能一味地进行消极防范，更不能搞"中美脱钩"、封闭自守，而是要更多地争取主动，强化竞争意识，加大中美之间的经贸往来、技术合作，促进中美利益深度交融，使美国出于自身利益的考量，不敢轻易对我国实施单边制裁。

[①] 沈伟、方荔：《美俄金融制裁与反制裁之间的拉锯和对弈：理解金融反制裁的非对称性》，《经贸法律评论》2023 年第 2 期。

制裁与反制裁背景下的国家安全与企业合规*

徐珊珊**

摘要：在全球化逆流加剧的当下，推进中国式现代化建设面临诸多挑战，尤其是需要妥善应对美国当前对中国的各种制裁措施，并规划防范潜在的全面制裁风险。鉴于俄乌冲突后，美国利用金融、贸易、科技等多种手段对俄罗斯展开全方位制裁，俄罗斯则采取进口替代、去美元化、修订反制裁法等措施积极应对，双方博弈均有所成效。中国可从中获得启示，通过加速经济和法律的现代化进程，构建有效的制裁风险应对机制，实现以中国式现代化全面推进中华民族伟大复兴的奋斗目标和历史使命。

关键词：经济制裁；俄乌冲突；反制措施

本文的"制裁"是指一国或多国(不含国际组织)对另一个国家、地区、个人、实体实施的强制手段，包括投资限制、资产冻结、贸易管制、旅行禁令等，以达到迫使制裁目标服从制裁方的要求而改变行为或采取特定行动方针等目的。① 需要特别指出的是，美国歧视性的出口管制措施，例如 2022 年 10

---

* 本文为上海市法学会国家安全法律研究会课题结项报告。

** 徐珊珊，北京中伦(上海)律师事务所合伙人，课题负责人。课题组成员：巫社广、岳强、潘晓婷、陈业、杨淑敏、罗舒匀、赵迅、江世文。

① 美国学者及官方对"制裁"的定义是：为促进外交政策和国家安全目标而实施的经济制裁是针对目标采取的胁迫性经济措施，目的是改变其行为。在美国外交政策和国家安全方面，制裁可以包括贸易禁运等措施；对特定出口或进口的限制；拒绝外国援助、贷款和投资；冻结美国管辖下的外国资产；禁止涉及美国公民或企业的经济交易。次级制裁有时用于对制裁对象施加额外压力。它们惩罚从事主要制裁目标活动的第三方，而这些活动破坏或逃避制裁制度的目的。Richard Gordon (转下页)

月以来对中国先进计算和半导体行业采取的组合限制措施,①即使没有被美国官方称为制裁,也属于本文所讨论的范围。根据美国财政部发布的《2021年制裁评估报告》,自"9.11"事件后,美国使用制裁作为其外交政策和国家安全的工具呈爆发式增长,美国财政部指定的实体、个人数量从2000年的912个增加到2021年的9 421个。制裁规定(包括行政命令和制裁法规)也从69个增加到176个。② 俄乌冲突以来,美国和西方国家对俄罗斯的制裁措施覆盖面之广、实施力度之强更是前所未有。

中国已被美国视作"最重要的战略竞争对手"。③ 截至2022年,全球共有79个国家(地区)的2 226个实体被美国加入实施出口管制的"实体清单",其中中国实体有528个,数量位居第二,仅次于俄罗斯的724个实体。④此外,因所谓新疆人权、南海、中国香港地区等问题,我国已有不少实体和个人被美国列入"实体清单"或"特别指定国民(SDN)清单"实施制裁。而"台湾问题""南海问题"使美方存在将中美竞争进一步升级为中美冲突,并对中

(接上页)QC, Michael Smyth CBE QC (Hon) and Tom Cornell. *Sanctions Law*, Hart Publishing, 2019. 我国学者对"制裁"的定义略有不同,泛指针对某一国所采取的强制约束行动,主要有两种形式:一是个别国家或国家集团实施的强制性措施;二是由国际组织(例如联合国)组织实施的强制性措施。一般的制裁手段不外乎在外交上中断外交关系和人员往来,全面禁运(武器、粮食、技术设备及其他物品),经济上则终止贷款、贸易及援助。制裁一般要达到的目的有二:一是惩罚被制裁国破坏国际法或国际公约的行为;二是约束并试图改变被制裁国的行为和政策。通过一种或多种方式的混合运用,打压制裁对象国的国际生存空间,迟缓制裁对象国国内的经济发展,诱发对象国国内的社会矛盾,从而使民众对本国政府失去信心和支持,以期达到改变甚至操控制裁对象国的目的。参见张红侠:《制裁与反制裁:俄罗斯经济困局及脱困之路》,《俄罗斯东欧中亚研究》2016年第6期。我国《反外国制裁法》中虽然没对"制裁"作出定义,但其所列的需要反制情形是指"外国国家违反国际法和国际关系基本准则,以各种借口或者依据其本国法律对我国进行遏制、打压,对我国公民、组织采取歧视性限制措施,干涉我国内政的";"危害我国主权、安全、发展利益的行为"。综合考量这些法规、文献后,笔者认为制裁措施的核心为歧视性、违法性、强迫性。

① 2022年10月7日,美国商务部连发3个公告,针对中国加强以特定先进计算半导体芯片、超级计算机为最终用途交易的限制;将数十家中国高新技术领域的行业龙头企业和机构纳入美国实体清单和未经验证清单;针对新增的实体清单企业以及产品用于中国的(或总部在中国的)先进计算半导体芯片、产品用于中国的超级计算机出台了三个外国直接产品规则。此外,还对美国人参与中国的芯片开发作出了限制。参见15 CFR Parts 734、736、740、742、744、762、772、774。

② The Deparement of the Treasury. The Treasury 2021 Sanctions Review, https://home.treasury.gov/system/files/136/Treasury-2021-sanctions-review.pdf,最后访问日期:2023年1月27日。

③ U.S. Deparement of Defense. 2022 National Defense Strategy of the United States of America Including the 2022 Nuclear Posture Review and the 2022 Missible Defense Review, https://media.defense. gov/2022/Oct/27/2003103845/-1/-1/1/2022-NATIONAL-DEFENSE-STRATEGY-NPR-MDR.PDF,最后访问日期:2023年1月27日。

④ International Trade Administration. Consoliclated Screening List, https://www.trade.gov/data-visualization/csl-search,最后访问日期:2023年1月27日。

国实施更密集制裁的可能。因此，本文对美国制裁，尤其是俄乌冲突以来美国和西方国家对俄罗斯这样的大型经济体的制裁措施及俄罗斯的反制措施开展重点研究，探讨在冲突加剧情况下出于我国国家安全及企业发展的考虑，有哪些可选的法律工具。

一、美国及西方国家对俄主要制裁措施的运用及其效果

（一）美国及西方国家对俄的主要制裁措施

在秘密制裁苏联的"里根计划"促使苏联最终解体后，[①]美国及西方国家对俄罗斯的大规模制裁始于 2014 年的克里米亚危机。制裁由初期的外交领域逐步扩大到金融、能源、军事、技术合作等各个方面。美国及西方国家紧紧咬住俄罗斯经济结构中的"压力点"，除精英阶层个人资产冻结外，俄罗斯石油公司和天然气工业公司等被纳入制裁对象，融资渠道受限。同时，在深水石油开发、北极石油勘探及俄罗斯页岩油项目上，美国及西方国家禁止向俄罗斯天然气工业公司等能源企业提供钻探、试井、测井等服务和技术。[②] 2022 年 2 月，俄乌冲突以来，美国及西方国家不仅延续原制裁思路，在金融、能源、军事等领域继续加强对俄罗斯的联合制裁，而且大幅升级加码。据统计，美国及西方国家已对俄罗斯实施了 13 072 项制裁措施（见图 1）。层出不穷的制裁措施让人眼花缭乱。

1. 美国对俄罗斯制裁的法律框架

美国针对俄罗斯的制裁主要有 4 个项目：针对俄罗斯的制裁项目、乌克兰相关的制裁项目、敌对国家制裁项目、马格尼茨基制裁项目，[③]其中涉及的主要法律规范见表 1。

---

① S. V. Kazantsev. Anti-Russian sanctions, then and now. *Problems of economic transition*，Vol.59，No.1 - 3，2017.
② 张红侠：《制裁与反制裁：俄罗斯经济困局及脱困之路》，《俄罗斯东欧中亚研究》2016 年第 6 期。
③ Castellum AI. Russia-Related Sanctions Programs. https://home. treasury. gov/policy-issues/financial-sanctions/sanctions-programs-and-country-information/russia-related-sanctions，最后访问日期：2023 年 1 月 27 日。

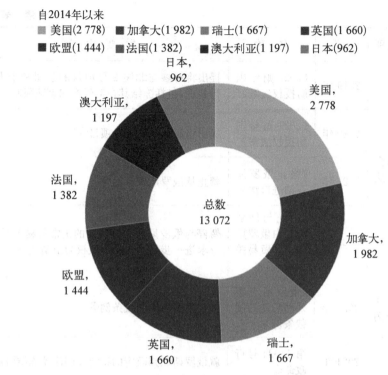

图1　主要西方国家对俄罗斯实施的制裁数量

表1　美国出台和发布的对俄罗斯的制裁法律及行政命令

项目	类别	年份	名　称	主　要　内　容
针对俄罗斯的制裁	国会立法	1976 年	《国家紧急状态法》	授权总统宣布国家进入紧急状态,继而获得行使其在紧急状态期间的特权①
		1977 年	《国际紧急经济权力法》	授权美国总统在和平时期宣布国家进入紧急状态,并发布行政命令以解决国家紧急状态,其中包括冻结资产并禁止与被指定对美国构成威胁的任何国家、实体或个人进行金融交易②
		2019 年	《保护欧洲能源安全法案》	要求制裁"北溪 2 号"项目施工方③

---

① 50 U.S. Code § 1621.
② 50 U.S. Code § 1701,1702.
③ H.R.3206.

续　表

项目	类别	年份	名　称	主　要　内　容
针对俄罗斯的制裁	国会立法	2019 年	《2020 财年国防授权法案》	提出将对参与北溪 2 号项目的公司和个人进行制裁，包括冻结其在美资产和签证限制①
		2020 年	《2021 财年国防授权法案》	提出将制裁北溪 2 号项目②
		2022 年	《终止俄罗斯石油进口法》	禁止从俄罗斯进口能源③
		2022 年	《中止与俄罗斯和白俄罗斯的正常贸易关系法》	暂停与俄罗斯和白俄罗斯的正常贸易关系，并寻求进一步利用贸易和人权为由制裁④
	联邦条例	2021 年	《俄罗斯有害外国活动的制裁条例》	关于俄罗斯的制裁条例⑤
	行政命令	2021 年	第 14024 号行政命令	就俄罗斯联邦政府的特定外国活动冻结资产⑥
		2021 年	第 14039 号行政命令	冻结某些俄罗斯能源出口管道资产⑦
		2022 年	第 14066 号行政命令、⑧第 14068 号行政命令、⑨ 第 14071 号行政命令⑩	禁止进口原产于俄罗斯的原油、石油和石油产品、液化天然气、煤炭和煤炭产品、鱼类及制品、海产品及制品、酒精饮料、非工业钻石；禁止向俄罗斯出口奢侈品等；禁止对俄罗斯进行新的投资以及向俄罗斯提供特定服务

---

① Pub.L. 116 - 92.
② Pub.L. 116 - 283.
③ H.R. 6968.
④ H.R. 7108，Pub.L.117 - 110.
⑤ 31 CFR Part 587.
⑥ E.O. 14024 of April 15，2021.
⑦ E.O. 14039 of August 20，2021.
⑧ E.O. 14066 of March 8，2022.
⑨ E.O. 14068 of March 11，2022.
⑩ E.O. 14071 of April 6，2022.

续　表

项目	类别	年份	名　称	主　要　内　容
与乌克兰相关的制裁项目	国会立法	1976 年	《国家紧急状态法》	授权总统宣布国家进入紧急状态,继而获得行使其在紧急状态期间的特权①
		1977 年	《国际紧急经济权力法》	授权美国总统在和平时期宣布国家进入紧急状态,并发布行政命令以解决国家紧急状态,其中包括冻结资产并禁止与被指定对美国构成威胁的任何国家、实体或个人进行金融交易②
		2014 年	《支持乌克兰主权、统一、民主和经济稳定法》	要求对俄罗斯进行谴责,并对乌克兰提供经济援助③
		2014 年	《支持乌克兰自由法》	要求加强制裁俄罗斯的能源、金融和国防领域④
		2018 年	《通过制裁反击美国的对手法案》	对伊朗、俄罗斯、朝鲜实施制裁,并且主要针对上述受制裁国的国防、金融、能源等部门⑤
	联邦条例	2022 年	《乌克兰相关制裁条例》	主要针对美国自 2014 年以来实施的针对俄罗斯入侵乌克兰实施的制裁⑥
	行政命令	2014 年	第 13660、13661、13662、 13685 号行政命令	针对克里米亚危机,对克里米亚地区实施全面制裁,并对在乌克兰某些活动负责或共谋的人、俄罗斯联邦政府官员、在俄罗斯金融和国防等部门经营的实体或个人等实施制裁
		2018 年	第 13849 号行政命令⑦	授权实施《通过制裁反击美国的对手法案》中规定的某些制裁
		2019 年	第 13883 号行政命令⑧	根据《禁止化学武器法》第 307(b)(1)条要求对俄罗斯实施额外的制裁
		2022 年	第 14065 号行政命令⑨	对顿涅茨克和卢甘斯克地区实施全面制裁

---

① 50 U.S. Code § 1621.

② 50 U.S. Code § 1701,1702.

③ H.R. 4152;Pub. L. 113 - 95.

④ H.R. 5859,Pub. L. 113 - 272.

⑤ H.R. 3364,Pub.L. 115 - 44.

⑥ 31 CFR Part 589.

⑦ E.O. 13849 of September 20, 2018.

⑧ E.O. 13883 of August 3, 2019.

⑨ E.O. 14065 of February 21, 2022.

续　表

项目	类别	年份	名　称	主　要　内　容
敌对国家制裁项目	国会立法	2014 年	《支持乌克兰主权、统一、民主和经济稳定法》	要求对俄罗斯进行谴责，并对乌克兰提供经济援助①
		2014 年	《支持乌克兰自由法》	要求加强制裁俄罗斯的能源、金融和国防领域②
		2018 年	《通过制裁反击美国的对手法案》	对伊朗、俄罗斯、朝鲜实施制裁，主要针对上述受制裁国的国防、金融、能源等部门③
	行政命令	2018 年	第 13849 号行政命令	授权实施《通过制裁反击美国的对手法案》中规定的某些制裁④
马格尼茨基制裁项目	国会立法	1977 年	《国际紧急经济权力法》	授权美国总统在和平时期宣布国家进入紧急状态并发布行政命令以解决国家紧急状态，其中包括冻结资产并禁止与被指定对美国构成威胁的任何国家、实体或个人进行金融交易⑤
		2012 年	《马格尼茨基人权问责法案》	授权美国总统对侵害国际公认人权的人及对腐败者实施制裁，例如，冻结资产和禁止入境⑥
	联邦条例	2017 年	《马格尼茨基制裁条例》	关于人权相关的制裁措施，其中大多被制裁对象与俄罗斯有关⑦

　　美国对俄罗斯的制裁法律主要分为美国国会通过的立法、美国总统签发的行政命令以及联邦政府机构发布的条例三类，其制裁体系运行的流程分为 3 个阶段：一是美国国会颁布《国家紧急状态法》《国际紧急

---

① H.R. 4152；Pub. L. 113 - 95.
② H.R. 5859，Pub. L. 113 - 272.
③ H.R. 3364，Pub.L. 115 - 44.
④ E.O. 13849 of September 20，2018.
⑤ 50 U.S. Code § 1701，1702.
⑥ Pub.L. 112 - 208.
⑦ 31 CFR Part 584.

经济权力法》等①是授权美国总统在美国国家安全、外交政策或经济受到威胁时对国际贸易和商业施加限制措施的基本法。此外,美国国会还直接发布涉及制裁内容的其他法案,指示美国总统就更具体的原因实施制裁,例如表1中的《中止与俄罗斯和白俄罗斯的正常贸易关系法》《终止俄罗斯石油进口法》等。二是美国总统颁布行政命令以明确制裁措施的范围和程度。三是各行政部门会通过修改、制定联邦法规、发布公告等方式,实施行政命令,并具体负责制裁的实施。其中,国务院、财政部和商务部既是主要负责制裁管理和执行的部门,也分别管理各类制裁清单(见表2)。国务院管理武器销售、外交关系、签证签发、军事援助和对外援助;财政部监管交易、获取美国资产、使用美元和美国银行系统,以及美国在国际金融机构中的发言权和投票权;商务部监督出口许可和遵守主要与不扩散相关的国际义务。②美国司法部、联邦金融监管局、司法部、海关等其他政府机构也会行使与制裁相关的监督和调查等职责。

表2　美国主要制裁清单

	机构名称	主要清单
美国主要制裁清单	商务部	实体清单(EL) 未核实清单(UVL) 被拒绝人清单(DPL)
	财政部	特别指定国民清单(SDN) 行业制裁识别清单(SSI) 海外逃避制裁清单(FSE) 巴勒斯坦立法会清单(NS-PLC) 外国金融机构第561条款清单
	国务院	武器出口管制被禁止清单 核不扩散制裁清单

资料来源:根据美国商务部、财政部、国务院网站资料整理。

---

① 美国总统还可以根据1952年移民和国籍法[INA;P.L.82-414,经修订,8U.S.C.1182(f)]第212(f)节限制外国人进入美国。

② Congressional Research Service. Economic Sanctions: Overview for the 117th Congress. Focus IF 11730.

美国对俄罗斯的制裁主要是"初级制裁"，[①]即主要适用于"美国人"[②]及交易中与美国有"连接点"的非美国人。此外，美国财政部海外资产办公室（Office of Foreign Assets Control，OFAC）制裁的实体还包括1名或以上受制裁者直接或间接持有或合计持有50%或以上权益的实体。[③] 违反初级制裁将受到民事和刑事等处罚。[④]

除初级制裁外，2017年8月美国国会通过《以制裁反击美国敌人法案》（*Countering America's Adversaries Through Sanctions Act*，*CAATSA*）后，美国在俄罗斯制裁项目中也开始实施少量的次级制裁，即允许美国财政部对与美国没有"连接点"的非美国人实施制裁。在现有对俄制裁法规中，可能引发对俄次级制裁的情形包括代表受制裁者故意促成一项重大交易，或严重违反、导致违反、企图或共谋违反制裁；非美国金融机构在知情的情况下参与某些能源和国防相关活动的重大交易，或代表被列入特别指定国民与被隔离人士清单（Specially Designated Nationals and Blocked Person List，简称SDN清单）的俄罗斯个人、实体促成重大交易；投资、销售、租赁或提供物资以支持俄罗斯建设能源出口管道的能力；与俄罗斯情报和国防部门进行重大交易等。[⑤] 违反美国次级制裁规定的非美国人可能面临"菜单式"制裁，即在12项制裁菜单中选5项以上制裁措施，包括禁止入境；拒绝颁发出口许可证；禁止受美国管辖的外汇交易；禁止美国金融机构提供担保、保险、贷款或信贷；信贷延期等。[⑥] 美国财政部海外资产办公室甚至还可能将违反的非美国人也列入特别指定国民清单加以制裁。例如，美国财政部海外资产办公室在2022年2月23日将修建"北溪2号"天然气输送管道的运营公司Nord Stream

---

① OFAC FAQ No.163, https://home.treasury.gov/policy-issues/financial-sanctions/faqs/163，最后访问日期：2023年1月28日。

② 一般情况下，"美国人"包括① 美国公民；② 美国永久居民（即持有美国绿卡的人）；③ 在美国境内的自然人和实体；④ 在美国注册的实体及其境外分支机构。参见OFAC FAQ No.11, https://home.treasury.gov/policy-issues/financial-sanctions/faqs/11，最后访问日期：2023年1月27日。

③ Deparement of the Treasury. Revised Guidance on Entities Owned by Persons whose Property and Interests in Property are Blocked, August 13, 2024, https://ofac.treasury.gov/media/6186/download? 最后访问日期：2024年8月28日。

④ 例如31 CFR Part 501.701.所规定的刑事处罚：对于单位，不超过100万美元的罚款；对于个人，不超过100万美元的罚款和（或）不超过20年的监禁。民事处罚：不超过105 083美元的民事罚款。

⑤《以制裁反击美国敌人法案》第225、226、228、231、232、233条。

⑥《以制裁反击美国敌人法案》第235条。

2 AG 的首席执行官(德国人)列入特别指定国民清单。①

2. 欧盟和美国制裁体系的主要区别

有别于美国制裁,欧盟制裁一般不具有域外适用效力,也不存在"次级制裁"。欧盟制裁规定一般适用于:① 在欧盟境内进行的任何活动;② 在欧盟成员国管辖下的任何飞机或船舶上进行的任何活动;③ 具有欧盟成员国国籍的任何个人;④ 根据欧盟成员国法律成立或组建的任何法人、实体或机构;⑤ 全部或部分业务位于欧盟境内的任何法人、实体或机构。② 但需注意的是,类似美国财政部海外资产办公室的"50%规则",欧盟规定如果向受制裁者持有 50% 以上权益或控制的非受制裁实体提供资金或经济资源,也将被视为间接提供资金或经济资源给受制裁者而受到制裁,除非可以确定相关资金或经济资源不会被受制裁者使用或为其利益服务。③

3. 俄乌冲突以来美国对俄罗斯的主要制裁措施

2022 年 2 月后,美国通过一系列行政命令④和制裁法案⑤对俄罗斯继续加码实施政治制裁、精英制裁、军事制裁、科技制裁、能源制裁。

(1) 对俄罗斯个人、实体、船只和飞机限制交易、资产冻结、禁止进入,具体措施主要有:将俄罗斯总统、外交部长、俄罗斯安全理事会的其他成员、俄罗斯杜马成员、俄罗斯金融精英和政府核心成员、俄罗斯寡头、俄罗斯军工行业内的实体、俄罗斯关键技术领域的技术公司、为俄罗斯国防部门和情报部门的实体和个人等列入各类"黑名单",实施签证限制、交易限制、资

---

① Office of Foreign Assets Control, PEESA Designations; Issuance of Russia-related General License, https://home. treasury. gov/policy-issues/financial-sanctions/recent-actions/20220223_33,最后访问日期: 2023 年 1 月 27 日。

② Council of the European Union, Update of the EU Best Practices for the Effective Implementation of Restrictive Measures, https://data. consilium. europa. eu/doc/document/ST-10572-2022-INIT/en/pdf,最后访问日期: 2023 年 1 月 28 日。

③ Update of the EU Best Practices for the Effective Implementation of Restrictive Measures, https://data.consilium.europa.eu/doc/document/ST-10572-2022-INIT/en/pdf,最后访问日期: 2023 年 1 月 28 日。

④ 例如,第 14066、14068、14071 号行政命令。参见 E. O. 14066, E. O. 14068, E. O. 14071, https://home. treasury. gov/policy-issues/financial-sanctions/sanctions-programs-and-country-information/russian-harmful-foreign-activities-sanctions,最后访问日期: 2023 年 1 月 28 日。

⑤ 例如,《中止与俄罗斯和白俄罗斯的正常贸易关系法》《终止俄罗斯石油进口法》等。Bills Singed: H. R. 6968 and H. R. 7108, https://www.whitehouse.gov/briefing-room/legislation/2022/04/08/bills-signed-h-r-6968-and-h-r-7108/,最后访问日期: 2023 年 1 月 28 日。

产冻结；对所有俄罗斯拥有、注册或控制的飞机（包括俄罗斯寡头的私人飞机等）关闭美国领空；禁止任何悬挂俄罗斯国旗航行的船只，或由俄罗斯利益集团拥有或运营的船只停靠美国港口或进入美国海岸。

（2）制裁央行、移除 SWIFT 等措施全面升级金融制裁。禁止美国金融机构参与俄罗斯联邦中央银行、俄罗斯联邦国家财富基金、俄罗斯联邦财政部发行债券的一级和二级资本市场；冻结俄罗斯中央银行在美的外汇和黄金储备；将俄罗斯最大的国有银行俄罗斯联邦储蓄银行（Sberbank）及其 25家子公司列入往来账户或通汇账户制裁名单，禁止美国金融机构为这些金融机构开立或维持代理账户或应付账户，或处理任何资金交易；将俄罗斯实体列入非特别指定国民菜单制裁名单，禁止美国人或在美国境内为这些俄罗斯实体提供超过 14 天的新债务和新股权相关的交易、融资等金融服务；把俄罗斯的主要银行，例如，俄罗斯联邦储蓄银行（Sberbank）、俄罗斯阿尔法银行（Alfa-Bank）、俄罗斯外贸银行（VTB Bank）等列入特别指定国民清单；把 7 家俄罗斯银行从 SWIFT[①] 体系中移除，包括俄罗斯外贸银行（VTB Bank）、俄罗斯银行（Rossiya Bank）、"开放"金融公司（Otkritie），Novikombank 银行、Sovcombank 银行、俄罗斯工业通信银行（Promsvyazbank）以及俄国家开发集团（VEB.RF）；禁止向俄罗斯提供以美元计价的纸币。

（3）商业、专业服务和新投资"断供"。禁止直接或间接从美国，或由美国人向任何位于俄罗斯的人提供任何美国政府确定的服务；禁止美国人对被禁止的交易做出支持、资助、帮助或担保；禁止直接或间接提供某些商业相关的服务，包括会计、信托、公司组建、管理咨询服务，以及与量子计算相关的服务；禁止美国人对俄罗斯经济的任何行业进行新的投资。

（4）加强"再出口"[②]等贸易管制和技术禁运。针对出口方面，将针对

---

① SWIFT(Society for Worldwide Interbank Financial Telecomm)组建于 1973 年 5 月 3 日，成立目的是建立全球范围内的数据共享处理以及数据连接，总部位于比利时的布鲁塞尔。由于其便利性程度较高，因此其成立之初凝聚力就极强，仅在 15 个国家中，就有 239 家西方跨国银行参与了该系统，而在短短的 1 年以后，该系统的受众群体就从西方银行延展至亚洲银行。SWIFT 系统作为一个非政府组织，原则上没有直接受命于某主权国家的义务，但事实上，经济往往不得不与政治联系在一起，无论 SWIFT 是否愿意。

② 再出口（Re-export）：从美国出口的受《美国出口管理条例》管辖的物项或基于成分比例规则、直接产品规则而受《美国出口管理条例》管辖的外国生产的物项，通过实际运送或传输的方式从进口国再次出口至第三国。参见 15 CFR § 734.14。

俄罗斯的出口许可要求扩大到美国商业管制清单①上的所有物项,但视同出口②和视同再出口的③除外;采用推定拒绝许可审查政策,并仅提供有限的许可证例外;新增针对俄罗斯的外国直接产品规则(FDP)④和针对俄罗斯军事最终用户的外国直接产品规则(MEU FDP),⑤防止使用美国先进技术和软件生产的外国原产产品出口俄罗斯;美国商务部工业与安全局(BIS)实体清单中增加了俄罗斯实体,且大多数新增实体都将适用军事最终用户的外国直接产品规则;自 2022 年 2 月以来,美国拒绝审查向俄罗斯境内的军事最终用户⑥或军事最终用途⑦出口、再出口或国内转让⑧受《美国出口管理条例》(EAR)⑨管辖物项的许可证申请;对向俄罗斯出口、再出口和在俄罗斯境内转移炼油所需的某些物项施加许可证要求;对运往俄罗斯的航空相关物项实施控制,包括对特定飞机或飞机零部件施加新的许可证要求;

---

① 商业管制清单(Commerce Control List, CCL)详细列举了受 EAR 管辖且具有 ECCN 编码的物项,包括商品、软件和技术。

② 视同出口(Deemed Export):是指在美国境内向外国人泄露受 EAR 管制的技术或源代码的行为,视为向该外国人所属的国籍国或永久居住国出口。参见 15 CFR § 734.13。

③ 视同再出口(Deemed Re-export):是指在非美国向该国的非美外国人泄露受 EAR 管制的技术或源代码,视为向该外国人所属的国籍国或永久居住国再出口。参见 15 CFR § 734.14。

④ 俄罗斯的外国直接产品规则是指:① 外国生产的产品是使用 CCL 上的任何美国原产的"技术"或"软件"生产的直接产品,或者外国生产的产品是由位于美国境外的工厂或其主要设备生产的,且该工厂或其主要设备是由 CCL 上的美国原产的"技术"或"软件"的直接产品;② 外国生产的产品属于受美国 EAR 管辖但不属于 EAR99;③ "知道"外国生产的产品的目的地是俄罗斯,或将并入或用于在俄罗斯生产或运往俄罗斯的任何部件、组件或设备的生产或开发,则该外国生产的产品出口需要美国商务部的许可证。参见 EAR734.9(f)。

⑤ 俄罗斯军事最终用户的外国直接产品规则是指:① 外国生产的产品是使用 CCL 上的任何美国原产的"技术"或"软件"生产的直接产品,或者外国生产产品是由位于美国境外的工厂或其主要设备生产的,且该工厂或其主要设备是由 CCL 上的美国原产的"技术"或"软件"的直接产品;② "知道"外国生产的产品将并入或用于"军事最终用户"的生产、购买、订购的任何部件、组件或设备的生产或开发,或者"军事最终用户"是交易参与方,例如买方、中间商、最终收货人、或最终用户,则该外国生产的产品需要美国商务部的许可证。参见 EAR734.9(g)。

⑥ 军事最终用户:包括国家武装部队(陆军、海军、海军陆战队、空军或海岸警卫队);国民警卫队和国家**警察**;政府情报部门或侦察组织;行动或职能旨在支持军事最终用途的任何个人或实体。参见 15 CFR § 744.21(g)。

⑦ 军事最终用途:并入美国军需品清单(USML)中的军事物项;并入 ECCN 编码以"A018"结尾或"600 系列"下的物项,或任何支持或有助于 USML 中的军事物项或 ECCN 编码以"A018"结尾或"600 系列"下的物项的操作、安装、维护、修理、大修、翻新、开发或生产的任何物品。参见 15 CFR § 744.21(f)。

⑧ 国内转让[Transfer (In-Country)]:是指源于美国的产品或技术出口至某国后,随后在该国内转卖。参见 EAR 734.16。

⑨ 《美国出口管理条例》(Export Administration Regulations)是美国出口管制制度的核心,主要管制民用以及军民两用物项的出口以及再出口等行为,其上位法是 2018 年《出口管制改革法案》(Export Control Reform Act of 2018)。

对任何由俄罗斯、俄罗斯国民拥有或控制，或包机或租赁给俄罗斯或俄罗斯国民的飞机提供后续服务施加许可证要求，包括但不限于加油、维护、修理或提供备件或服务；禁止向俄罗斯出口奢侈品，包括某些烈酒、烟草产品、服装、钻石、车辆和古董商品等；禁止向俄罗斯出口部分技术含量较低的工业品。

针对进口方面则包括禁止进口原产于俄罗斯的原油、石油、石油燃料及其蒸馏产品、油类及其蒸馏产品、液化天然气、煤炭、煤炭产品；禁止进口原产于俄罗斯联邦的鱼类及制品、海产品及制品、酒精饮料、非工业用钻石、黄金进口；对超过 570 种俄罗斯产品，包括矿物、木制品、金属等种类商品加征 35％的进口关税；取消俄罗斯的最惠国待遇。

（5）加大对俄罗斯国有企业和相关个人的制裁。对关系俄罗斯经济命脉的银行、石油、天然气、管道、电力、电信、铁路、物流、开采等国有企业加大实施定向制裁，[1]包括限制新股权投资和融资，并追加对俄罗斯私人商业银行（TKB）以及虚拟币挖矿公司的制裁。总部位于俄罗斯的暗网市场（Darknet Market Hydra）和虚拟货币交易所（Garantex）受到制裁的部分原因是其提供了潜在的、逃避制裁的途径。[2]

（6）除上述定向制裁措施外，美国总统通过签发第 14065 号行政命令对乌克兰顿涅茨克地区和卢甘斯克地区实施全面制裁，[3]禁止美国人在上述地区进行投资、贸易和融资，同时，允许美国财政部对任何在该两个地区活动的人实施制裁。[4]

4. 美国盟友对俄罗斯的制裁

为使对俄罗斯制裁发挥最大效果，美国一直联合盟友共同行动。

---

[1]《美国对外开展制裁的历史及工具箱》，https://www.secrss.com/articles/50122，最后访问日期：2023 年 2 月 5 日。

[2] Treasury Sanctions Russia-Based Hydra. World's Largest Darknet Market and Ransomware-Enabling Virtual Currency Exchange Garantex. https://home.treasury.gov/news/press-releases/jy0701，最后访问日期：2023 年 1 月 28 日。

[3] 美国全面制裁是指美国针对特定的国家和地区实施的贸易禁运。如果美国对某一国家或地区实施全面制裁，则未经许可或有例外规定，美国人以及相关活动与美国存在连接点的非美国人不得开展与上述受制裁国家或地区有关的任何业务。参见孙才华：《美国经济制裁风险防范：实务指南与案例分析》，人民日报出版社 2020 年版。

[4] E.O. 14065，https://home.treasury.gov/system/files/126/14065.pdf，最后访问日期：2022 年 12 月 31 日。

　　美国的盟友采取的主要制裁措施基本与美国相同,但基于各国自身的经济结构以及对俄罗斯经济的依赖度,又有区别(见表3)。[①]

表3　美国及其盟友对俄罗斯的主要制裁措施一览

主要制裁措施	美国	欧盟	英国	加拿大	日本	澳大利亚	瑞士
禁止从俄罗斯进口石油	√	√	√	√	√	√	√
禁止从俄罗斯进口天然气	√	×	×	×	×	√	×
禁止从俄罗斯进口煤炭	√	√	√	×	√	×	×
禁止从俄罗斯进口黄金	√	√	√	√	√	√	√
禁止从俄罗斯进口金属(例如钢、铁)	×	√	×	√	×	√	√
禁止向俄罗斯出口金属	√	√	×	√	×	×	×
禁止向俄罗斯出口奢侈品	√	√	√	√	√	√	√
禁止从俄罗斯进口奢侈品	√	√	√	√	√	√	√
限制向俄罗斯出口技术	√	√	√	√	√	√	√
限制俄罗斯国有媒体广播	√	√	√	√	×	√	×
限制向俄罗斯出口专业服务(例如咨询、会计服务等)	√	√	√	√	×	×	√
限制俄罗斯从国际货币基金组织和世界银行等国际金融机构获得资金	√	√	√	√	√	√	√
取消俄罗斯最惠国待遇	√	√	√	√	√	√	×
限制俄罗斯主权债务	√	√	√	√	√	√	√
限制俄罗斯银行开设代理银行账户	√	×	√	×	×	×	×
限制俄罗斯银行接入 SWIFT	√	√	√	√	√	×	√

　　虽然俄罗斯在美国贸易和投资中所占的份额仅为2%—3%,[②]但其一直是欧盟重要的经济伙伴,尤其在俄乌冲突之前,欧盟有40%的天然气、

① Castellum AI. Major Sectoral Sanctions and Export Control Restrictions, https://www.datawrapper.de/_/SzSva/,最后访问日期:2022年12月15日。
② 《疫情和对抗双重压力下,俄罗斯与美国的贸易情况》,https://www.163.com/dy/article/GQBS7MRP05491QIY.html,最后访问日期:2023年1月27日。

27％的石油和46％的煤炭进口都来自俄罗斯，[①]所以，欧盟在对俄罗斯实施制裁的同时，一直对某些与能源相关交易实施豁免，例如欧盟虽然也禁止从俄罗斯进口原油和石油产品，但该禁令有一个过渡期，即自2022年12月5日起实施禁止进口原油，自2023年2月5日起实施禁止进口其他石油产品，但仍对通过管道进口原油实施豁免。另外，欧盟还对俄罗斯石油和石油产品的出口实施限价政策设置了过渡期，如果未来油价上限发生任何变化，都需要有90天的过渡期。[②] 此外，欧盟从未对俄罗斯天然气实施进口禁令。[③] 欧盟金融制裁的矛头也只针对俄罗斯境内的10家金融机构。[④]

5. 俄乌冲突以来美国及西方国家对俄制裁的特点

第一，金融断血。切断某些俄罗斯银行的SWIFT链接可谓动用了"金融核武"，使俄罗斯国际支付困难重重，开始与国际金融体系脱钩。制裁央行等使得俄罗斯有超过48.6％的海外储备金被以美国、英国、澳大利亚等国为首的制裁集团所冻结。除此之外，对于原产于俄罗斯相关产品的进口限制，进一步阻断了俄罗斯的资金流入。

第二，高新技术、专业服务断供。美国商务部将针对俄罗斯的出口许可要求扩大到美国商业管制清单上的所有物项，而且还新增针对俄罗斯外国直接产品规则和针对俄罗斯军事最终用户的外国直接产品规则，严密防止使用美国先进技术和软件生产的产品以任何规避性途径出口俄罗斯。这些技术出口限制得到了盟友的支持。美国和西方国家禁止直接或间接地向俄罗斯提供某些商业相关的专业服务等，使得俄罗斯企业孤立无援，政府感受到来自国内各行业的压力。

第三，非全面禁运，制裁留有余地。在俄罗斯个人、实体、船只和飞机受

---

① 《全球能源断供危机：欧盟40％天然气、27％石油和46％煤炭进口俄罗斯》，http://finance.sina.com.cn/money/future/fmnews/2022-03-28/doc-imcwiwss8544708.shtml，最后访问日期：2023年1月27日。

② 《60美元！西方为俄石油价格设上限，俄罗斯警告寒冬将至》，https://baijiahao.baidu.com/s? id=1751328418573086617&wfr=spider&for=pc，最后访问日期：2023年1月31日。

③ 《俄罗斯对欧洲的天然气出口量大幅度缩减！已降至30年来的最低水平》，https://www.163.com/dy/article/HQD9703F0552JOAV.html，最后访问日期：2023年1月27日。

④ 10家金融机构包括：俄罗斯外贸银行（VTB Bank）、俄罗斯银行（Rossiya Bank）、"开放"金融公司（Otkritie）、Novikombank银行、Sovcombank银行、俄罗斯工业通信银行（Promsvyazbank）、俄国家开发集团（VEB.RF）、俄罗斯联邦储蓄银行（Sberbank）、莫斯科信贷银行（Credit Bank of Moscow）、俄罗斯农业银行（Russian Agricultural Bank）。

到的 13 072 项制裁中,有 10 377 项制裁是在俄乌冲突爆发后实施的,使俄罗斯成为全球受到制裁最多的国家(见图 2)。然而,由于俄罗斯是世界第 11 大经济体(按名义 GDP 计算),①且俄罗斯是石油、天然气、多种金属(例如钛、铝和镍)、用于半导体生产的化学气体、小麦和化肥等商品的主要全球供应商,所以截至目前,美国和西方国家出于各自的利益考虑,并未对俄罗斯实施全面禁运。美国未像对伊朗、古巴、朝鲜等小型经济体那样对俄罗斯制裁项目中附加大量次级制裁,没有迫使所有公司在俄罗斯和美国市场之间做出选择。欧盟仍然要从俄罗斯进口天然气,故其不支持切断所有俄罗斯银行与 SWIFT 的联系。此外,大多美国的盟友则除奢侈品外,仍然保留对俄罗斯的一般货物出口贸易。

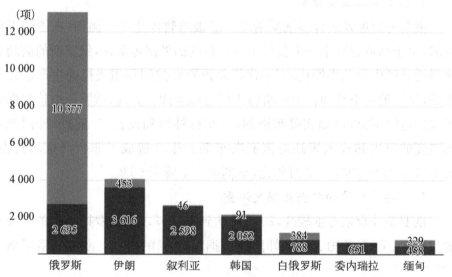

图 2　俄罗斯成为全球受制裁最多的国家

(二)美国和西方国家对俄的主要制裁措施的效果及影响

1. 资本外流加剧

由于俄罗斯的外国融资主要来自实施制裁的西方国家,且俄罗斯一直

①《2021 全球经济 GDP 排名,各国 GDP 排名一览》,https://www.cadforex.com/gdp/95522.html,最后访问日期:2023 年 1 月 27 日。

无法找到重要的新外国资金来源，所以，在俄乌冲突爆发后俄罗斯的外资净流出规模创历史新高。根据俄罗斯官方国际收支统计数据，2022 年 1—6 月，流入俄罗斯的外国直接投资（FDI）净流入为负 400 亿美元，跌至历史最低水平。[①]

2. 国际支付困难重重

2022 年 6 月，俄罗斯政府因支付问题发生了数十年来首次外债违约。[②] 违约使俄罗斯在未来几年难以从国际市场借款，并进一步阻碍了俄罗斯公司进入国际金融市场。虽然俄罗斯自 2014 年克里米亚危机后就开始积极开发自己的"Mir"支付系统，并在俄罗斯境内广泛使用，但 Mir 支付系统在国外的使用极为有限。据俄罗斯 Mir 系统官网介绍，目前全球仅有 11 个国家和地区接受 Mir 卡。

3. 俄罗斯工业受重创

俄乌冲突爆发后许多俄罗斯工厂已被迫暂停生产。例如，在国防工业领域，由于制造过程中缺少包括半导体在内的外国零部件，俄罗斯的高超音速弹道导弹生产几乎停止，下一代机载预警和控制军用飞机的生产也已经停滞，生产地对空导弹在内的机械工厂已经关闭。为此，俄罗斯被迫转向技术欠发达的国家，例如朝鲜和伊朗，以获得补给和设备。[③] 此外，外国汽车制造商的退出和投入短缺对俄罗斯车辆的生产造成了非常严重的打击，2022 年 5 月与 2021 年 5 月相比，车辆生产下降了 95%。[④]

4. 一些出口导向型企业损失惨重

俄罗斯外贸依存度较高，2021 年达到 47.6%，[⑤]而俄罗斯外贸的主要来源仅欧盟、美国、英国、日本、韩国就占据了 50% 的份额。欧盟是俄罗斯大

① Mahlstein K., C. McDaniel, S. Schropp and M. Tsigas. Potential Economic Effects of Sanctions on Russia: An Allied trade embargo, http://cepr.org/voxen/columns/potential-economic-effects-sanctions-russia-allied-trade-embargo，最后访问日期：2023 年 1 月 27 日。

② Simola H. What Effects have Sanctions had on the Russian Economy? https://www.weforum.org/agenda/2022/12/sanctions-russian-economy-effects/，最后访问日期：2022 年 12 月 31 日。

③ Department of State. The Impact of Sanctions and Export Controls on the Russian Federation, https://www.state.gov/the-impact-of-sanctions-and-export-controls-on-the-russian-federation/，最后访问日期：2022 年 12 月 31 日。

④ Maria Demertzis, Benjamin Hilgenstock, etc. How have Sanctions Impacted Russia? https://www.bruegel.org/policy-brief/how-have-sanctions-impacted-russia，最后访问日期：2022 年 12 月 31 日。

⑤ 驻俄罗斯联邦大使馆经济商务处：《2021 年俄外贸额 7894 亿美元，同比增长 37.9%》，https://ru.mofcom.gov.cn/article/jmxw/202202/20220203280425.shtml，最后访问日期：2023 年 1 月 27 日。

多数商品的主要出口市场,随着欧盟进口禁令的生效,俄罗斯的一些行业的出口出现大幅下降,其中木材和钢铁行业的降幅最大。与俄乌冲突前出口量相比,2022 年 7 月,俄罗斯钢铁行业的产量下降了 8%、木材行业的产量下降了 22%。[①] 俄罗斯国际航空运输业因飞机租赁和维护合同的取消等制裁而严重受挫。[②]

5. 俄罗斯经济长期增长受到侵蚀

进口短缺和国内工业发展不佳、低投资率、不利的人口趋势等都严重侵蚀了俄罗斯长期经济发展的潜力。世界银行、国际货币基金组织(IMF)和经济合作与发展组织(OECD)预测俄罗斯的国内生产总值(GDP)在最好的情况下至少下降 3.4%。而且,2023 年继续萎缩,俄罗斯的国内生产总值在最好的情况下同比下降 2.3%,在最坏的情况下降 5.6%。[③]

二、俄罗斯等受制裁对象的反制措施及其效果与影响

(一)俄罗斯反制措施效果及其影响

1. 俄乌冲突前的自救与反制

(1)实施进口替代战略。在俄乌冲突升级之前,俄罗斯政府就对金融、能源、科技等多个领域加强"堡垒式防御"战略建设,这一战略也被称为"俄罗斯堡垒"(Fortress Russia)。其核心就是通过整合升级国内产业供应链,建立一套具有防御能力、能够自给自足的经济体系。[④] 实施进口替代战略是"俄罗斯堡垒"战略建设的重要一环。

2015 年,俄罗斯颁布《关于保障经济可持续发展和社会稳定的优先措施》,围绕进口替代实施积极的产业政策,在农业、工业、高新技术等关键重点领域上加大财政补贴力度和对公共采购的进口限制,加快推

---

① Simola H. Russian Foreign Trade after Four Months of War in Ukraine, https://publications.bof.fi/bitstream/handle/10024/52212/bpb2205.pdf? sequence=1&isAllowed=y,最后访问日期:2022 年12 月31 日。

② Maria Demertzis, Benjamin Hilgenstock, etc. How have Sanctions Impacted Russia? https://www.bruegel.org/policy-brief/how-have-sanctions-impacted-russia,最后访问日期:2022 年 12 月 31 日。

③ U.S. Deparement of State, Impact of Sanctions on the Russian Economy, https://www.consilium.europa.eu/en/infographics/impact-sanctions-russian-economy/,最后访问日期:2022 年 12 月 31 日。

④ 周毅:《"俄罗斯堡垒":深度解析制裁下的俄罗斯经济》,https://baijiahao.baidu.com/s? id=1727001947292210177&wfr=spider&for=pc,最后访问日期:2023 年 2 月 1 日。

进产业升级。① 2021 年 7 月，俄罗斯在颁布的《国家安全发展战略》中明确指出，实施积极的进口替代战略，以减少对外国产品的依赖，加快本国关键经济领域发展。②

为此，俄政府制定了相关企业优惠清单，扩大企业入围标准，以使更多符合标准的企业获得政府支持，大力推动建立国家技术主权和实现国家安全。而且，由于俄罗斯对国内产品的需求量激增，俄罗斯相关主管部门推出"进口替代交易所"在线采购平台，方便采购商和供应商直接进行在线交易，进一步拓宽国内产品供应渠道，加快各种配套工业产品的国内生产。③ 同时，俄罗斯也调整了人才培养机制，科学教育部部长法尔科夫呼吁高校负责人应将资源集中在解决关键科学技术问题上，以替代不友好国家供应技术，确保本国技术主权。④

（2）实施"去美元化"的政策。在"俄罗斯堡垒"战略建设的所有含义之中，"去美元化"无疑是最重要的一环。⑤ 俄罗斯在"去美元化"方面主要的反制措施包括以下内容。

第一，降低美元在俄罗斯国际储备中的份额。2014 年，美元在俄罗斯国际储备中的份额中占 39.6％，2022 年美元占比降至 10.9％。⑥ 在持有美国国债规模上更是削减至近乎"清仓"。与此同时，俄罗斯不断增加人民币和黄金储备的占比，以此弱化美元影响力。

第二，推出数字卢布、加密货币和代币。2018 年年初，俄罗斯联邦财政部编写并发布了《数字金融资产联邦法（草案）》，其仅定义了两种类型的数字金融资产：加密货币和代币。加密货币被定义为成员根据数字交易登记

---

① План первоочередных мероприятий по обеспечению устойчивого развития экономики исоциальной стабильности в 2015 году，http：//government.ru/docs/16639/，最后访问日期：2022 年 12 月 9 日。

② Указ Президента Российской Федерации О Стратегии Национальной Безопасности Российской Федерации，https：//docs.cntd.ru/document/607148290，最后访问日期：2022 年 12 月 9 日。

③ Импортозамещение в России в 2022 году，https：//kassa.mts.ru/blog/for-business/importozameshchenie-v-rossii-v-2022-godu/，最后访问日期：2022 年 12 月 17 日。

④ Дмитрий Чернышенко поручил до 1 июня внести предложения по импортозамещению программно-аппаратного комплекса вузов，http：//government.ru/news/45244/，最后访问日期：2022 年 12 月 17 日。

⑤ 周毅：《"俄罗斯堡垒"：深度解析制裁下的俄罗斯经济》，https：//baijiahao.baidu.com/s?id=1727001947292210177&wfr=spider&for=pc，最后访问日期：2023 年 2 月 1 日。

⑥ 《俄央行：年初持有黄金和人民币占储备 38.6％ 美元降至 10.9％》，https：//www.cqcb.com/gongsifengxiangbiao/2022-04-12/4837827_pc.html，最后访问日期：2023 年 2 月 5 日。

册的规则,在分布式数字交易登记册中创建和记录的一种数字金融资产。而代币则是由法律实体或企业家个人为吸引融资而发行的一种数字金融资产,并记录在数字登记册中。由于加密货币具有独立网络、交易匿名、转移快捷等特点,加密货币可以直接进行点对点交易,绕开加密货币交易所,以摆脱美国的监控,因此俄罗斯将其视为规避美国和西方国家制裁的有效工具。

2020 年 10 月,俄罗斯银行发布了一份关于"数字卢布"项目的公众咨询报告。[①] 俄罗斯银行于 2021 年 4 月发布了"数字卢布的概念"。[②] 俄央行表示,数字卢布是国家主权货币的一种形式,将由俄罗斯银行以数字形式发布,并以唯一数字代码形式存储在特殊电子钱包中,其结合了现金与非现金卢布的特性。是俄罗斯的第三种国家货币形式,在使用中与现金卢布和非现金卢布等同。俄罗斯银行副行长阿列克谢·扎博特金指出,如果一切按计划进行,俄罗斯的中央数字银行货币(CBDC)可能会在 2023 年成为现实。[③]

(3) 建造新的跨境支付体系。早在 2014 年,俄罗斯便打造了属于自己的金融信息传输系统 SPFS,该系统在 2017 年开始全面运行。目前 SPFS 系统可为俄 300 多家金融机构和企业,以及来自欧亚经济联盟国家、土耳其等国的 20 余家机构提供服务。[④] 2015 年,俄罗斯还推出了支付系统 Mir 卡,2021 年发行量已经突破 1 亿张,2022 年上半年发行的 Mir 卡超过 2 000 万张。[⑤] 俄罗斯正在设法扩大 Mir 卡接受国的数量。

(4) 控制关键能源供应。俄罗斯是世界第一大天然气生产国和出口国。由于管道等设施限制,欧洲很难从其他国家进口天然气,俄罗斯因此成为欧洲天然气的主要供应商。据统计,2020 年俄罗斯提供了约 44％的欧盟

① Bank of Russia. Digital Ruble:Report for Public Consultations,https://www.cbr.ru/statichtml/file/113008/consultation_paper_201013_eng.pdf,最后访问日期:2023 年 2 月 5 日。

② Bank of Russia. Concept of Digital Ruble,https://www.cbr.ru/Content/Document/File/120239/dr_cocept.pdf,最后访问日期:2023 年 2 月 6 日。

③ Townsend M. Bank of Russia Prepares for Digital Ruble Launch. *Global Finance*,Vol. 35,No. 5,2021,p.101.

④ Набиуллина назвала российский аналог SWIFT достойной заменой оригиналу. https://secretmag.ru/news/nabiullina-nazvala-rossiiskii-analog-swift-dostoinoi-zamenoi-originalu-28-02-2022.htm,最后访问日期:2023 年 2 月 6 日。

⑤ Russia:Number of Issued Mir Payment Cards Surpasses 134 Mln. *Asia News Monitor*,Jul.18,2022.

天然气的消费量，大约 1/3 的欧盟成员国 50％以上的天然气从俄罗斯进口。[1] 鉴于欧盟成员国对俄罗斯天然气的依赖性，俄罗斯根据与消费国的关系以及作为合同谈判的筹码，不断调整天然气价格，甚至还调整供应，利用天然气资源作为应对美国和西方国家制裁的手段。例如，2014 年 9 月，俄罗斯对波兰、斯洛伐克、罗马尼亚的天然气供应量分别减少了 24％、10％、5％。[2]

（5）出台《俄罗斯反制裁法》，并加强执法。虽然有"冷战"时期的制裁作为前车之鉴，但是俄罗斯并没有精心打造反制裁法律制度。[3] 2006 年 12 月 30 日颁布的第 281 号联邦法令《有关特殊经济措施与被迫措施的规定》是其采取相关反制措施的法律基础，[4]直到 2018 年 6 月 4 日，俄罗斯才出台了《针对美国和其他国家不友好行为的措施（反措施）的法律》（简称《俄罗斯反制裁法》），从国家立法的高度对美国的单边经济制裁进行反制，为反制提供了国内法律层面的依据。《俄罗斯反制裁法》规定，俄罗斯可以针对美国和其他国家对其实施的制裁采取一系列报复措施。该法的适用对象包括对俄罗斯实施制裁的国家、受该国管辖的组织、受该国直接（间接）控制或附属的组织和该国的官员与公民。[5] 报复措施包括以下六大类型：终止或暂停与实施制裁的国家和外国组织的国际合作；禁止或限制进口由实施制裁国家或外国组织生产的货物或原材料，但俄罗斯不生产的生活必需品以及公民自用品除外；限制外国组织从俄罗斯进口某些产品或原材料；禁止外国组织参与俄罗斯的私有化进程；禁止外国组织参与俄罗斯的政府采购项目；总统决定的其他报复措施。[6] 2020 年 6 月 8 日，俄罗斯总统普京又签署了第 171 号联邦法律——《关于修订〈俄罗斯联邦仲裁程序法典〉以保护个人和法律实体在外国、国家联合和（或）联盟以及外国或国家联合和（或）联盟的国家（国家间）组织实施的限制性措施中的权利的联邦法律》，该法是根据

---

① The Role of Russian Natural Gas. https://crsreports.congress.gov/product/pdf/IN/IN11900，最后访问日期：2023 年 2 月 3 日。
② 徐秀军：《西方国家 vs 俄罗斯：制裁与反制裁的较量》，《当代金融家》2015 年第 2 期。
③ ［俄］纳·鲍·帕莫扎娃：《当前俄罗斯应对制裁问题的前景》，张猛译，《俄罗斯东欧中亚研究》2021 年第 6 期。
④ No.281－Φ3 号联邦法律，http://base.garant.ru/12151317，最后访问日期：2023 年 2 月 5 日。
⑤ 《针对美国和其他国家不友好行为的措施（反措施）的法律》第 1 条。
⑥ 《针对美国和其他国家不友好行为的措施（反措施）的法律》第 1 条。

《俄罗斯反制裁法》制定得更加具体的反制措施。[①]

依据上述法律,俄罗斯已开展对因受制裁损害的俄罗斯实体的司法救济。2021年4月13日,莫斯科仲裁庭依照171号法律作出要求5日内解除对某俄罗斯有关账户的封锁,判令谷歌美国公司、谷歌爱尔兰公司和谷歌俄罗斯公司在判决生效后5日内解除对Tsargrad TV YouTube账户的封锁,否则,将被处以每日10万卢布的司法违约金,而且司法违约金数额还会每周翻倍,直至法院判决得到履行。三家谷歌公司互相承担连带责任。[②]

2. 俄乌冲突爆发后进一步紧急反制措施

(1) 隐藏俄罗斯原油产地。通过改变俄罗斯油的比例而隐藏其原油产地,从法律技术上规避制裁。有人指出,技术上只有超过50%的俄罗斯原油参与量,才可能构成俄罗斯原产地。因此,出口原油中俄罗斯原产油如低于50%,可实现"合规出售"的目的,[③]但是美国制裁实际影响远远小于预期。[④]

(2) 购买零件并进一步组装。虽然某些整件电子产品被禁止进口俄罗斯,但是俄罗斯公司可以购买这些电子产品的零部件再进行境内加工为成品,例如俄罗斯很多公司会从中国进口电子零部件,再在俄罗斯境内组装成完整的产品,以此来规避制裁。

(3) 通过其他国家进行中介贸易。中介贸易是俄罗斯商人使用的又一规避制裁方式。举例来说,德国制裁禁止特定产品供给俄罗斯,此时俄罗斯可以选择土耳其作为中介国购买被制裁的特定产品。但是由于这种方法存在违反出口管制、走私的风险,因此也容易受到追踪。[⑤]

(4) 远程开户。据统计,自俄乌冲突以来,俄罗斯与白俄罗斯实体和个人已在乌克兰开立了超过12 000个银行账户,使得即使不能在俄罗斯平台

[①] http://publication.pravo.gov.ru/Document/View/0001202006080017,最后访问日期：2022年1月26日。

[②] 杜涛、周美华：《应对美国单边经济制裁的域外经验与中国方案：从〈阻断办法〉到〈反外国制裁法〉》,《武大国际法评论》2021年第4期。

[③] 《瞒天过海卖"混合油"！这些国家闷声发"战争财"》,https://www.sohu.com/a/632268623_557006,最后访问日期：2023年1月26日。

[④] https://www.gisreportsonline.com/r/russia-evade-sanctions/,最后访问日期：2022年12月31日。

[⑤] 2022年3月2日,美国总检察长宣布成立KleptoCapture特遣部队,这是一个跨机构执法特遣部队,致力于执行美国与盟国和合作伙伴一起实施的全面制裁、出口限制和经济反制措施,是对俄罗斯军事入侵乌克兰的回应。https://www.justice.gov/usao-edny/pr/five-russian-nationals-and-two-oil-traders-charged-global-sanctions-evasion-and-money,最后访问日期：2023年2月5日。

使用 VISA，但是依然可以进行国际支付。

（5）公司重组。俄罗斯公司通过清算重组等方式隐藏最终经济受益人。由于没有最终受益人的准确身份，使得制裁措施很难对被制裁国家的公司产生预期的影响。① 俄罗斯公司还通过股权架构改变，将被制裁实体控制的所有权股份减少到 50％ 及以下，避免适用美国财政部海外资产办公室的 50％ 规则。2022 年 5 月，俄罗斯媒体报道称该国最大的金融机构国有储蓄银行已将其部分资产出售给一家成立于 2022 年 3 月的名不见经传的公司，此次出售的目的在于试图保护这些资产免受制裁。

（6）重建国际供应链。俄罗斯在遭到制裁的能源、商品、银行、出口、航空业这些领域尝试建立新的国际供应链，寻找新的贸易伙伴，例如，土耳其航空发展公司在俄乌冲突后，只提供从俄罗斯到土耳其的航线，以此支持俄罗斯的旅游行业。② 目前，俄罗斯正在加强与古巴、伊朗、朝鲜、叙利亚和委内瑞拉等同样被制裁国家以及中国的联系，寻找受限技术与商品的替代供应商。

（7）替代性支付与金融反制。2022 年 9 月，俄罗斯黑客开发了新的勒索技术软件，即可以通过隐藏区块链中传输信息、破坏可追溯性的方式，使美国当局难以追踪俄罗斯公司及政府进行的交易，最终使加密货币得以流向俄罗斯。这项技术与非托管钱包相衔接，给俄罗斯支付体系带来了进一步转机。③ 俄罗斯还发出"卢布结算令"，抓住了欧盟各国天然气方面的"死穴"，给欧盟施加压力，迫使欧盟等不友好的国家用卢布来购买天然气，以规避美国制裁并稳定汇率。普京签署了《关于履行对某些外国债权人义务的临时程序》的总统令，允许俄罗斯国家、企业和个人对"对俄罗斯法人和自然人实施不友好行为"的国家的债权人，按照国内市场汇率，直接通过俄罗斯指定的银行以卢布进行偿还。此外，俄罗斯还进一步推进使用替代性的金融信息交换系统 SPFS，重构金融基础设施。

---

① 《俄罗斯铝业寡头未阻止 EN＋集团迁册被认定违反裁决执行担保（英国案例）》，https://iidps.bit.edu.cn/gatsw/2ccb89ca9a82492fa850d0a123c7d152.htm，最后访问日期：2023 年 1 月 28 日。

② https://www.justice.gov/usao-edny/pr/five-russian-nationals-and-two-oil-traders-charged-global-sanctions-evasion-and-money/，最后访问日期：2022 年 12 月 31 日。

③ 《俄乌战争使勒索软件支付变得更加困难》，https://www.51cto.com/article/711085.html/，最后访问日期：2022 年 12 月 31 日。

（8）知识产权反制措施。自俄乌冲突以来，一方面，俄罗斯出台最新文件"强制许可"，允许在没有商标拥有者同意的前提下平行进口某些特定商品，例如机动车、技术、金属、药品、服装。① 另一方面，对不友好的国家的专利费用也将不再偿付。俄罗斯还以政府命令的形式修改了欧洲专利局和美国专利商标局同俄罗斯机构之间的专利合作计划。② 对于不友好国家的发明、实用新型或工业设计，俄罗斯可以在不进行任何补偿的前提下使用。

（9）以国有化等有针对性的措施进行对外反制。美国、欧盟等 27 个成员国、乌克兰、英国、日本、澳大利亚、新西兰、加拿大、韩国、新加坡等 48 个已经宣布对俄罗斯采取制裁的国家或区域被俄罗斯列为不友好的国家和区域，其宣称将暂停在俄罗斯经营或宣布撤出的外资企业，俄罗斯将采取冻结账户和资产、引进外部管理以及资产国有化等措施，并将近 60 家外国公司国有化，这些公司包括苹果、微软、大众、宜家、IBM、壳牌、麦当劳、保时捷。③针对俄罗斯海外资产被冻结，俄罗斯国内采取了"去离岸化"措施，让海外上市股票回归，以改变股权和管理结构。2022 年 5 月 3 日，普京在《关于对某些外国和国际组织的不友好行为适用报复性特殊经济措施令》上签字，禁止将生产原料出口给不友好的国家的法人和自然人；禁止同这些法人和自然人进行财务和商务活动；④暂停向美国提供 RD－180 火箭发动机；终止德俄国际空间站的联合试验以及在法属圭亚那航天中心与欧洲航天机构进行的空间发射。⑤

（10）限制资本流出。根据俄罗斯中央银行 2022 年 2 月 28 日第 018－

---

① Параллельный импорт и авансы по госконтрактам. Новый пакет помощи бизнесу от кабмина，https://tass.ru/ekonomika/14229671，最后访问日期：2023 年 1 月 28 日。

② Постановление Правительства Российской Федерации. О внесении изменения в пункт 2 методики определения размера компенсации, выплачиваемой патентообладателю при принятии решения об использовании изобретения, полезной модели или промышленного образца без его согласия, и порядка ее выплаты，https://pharmvestnik.ru/documents/299-ot-6-03-2022，最后访问日期：2023 年 1 月 27 日。

③ Дмитрий Коротаев. В России создан перечень из 60 компаний-претендентов на национализацию，https://iz.ru/1302920/2022-03-10/v-rossii-sozdan-perechen-iz-60-kompanii-pretendentov-na-natcionalizatciiu，最后访问日期：2023 年 1 月 27 日。

④ Указ Президента РФ, О применении ответных специальных экономических мер в связи с недружественными действиями некоторых иностранных государств и международных организаций，http://www.kremlin.ru/acts/bank/47802，最后访问日期：2023 年 1 月 28 日。

⑤ Россия прекратила поставки ракетных двигателей в США，https://ria.ru/20220303/postavki-1776235132.html? in=t，最后访问日期：2023 年 1 月 28 日。

34/1202号命令，自3月1日起，暂停外国法人实体和个人出售俄罗斯证券，禁止居民将外币汇入外国账户，或使用外国支付服务供应商的电子支付工具在不开设银行账户的情况下把钱转出。俄总统普京签署《关于采取补充临时经济措施确保俄联邦金融稳定的命令》，根据该命令，自3月2日起，俄居民向不友好国家人员提供卢布贷款或与之开展证券和不动产交易时，要获得俄政府外国投资监管委员会许可；开展证券交易时，要获得俄央行和财政部许可，并在指定交易所进行；禁止从俄携带等值1万美元以上的外币现金出境。[①]

俄罗斯反制措施见表4所示。

表4　俄罗斯反制措施及具体表现汇总

反制措施	具 体 表 现
市场干预	禁止向外国人"不友好管辖区"的外国账户转账
	未经授权进口商同意的灰色（平行）进口合法化
	暂停破产程序至2022年10月
	某些行业的税收减免和非金融激励措施（例如免征军饷）
	将商业董事的制裁合规定为刑事犯罪（待定）
加强对美西方公司的审查	劳动部的审查和要求
	税务和海关当局的审计
	消防、安全、卫生当局的不通知检查
	跨国公司不得因政府授权的紧急专利使用而获得赔偿
对美国及西方国家资产的约束和追溯措施	跨国公司买卖房地产需要政府批准
	跨国公司出售（购买）股权需要政府批准
	针对制裁导致的不履行行为的新不可抗力制度

[①] Указ о дополнительных временных мерах экономического характера по обеспечению финансовой стабильности России, http://www.kremlin.ru/events/president/news/67886，最后访问日期：2023年1月28日。

续　表

反制措施	具 体 表 现
对美国及西方国家资产的约束和追溯措施	延长知识产权相关合同并强制性俄罗斯卢布付款
	对外国银行子公司运营的限制（待定，对意大利银行的某些限制已经生效）
暂停外国控制权	法院任命"外部管理人"来控制所有者已表示有意在俄罗斯缩减规模或涉嫌怀有此类意图的资产（待定）
	未经所有者同意在俄罗斯登记册上重新登记外国飞机
	外国公司不得再持有采矿许可证，必须将所有权转让给在俄罗斯注册成立的公司（待定）

俄罗斯的反制裁措施大体可以分为三种：即规避性、替代性和进攻性。规避性措施主要包括隐藏原产地、购买零部件而回避对整机的出口限制、通过中介掩饰最终用户进行贸易、重组公司结构切断与被制裁对象的联系或回避 50% 规则的适用等；替代性措施主要包括本国进口替代、寻找替代性外国供应商与合作伙伴、替代市场及各种"去美元化"措施；进攻性措施则主要包括对等的黑名单制裁、对制裁方重要的关键领域断供或停止服务、对外国知识产权的强制许可、外国投资的国有化、对大量交易设置政府许可、强制卢布结算等。应该说，针对美国和西方国家对俄罗斯的禁入、金融限制、商业服务限制、技术禁运、歧视性贸易等制裁措施，俄罗斯都一一回应，可谓"镜像反制"，但是总的来说很难达到对等的效果，且往往让俄罗斯企业陷入两难。

（二）其他国家或区域的反制措施效果及其影响

虽然本文主要讨论俄乌冲突下的制裁与反制，但由于美国制裁历史比较悠久，且其制裁涉及多国，故研究不同国家、区域采取的反制措施对中国反制与中国企业应对大有裨益。按受影响的程度不同，受制裁措施影响的国家和区域可分为三类：第一类为欧盟、加拿大、澳大利亚、墨西哥、英国等美国"友邦"，通常是因为其实体或个人与受制裁对象合作而受到美国次级制裁波及。第二类为曾被美国视作战略威胁、战略对手且与美国有过贸易摩擦的国家，例如日本，美国曾对其实施过技术禁运等歧视性措施。第三类为俄罗斯、伊朗、古巴、朝鲜、委内瑞拉等被美国全面制裁国家。美国将这些国家作为主要定向制裁的对象，其受到的制裁影响远大于前两者。上文已讨论了第三类中的俄罗斯的反制措施，此处主要分析其他两类国家或区域的反制措施。

1. 阻断立法

（1）欧盟。欧盟一般会采取直接列明具有次级制裁效力的法律进行阻断。早在1996年，欧盟为了阻断美国制裁古巴的《赫尔姆斯-伯顿法案》和制裁伊朗和利比亚的《达马托法案》，对欧盟企业产生的域外管辖效果颁布了《关于反对第三国立法域外适用的第2271/96号条例》（简称《欧盟阻断法》），然而美国几任总统对最具争议的《赫尔姆斯-伯顿法案》第三部分的推迟实施，使得《欧盟阻断法》长期处于停用状态。[①]　2018年，美国宣布退出《伊核协议》，重启《赫尔姆斯-伯顿法案》第三部分，欧盟通过了《〈关于反对第三国立法域外适用的条例〉附件修正案的第2018/1100号条例》，修改并重新启用了《欧盟阻断法》。目前，《欧盟阻断法》在其附件中列明的应加以阻断的美国法律包括制裁古巴的1993年《国防授权法案》和1996年《古巴自由和民主团结法案》、制裁伊朗的1996年《伊朗制裁法案》、2012年《伊朗自由和反扩散法案》、2012年《国防授权法案》、2012年《减少伊朗威胁和叙利亚人权法案》和2012年《伊朗交易和制裁条例》。《欧盟阻断法》中包含四项核心制度：阻断美国特定法律在欧盟境内的效力、[②]禁止相关主体遵守美国特定法律、[③]适用主体有权在申请后遵守外国的相关法律[④]、允许相关主体就美国特定法律给其造成的损失进行索赔。[⑤]

---

① 1959年古巴革命胜利后，一些美国公司和个人财产被古巴政府没收。《赫尔姆斯-伯顿法案》第三章规定，美国公民可以在美国法院对使用这些财产的古巴实体以及与其有经贸往来的外国公司提起诉讼。

② 《欧盟阻断法》第4条："法院和仲裁庭的判决以及欧盟之外行政当局的决定，如果直接或间接地使这些（附件中的外国）法律或基于此法律的行为或由此产生的行为有效，则均不得以任何方式被认可或执行。"

③ 《欧盟阻断法》第5条："任何欧盟的自然人和法人均不得遵守美国法院依据经济制裁法律法规所作出的要求或禁令。"

④ 《欧盟阻断法》第5条："如不遵守这些（附件中的外国）法律将会严重损害该主体或欧盟的利益，该主体可按照第7和8条规定的程序被授权全部或部分遵守这些法律。"

⑤ 《欧盟阻断法》第6条："本法适用主体有权就因适用这些（附件中的外国）法律或基于该法律或由该法律产生的行为而对其造成的任何损害获得赔偿，包括法律费用……此等索赔可以向造成该损害的自然人、法人或者其他实体或者代表其行事的人或中间人提出。"

关于《欧盟阻断法》的效果和局限，有学者认为《欧盟阻断法》的意义在于：一是为欧盟同美国在对外经济制裁问题上的谈判提供了重要筹码；二是为欧洲企业在外国法院应诉提供"外国主权强制"①的抗辩的可能性；三是为欧洲企业在商事合同中提供了普遍有效的法律保护。然而，其局限在于：一是使相关企业陷入"两难境地"；二是实施效果受制于企业自身的利益权衡；三是处罚力度较弱，不利于有效执行。② 有学者则直接指出《欧盟阻断法》具有政治欺骗性，欧盟各国执行过程中解释和适用该阻断法存在不一致的情况。例如，德国汉堡高等法院在审理"伊朗梅利银行诉德国电信公司案"时指出，只要存在次级制裁，则可适用《欧盟阻断法》第5条第1款，③但德国科隆高等法院的一项判例指出，在诉讼之前没有来自美国间接或直接的行政司法命令，则不适用《欧盟阻断法》第5条第1款。对此，欧洲法院发表意见，认为任何遵守美国制裁法的行为都要受到《欧盟阻断法》的限制，不论是否有美国行政或司法命令。④ 有学者指出《欧盟阻断法》问题还包括其由于实践太少而难以利用"外国主权强制"原则，因此，《欧盟阻断法》特许豁免适用制度具有模糊性。⑤

（2）加拿大。加拿大授权特定国家机构决定对哪些法律进行阻断。1985年加拿大通过了《外国治外法权措施法案》，⑥其授予加拿大总检察长禁止遵守影响加拿大在国际贸易中的重大利益、在加拿大或其他地方进行的商业活动侵犯加拿大主权的外国法院判决的权力。⑦ 加拿大司法部长也可以利用该法案来禁止外国诉讼当事人在加拿大进行调查。此外，该法案规定对违反司法部长禁止遵守外国法律的命令的行为处以最高1万加元的罚款和（或）不超过5年的监禁。

---

① 外国主权强制原则（Foreign Sovereign Compulsion Doctrine），若当事人因本国的主权强制行为不能履行美国法律义务时可以免责。该原则从美国判例法发展而来，于1970年的"Interamerican Refining Corp. v. Texaco Maracaibo, Inc."一案中被美国法院首次认可。
② 叶研：《欧盟〈阻断法案〉述评与启示》，《太平洋学报》2020年第28期。
③ 欧盟成员国任何人不得以任何方式，遵守或者执行法令所列明的制裁法律的相关规定，以及根据这些法律规定作出的行政指令、禁令和司法裁判。
④ 杜涛、周美华：《应对美国单边经济制裁的域外经验与中国方案：从〈阻断办法〉到〈反外国制裁法〉》，《武大国际法评论》2021年第4期。
⑤ 杨永红：《欧盟阻断法与美国域外制裁之法律博弈》，《欧洲研究》2022年第40期。
⑥ Foreign Extraterritorial Measures Act, R.S.C., ch. F-29 (1984) (Can.); In re Uranium Antitrust Litig., 480 F. Supp. 1138 (N.D. Ill. 1979) and 617 F.2d 1248 (7th Cir. 1980).
⑦ Foreign Extraterritorial Measures Act, R.S.C., ch. F-29 § 5(1) (1984) (Can.).

　　该法案的目标为域外措施，而不限于具有次级制裁效果的法案。最初其目标是回应美国的反垄断诉讼。《赫尔姆斯-伯顿法案》出台之后，该法案成为加拿大方面阻断的主要工具。① 1996 年 9 月 16 日，加拿大政府颁布《外国治外法权措施法案（修正案）》作为"对美国公司试图惩罚与古巴做合法生意的加拿大公司的威慑"。② 如果外国法院判决在加拿大承认或执行判决已经或可能对加拿大的重大利益产生不利影响，此修正案授权加拿大有关部门阻止外国判决的执行。此外，《外国治外法权措施法案（修正案）》授权加拿大公司可在加拿大法院起诉追回因《赫尔姆斯-伯顿法案》而遭受的相应的损害。③ 根据该修正案，对违反司法部长禁止遵守外国法律的命令行为的最高经济处罚提高到 150 万加元，对个人的最高经济处罚提高到 15 万加元和（或）5 年监禁。

　　批评者指出，《外国治外法权措施法案（修正案）》没有包含解决《赫尔姆斯-伯顿法案》第四章规定的旅行限制的条款。政府没有行使法案规定的现有权力，未能强制阻止令加拿大人不快的外国行动。④

　　（3）墨西哥。1996 年 9 月 19 日，墨西哥参议院一致通过了《保护贸易和投资免受违反国际法的外国规范影响的法案》（简称《墨西哥阻断法》），其主要包括以下三大内容：一是允许《赫尔姆斯-伯顿法案》第三章的受害目标对判决的损害进行反诉；二是禁止墨西哥公民与外国法院或其他当局合作在墨西哥执行具有域外效力的法律；三是墨西哥的立法要求受到外国治外法权行动伤害的公民在民事和（或）刑事处罚的威胁下通知墨西哥政府。⑤

　　《墨西哥阻断法》的特点是其执法相当严格，甚至包括域外阻断，例如，

---

① Trice R C. Helms-Burton: Canada and Mexico v. the United States-Blocking Legislation Is an Unwise Barrier between Neighbors. *Sw.J.L. & Trade Am.*, 1997.

② 加拿大国际贸易部长阿尔特·埃格尔顿（Art Eggleton）的讲话。加拿大外交部长劳埃德·阿克斯沃西说："这一揽子修正案是加拿大在国际反赫尔姆斯-伯顿运动中发挥领导作用的一个关键因素⋯⋯这严重违反了国际法。"

③ An Act to Amend the Foreign Extraterritorial Measures Act, C. Gaz., ch. 28, §9, Nov. 28, 1996.

④ 据报道，加拿大的美国运通公司多年来一直遵循美国运通公司总部的指令，禁止与古巴进行商业往来。加拿大某党批评反《赫尔姆斯-伯顿法》无效（皇家加拿大骑警已经调查了 20 多家子公司涉嫌违反《外国治外法权措施法案》，但没有结果）。

⑤ Trice R C. Helms-Burton: Canada and Mexico v. the United States-Blocking Legislation is an Unwise Barrier between Neighbors. *Sw.J.L. & Trade Am.*, 1997.

Grupo Domos 集团持有古巴电话公司 37％的股份。1996 年 8 月,美国宣布将根据《赫尔姆斯-伯顿法案》第 4 条拒绝给予 Grupo Domos 集团高管卡尔德隆(Javier Garza Calderon)签证。他将失去访问美国的权利,而他通常每年需要访问美国 60 次,然而,如果 Grupo Domos 集团遵守《赫尔姆斯-伯顿法案》从古巴撤资,Grupo Domos 则面临来自墨西哥政府的巨额罚款。Grupo Domos 最终选择遵守《墨西哥阻断法》。

2. 独立结算体系

2019 年 1 月 31 日,法国、德国和英国发表联合声明创建"贸易结算支持机制"(INSTEX)。2019 年 12 月 2 日,比利时、丹麦、芬兰、荷兰、瑞典加入该机制。目前,INSTEX 系统仅基于人道主义为欧洲和伊朗间有关制药、医疗器械、农业食品的贸易提供服务,该系统只能小范围内为欧盟在伊朗的经贸活动提供服务。事实上,根据美国财政部发布的向伊朗销售食品、农产品、药品、医疗设备的指南,这些货物本身享受制裁豁免。而在一些重要领域,例如能源领域,INSTEX 并未把其纳入服务范围,使得 INSTEX 在实际效用上陷入尴尬的境地。另外,由于贸易结算支持机制在运行上设置了严苛的条件,导致 INSTEX 只有在当欧盟向伊朗的出口额等于欧盟从伊朗的进口额时才会协调欧盟进口商向出口商付款,[①]这显然既不利于贸易结算环节的及时推进,也会进一步影响相关实体使用该系统结算的意愿。

值得关注的是,近 40 年来,伊朗一直处于美国制裁制度之下。在此背景下,伊朗矿业和贸易部长 Reza Fatemi Amin 允许使用加密货币和智能合约来支付进口商品,以避免使用美元和规避制裁。2022 年 8 月,伊朗下达了一笔价值 1 000 万美元的官方加密货币进口订单。[②]

3. 积极利用多边机制

欧盟先后于 1996 年 5 月和 10 月、2000 年 5 月向 WTO 争端解决机制申诉美国滥用"长臂管辖",其颁布的《赫尔姆斯-伯顿法案》违反了 WTO 项

---

① 朱玥:《反制美国次级制裁的欧盟经验及启示:单边抑或多边》,《中国流通经济》2020 年第 6 期。
② 《尽管受到制裁,币安仍帮助伊朗公司交易了 80 亿美元》,https://afndaily.com/％E5％B0％E7％AE％A1％E5％8F％97％E5％88％B0％E5％88％B6％E8％A3％81％EF％BC％8C％E5％B8％81％E5％AE％89％E4％BB％8D％E5％B8％AE％E5％8A％A9％E4％BC％8A％E6％9C％97％E5％85％AC％E5％8F％B8％E4％BA％A4％E6％98％93％E4％BA％8680％E4％BA％BF％E7％BE％8E％E5％85％83/,最后访问日期:2023 年 1 月 28 日。

下应承担的义务,例如国民待遇,最惠国待遇等义务。对此,WTO 争端解决机制同意组建专家组,专家组促进美欧双方展开了多次协商,[①]最终,美国同意放弃制裁行为。除此之外,欧盟还通过联合国大会谴责美国实施的域外制裁措施。在美国《赫尔姆斯-伯顿法案》通过后,联合国大会以绝对多数票通过谴责《赫尔姆斯-伯顿法案》的决议,包括欧盟成员国在内的绝大部分国家支持了谴责决议。此外,日本与欧盟于 2000 年向 WTO 争端解决机制申诉美国《1916 年反倾销法》违反了 WTO 项下的各项协定。随后,上诉机构和专家组裁定《1916 年反倾销法》违反了《关税与贸易总协定》《反倾销协定》以及《建立世界贸易组织协定》项下规定其应承担的义务。[②]

4. 日本的反击与妥协

第二次世界大战后,日本经济飞速发展,日本出口到美国的产品由于具有价格、质量等优势,强烈冲击了美国相关产品的市场。美国企业借助《1916 年反倾销法》对日本产品提起诉讼,用获得的高额赔偿来弥补其损失。日本制定《保护公司免受美国 1916 反倾销法影响的特别措施法》(简称《日本阻断法》),[③]其第 3 条规定:"任何因外国法院基于美国《1916 年反倾销法》作出判决而受益之人,并因此对日本主体造成损害,其必须返还因此获得的所有利益。"根据《日本阻断法》的规定,日本拒绝承认与执行美国法院依据《1916 年反倾销法》所作出的要求日本企业承担损害赔偿责任的判决。2000 年,上诉机构和专家组裁定《1916 年反倾销法》违反《关税总协定》《反倾销协定》以及《建立世界贸易组织协定项》下规定应承担的义务,[④]因此,美国废除了《1916 年反倾销法》。根据《日本阻断法》附则第 2 条的规定,该法自美国《1916 年反倾销法》失效之日起同时失效。

除了上述反制措施之外,日本还采取了妥协性的措施,例如主动限制本国产品出口、按照美国的合规要求修改出口条款,并签下广场协议。[⑤]

---

① Davidson N. U.S. Secondary Sanctions: The U.K. and EU Response. *Stetson Rev.*, Vol.1, 1997.

② *United States-Anti-Dumping Act of 1916*, WT/DS162/R, paras. 7.1 - 7.2; *Uniied States-Inti-Dumping Act of 1916*, wT/DS136/AB/R, WT/DS162/AB/R (28 August 2000), paras.155 - 156.

③ Yokomizo Dai. Japanese Blocking Statute against the *U.S. Anti-Dumping Act of 1916*. *Japanese Annual of International Law*, Vol.36, 2006.

④ *United States-Anti-Dumping Act of 1916*, WT/DS162/R, paras. 7.1 - 7.2; *Uniied States-Inti-Dumping Act of 1916*, wT/DS136/AB/R, WT/DS162/AB/R (28 August 2000), paras.155 - 156.

⑤ 霍达:《国际反制裁制度体系的构建与启示》,《人民论坛》2021 年第 31 期。

三、从企业角度看对华制裁风险的应对措施

（一）美国对华制裁的发展和升级

自 2001 年中国加入 WTO 之后，中国不仅成功融入世界经济，而且成为"世界工厂"。2010 年，美国开始关注某些关键领域的对华战略依赖，将中国视为其国家安全的"首要威胁"。同时，美国国内技术民族主义思想盛行，美国政府将科技视为全球竞争工具，要遏制中国发展速度。这两种趋势相结合，形成了"对华脱钩"政策。该政策在奥巴马第二任期内成型，在特朗普政府时期得到发展和实施；拜登政府则将美国"供应链弹性"视作国家安全问题，从"全面脱钩"转向"更精准剥离"，且促成美国与盟友间重置供应链的共识，欲重塑受美国全面支配的供应链。[1]

目前，美国对华制裁可分为两个阶段：一是 2010—2017 年，中国实体和个人主要因违反美国的次级制裁而成为美国执法的对象；[2]二是从 2018年开始中美贸易摩擦，美国以涉疆、涉港、涉军等各种理由对中国实体尤其是高科技企业实施制裁，[3]而且还专门制定法规制裁中国。2022 年 10 月，又新增专门针对中国半导体产业的出口管制新规则，2022 年 12 月通过的《2023 财年国防授权法案》包含了禁止联邦政府采购和使用我国企业生产的半导体产品和零部件、提高稀土等关键矿物在美本土采购比例等内容。[4] 此外，美国国务院在 2022 年年底正式启动"中国工作组"，美国国会众议院也成立了"中国特设委员会"，美国凝聚"全政府"合力对华的做法将成为常态。

（二）美国还可能对华采取的制裁措施

2022 年 9 月 12 日，美国总统正式签署了一项行政命令启动"国家生物技术和生物制造计划"，确保美国能够在其国内制造美国所发明的生物技

---

[1] 马雪：《美国减少对华供应链依赖的路径及困境》，《现代国际关系》2022 年第 10 期。

[2] Iran Sanctions. Congressional Research Service, April 6, 2021.

[3] 2018 年 3 月 23 日，中美贸易摩擦升级。2018 年 8 月 1 日，美国商务部将 44 家中国企业列入实体清单，包括中国航天科工股份有限公司第二院以及下属研究所、中国电子科技集团公司第 13 研究所以及关联和下属单位、中国电子科技集团公司第 14 研究所以及关联和下属单位、中国电子科技集团公司第 38 研究所以及关联和下属单位、中国电子科技集团公司第 55 研究所以及关联和下属单位、中国技术进出口集团有限公司、中国华腾工业有限公司、河北远东通信等。

[4] H.R. 7900, H. Rept. 117‑397.

术,不会在生物技术领域重蹈半导体和电信行业的覆辙。2022 年 9 月 15 日,拜登总统发布了第 14083 号行政命令,旨在"确保美国外国投资委员会 (CFIUS)全面考虑不断变化的国家安全风险",并明确列出 CFIUS 未来审查外资投资时需要考虑的国家安全因素,包括对美国关键供应链的影响、对美国技术领先地位的影响、累计投资的潜在影响、网络安全风险和敏感数据风险。结合《两党基础设施建设法案》《2022 年美国竞争法案》《芯片与科学法案》《通胀削减法案》《2022 年美中经济和安全委员会报告》,以及生物、药品、关键矿物质、大容量电池四类关键产品的供应链风险的评估报告等文件,[1]笔者认为美国对华半导体技术"脱钩"仅是开始,5G、人工智能及物联网、可两用国防工业基础、网络安全、药品、大容量电池、生物技术和生物制造等重点领域,未来都会出现中国企业被制裁的风险。[2]

另外,若"台湾问题""南海问题"引发地区冲突或出现其他使美国或其盟友和合作伙伴感到"中国将使用或威胁即将使用军事力量的情况",[3]美国很可能会要求美国实体及时剥离在中国的业务、资产和投资,对中国实施类似现在对俄罗斯的定向制裁措施,而且会联合其盟友共同对中国实施制裁。

(三) 我国企业的应对措施

考虑到国际环境的复杂性和竞争的长期性,我国企业不能局限于被动应对,而应及早研究潜在的制裁风险,做出全局性应对之策。结合美国对华政策的现状与俄罗斯的反制经验,笔者对我国企业应对制裁提出如下建议。

1. 了解国际形势、相关法律和行业监管趋势的变化

从前文分析可以看出,一国制裁或是反制裁措施会对相关企业的行为做出要求,企业往往因此陷入遵守外国的制裁规则但违反本国的阻断法,或

---

[1] Building Resilient Supply Chains, Revitalizing American Manufacturing and Fostering Broad-Based Growth, 100-Day Reviews Under Executive Order 14017, https://www.whitehouse.gov/wp-content/uploads/2021/06/100-day-supply-chain-review-report.pdf,最后访问日期：2023 年 1 月 20 日。

[2] 董亚秋、王澜:《从美智库报告看美对华技术"脱钩"两大战略转向和六大关键领域》,《中国投资(中英文)》2022 年第 19、20 期。

[3] U.S.-China Economic and Security Review Commission, 2022 Report to Congress, https://www.uscc.gov/sites/default/files/2022-11/2022_Annual_Report_to_Congress.pdf,最后访问日期：2023 年 1 月 28 日。

者遵守本国的阻断法却违反外国的制裁规则的"两难困境"中。完全无视外国的制裁措施,或因遵从外国制裁措施导致违反我国法律法规的做法都是不可取的,因此,相关企业应跟上形势变化,关注我国与外国相关法规的适用范围、立法动态及典型案例的发布情况,并结合相关领域的专家建议,尽量找到平衡点,使自身行为符合相关法律法规的规定。我国的各类企业特别是跨国企业,应高度重视近年出台的《中华人民共和国反外国制裁法》(简称《反外国制裁法》)及其配套法规的内容与相关实践,避免引起相关处罚。

2. 企业合规与产业链合规并举

一方面,在持续关注最新制裁与反制裁措施及动向的同时,企业应根据自身在供应链中所处的位置建立、健全贸易合规体系,完善企业的风险评估制度和预警机制;另一方面,美国政府以"强迫劳动"为由禁止全部或部分在新疆生产的产品进口,还要求相关企业在必要时开展供应链合规管理,为此,我国企业应直面由此带来的新挑战,例如,持续关注西方国家就强迫劳动出台的相关制裁法案及其配套程序、综合考虑国际最佳实践、加强对供应链的溯源管理、收集反驳"强迫劳动"有罪推定的证据等。

3. 抓住从所谓"全面脱钩"转向"更精准剥离"的窗口期

对于身处上述风险较高的高科技产业的企业,应做好相应产品储备并加速构建多元化的产业链和供应链,及早在关键技术领域实现替代。此外,还可对比新增专门针对中国半导体产业的出口管制新规则与针对俄罗斯的外国直接产品规则和针对俄罗斯军事最终用户的外国直接产品规则,预判可能出现的制裁,及早引进可能被管制的技术。

4. 扩大技术合作影响美国政府的观点

企业应积极参与全球技术合作,以开放合作应对美国的封锁挑战,在全球范围内寻找替代供应商。此外,还应注重推动与美企在非关键领域继续深化合作,并以此作为与美政府协调沟通的突破口。

5. 注意"制裁例外条款"

由于我国《反外国制裁法》《阻断办法》等的出台,为避免公开承认遵守对华制裁,部分西方企业常以技术性或程序性理由终止与中国受制裁企业的商业合作,或是直接将制裁作为约定的不可抗力来终止合同。因此,我国企业在订立合同的过程中应做好合同条款设计,根据自身情况选择或删除

"制裁例外条款"，以维护自身利益，摆脱被动地位，例如有的银行会在信用证中载明："违反制裁法律的交单不可接受"。[①]

6. "走出去"，改变货物的原产地

在我国政府构建以"内循环"为主体的"双循环"新发展格局下，我国企业面对美国的技术封锁与"围剿"，可以"两条腿走路"，开展国际产能架构搭建，例如通过部分对外投资转移部分生产供应能力，从而改变产品的原产地而避免被制裁。

7. 提前作好应急预案

采取重组公司结构，切断与被制裁对象的联系或回避"50％规则"的适用；[②]当发现可能被制裁的风险时，应立即通知交易各参与方，以避免相关企业（包括银行、保险公司、物流公司等）过度反应，产生寒蝉效应；根据自己在交易中的地位选择主动向我国商务部汇报受美国制裁的影响情况，并申请阻断或豁免遵守禁令；[③]通过诉诸法律，维护自身的合法权益，包括在中国法院提起诉讼[④]和去美国应诉。被美国法制裁的中国企业可选择申请从美国制裁清单中移除、和解、诉讼。申请从制裁清单中移除的条件包括：美国财政部海外资产办公室在制定制裁清单时出错、采取企业重组措施或者管理层改组等补救措施、自然人死亡或者实体不复存在，[⑤]例如俄罗斯铝业公司即通过公司重组，成功地从美国特别指定国民清单中被移除；[⑥]和解是使用主动补交罚款等措施换取美国取消具体的经济制裁措施，中国的中兴

---

① 朱玥：《美国制裁伊朗对国际货物贸易的影响及应对：以美国对伊制裁法案和案例为视角》，《国际经济法学刊》2020 年第 4 期。

② "50％规则"是指一名或以上受制裁者直接或间接持有或合计持有 50％及以上权益的实体被视为受制裁实体。

③ 《阻断外国法律与措施不当域外适用办法》第 5 条："中国公民、法人或者其他组织遇到外国法律与措施禁止或者限制其与第三国（地区）及其公民、法人或者其他组织正常的经贸及相关活动情形的，应当在 30 日内向国务院商务主管部门如实报告有关情况。报告人要求保密的，国务院商务主管部门及其工作人员应当为其保密。"第 8 条："中国公民、法人或者其他组织可以向国务院商务主管部门申请豁免遵守禁令。"

④ 《反外国制裁法》第 12 条："任何组织和个人均不得执行或者协助执行外国国家对我国公民、组织采取的歧视性限制措施。组织和个人违反前款规定，侵害我国公民、组织合法权益的，我国公民、组织可以依法向人民法院提起诉讼，要求其停止侵害、赔偿损失。"

⑤ How do I File a Request for Removal from an OFAC Sanctions List? https://home.treasury.gov/policy-issues/financial-sanctions/specially-designated-nationals-list-sdn-list/filing-a-petition-for-removal-from-an-ofac-list，最后访问日期：2023 年 1 月 27 日。

⑥ 孙才华：《美国经济制裁风险防范：实务指南与案例分析》，人民日报出版社 2020 年版。

案件就是以和解结束的;起诉则必须有专业人员的支持,并借鉴成功案例的经验。① 此外,政府间的谈判有时也可以附带解决具体企业的制裁。②

当然,俄罗斯企业通过中介掩饰最终用户的贸易行为不符合当前国际合规标准,除非企业面临极端困境或经审慎评估后决定仅遵守中国法律而规避美国制裁。

四、从我国国家安全角度探讨反制措施的经验借鉴

随着美国近年来不断泛化"国家安全"概念,滥用制裁措施扰乱了正常国际贸易秩序,威胁着全球产业链供应链稳定,使得全球经济不确定性和不稳定性大幅上升,中国对国家安全也开始进行更广泛的解读,③以防止各种冲突的发生,特别是应以俄乌冲突为鉴,对极端情形下的制裁做好反制准备,参考前述制裁与反制措施,笔者就我国国家安全角度的应对,提出如下建议。

(一)《反外国制裁法》需要完善

1."工具箱"需要充实

如上所述,《俄罗斯反制裁法》是俄罗斯反制裁的法律基础,体现了其自2014年以来反制的实践经验。2021年6月10日,我国《反外国制裁法》施行。《反外国制裁法》为我国反外国制裁提供了上位法的支撑和保障。然而,通过对比我国的《反外国制裁法》与《俄罗斯反制裁法》可以看到,目前我国《反外国制裁法》中的"工具"并不完备。

---

① 例如小米案,小米公司在美国哥伦比亚特区地方法院起诉美国国防部和美国财政部,并取得了地方法院发出的临时禁令,禁止美国国防部将小米列为与中国军方相关企业。

② 2019年,因违反禁令运送伊朗石油,美国对中国远洋运输(集团)总公司(COSCO)旗下的子公司大连中远海运油品运输有限公司实施制裁,公司被列入特别指定国民清单。2020年1月31日,该公司被移出清单。此次成功移除可能的一个重要原因是2020年1月15日,中美签署第一阶段经贸协议。参见 US Removes COSCO Shipping Arm from OFAC Sanctions List, https://www.jdsupra.com/legalnews/us-removes-cosco-shipping-arm-from-ofac-40661/,最后访问日期:2023年2月2日。

③ 《高举中国特色社会主义伟大旗帜为全面建设社会主义现代化国家而团结奋斗——在中国共产党第二十次全国代表大会上的报告》:"十一、推进国家安全体系和能力现代化,坚决维护国家安全和社会稳定:我们要坚持以人民安全为宗旨、以政治安全为根本、以经济安全为基础、以军事科技文化社会安全为保障、以促进国际安全为依托,统筹外部安全和内部安全、国土安全和国民安全、传统安全和非传统安全、自身安全和共同安全,统筹维护和塑造国家安全,夯实国家安全和社会稳定基层基础,完善参与全球安全治理机制,建设更高水平的平安中国,以新安全格局保障新发展格局。"

　　我国《反外国制裁法》反制对象仅限于相关组织和个人，[①]而《俄罗斯反制裁法》制裁对象直接包括了对俄罗斯实施制裁的国家，例如俄罗斯可限制或禁止进口由实施制裁国家生产的货物和原料，俄乌冲突以来，俄罗斯许多限制进出口措施也正是以此为依据。除了俄罗斯对欧盟成员国限制天然气出口之外，据报道，因俄罗斯限制从欧盟进口农产品，波兰发起了全国"吃苹果运动"，[②]而俄罗斯的商人已经转向我国山东寻找苹果的替代供应商。[③]

　　虽然我国《对外贸易法》第 7 条规定：任何国家或者地区在贸易方面对中华人民共和国采取歧视性的限制、禁止或有其他类似措施的，中华人民共和国可以根据实际情况，对该国家或者地区采取相应的措施，但仅对歧视性贸易措施进行以国别或地区为目标的贸易措施反制显然不够，因为可能会束缚自己的手脚。美国及西方国家对俄罗斯的制裁是针对俄罗斯的经济特点开展的全面打击，例如限制俄罗斯机构和个人的制裁措施大部分在禁入和金融方面，难以被解释为贸易措施。如果未来在中国出现类似情形，我们现在的《反外国制裁法》和《对外贸易法》将限制中国用最有力的贸易手段（例如限制战略性资源和产品出口），对非贸易性的歧视措施进行反制。

　　还有中国在 WTO 败诉的稀土案。中国以占全球 23％ 的稀土储量承担着全世界近 90％ 的稀土市场供应。稀土能与其他材料组成性能各异、品种繁多的新型材料，其最显著的功能是能够大幅提高其他产品的质量和性能。从 20 世纪末以来，中国政府陆续对稀土出口实施了配额与关税等管制措施，而且逐年严格。出口税的平均税率从 2006 年的 10％ 上升到 2012 年的 25％。中国政府对稀土出口收紧引发进口方的不满。2014 年 3 月 26 日，WTO 公布了美欧日诉中国稀土、钨、钼相关产品出口管理措施案专家组报告，[④]裁定中方涉案产品的出口管理措施违规。关于出口关税，专家组调查认为：① 中国对各种形式的稀土、钨及钼产品征收关税的措施违反了《中国

---

① 《中华人民共和国反外国制裁法》第 5 条。

② 《波兰民众为抵抗俄反制裁发起"吃苹果运动"》，https://world.huanqiu.com/article/9CaKrnJFpqn，最后访问日期：2023 年 1 月 27 日。

③ 《弥补供应缺口，俄罗斯从中国进口苹果和大蒜》，https://zezx.dbw.cn/system/2018/03/12/001259345.shtml，最后访问日期：2023 年 1 月 27 日。

④ World Trade Organization. China-Measures Related to the Exportation of Rare Earths, Tungsten and Molybdenum Reports of the Panel，https://www.wto.org/english/tratop_e/dispu_e/431_432_433r_e.pdf，最后访问日期：2023 年 1 月 27 日。

入世议定书》第 11.3 款。① ② 专家组调查认为，中国不可以根据 GATT 1994 第 20 条(b)款主张征收出口关税的合理性，②即使中国可以引用 GATT 1994 第 20 条(b)款作为征收关税的依据，也没有证明其对各种形式的稀土、钨及钼产品征收关税都是合理的。同时，中国也没有证明相关措施的适用方式符合 GATT 1994 第 20 条首部的规定。③ 关于出口配额，专家组调查认为：① 中国对各种形式的稀土、钨及钼实施的配额措施违反了 GATT 1994 第 11 条第 1 款规定。④ ② 中国对各种形式的稀土、钨及钼实施的配额措施违反了《中国工作组报告》第 162 款和 165 款。⑤ ③ 中国既未能证明其根据 GATT 1994 第 20 条对稀土、钨及钼产品实施的配额是合理的，也没有证明相关措施的适用方式符合 GATT 1994 第 20 条的规定。2014 年 8 月 7 日，WTO 公布了中国稀土案的上诉报告支持专家组的认定。⑥ 2014 年 12 月 31 日，我国商务部、海关总署 2014 年第 94 号公布 2015 年《出口许可证管理货物目录》，包括稀土、钨及钨制品、钼等在内的 8 种货物，凭出口合同申领出口许可证，无需提供批准文件。

　　面对稀土案的败诉许多人不免产生这样的疑问，为什么我国只是限制了本国境内的资源出口便被裁定违反 WTO，而"管得宽"的美国单边制裁（含明显具有歧视性的出口管制措施），却至今并未被裁定违反 WTO？究竟如何限制本国产品出口会合法？笔者认为，通过观察美国制裁制度和平

① 《中国入世协定》第 11.3 条(对进出口产品征收的税费)："中国应取消适用于出口产品的全部税费，除非本议定书附件 6 中有明确规定或按照 GATT1994 第 8 条的规定适用。"

② GATT 第 20 条(一般例外)："本协定的规定不得解释为阻止缔约国采用或实施以下措施，但对情况相同的各国，实施的措施不得构成武断的或不合理的差别待遇，或构成对国际贸易的变相限制：(b)为保障人民、动植物的生命或健康所必需的措施。"

③ GATT 第 20 条(一般例外)："本协定的规定不得解释为阻止缔约国采用或实施以下措施，但对情况相同的各国，实施的措施不得构成武断的或不合理的差别待遇，或构成对国际贸易的变相限制：(a)为维护公共道德所必需的措施"。

④ GATT 第 11 条第 1 款(普遍取消数额限制)："任何缔约国除征收税捐或其他费用以外，不得设立或维持配额、进出口许可证或其他措施以限制或禁止其他缔约国领土的产品的输入，或向其他缔约国领土输出或销售出口产品。"

⑤ 《中国工作组报告》第 162 款："中国代表确认，中国在非自动许可证和出口限制方面将遵循 WTO 规定。《对外贸易法》也将与 GATT 要求相一致。而且，出口限制和许可证在入世之后只于 GATT 条款认可的情况下实施。工作组注意到了这些承诺；"第 165 款："中国代表确认在入世之后剩余的非自动的出口限制将每年向 WTO 报告，凡不符合《WTO 协定》或《议定书》的非自动限制都将被消除。工作组注意到了这承诺。"

⑥ World Trade Organization. China-measures Related to the Exportation of Rare Earths, Tungsten and Molybdenum Reports of the Panel, https://www.wto.org/english/tratop_e/dispu_e/431_432_433r_e.pdf，最后访问日期：2023 年 1 月 27 日。

时期的有效运用可知，我国法律"工具箱"有所欠缺，即需要对进出口加以限制的时候找不到"冠冕堂皇"的法律依据，以及"看似公平"的管理方法。而完善我国的《反外国制裁法》中的可反制对象可以部分解决这一问题，即以国际关系中的紧急状况为由采取贸易限制措施，①来抗辩对 WTO 的违反。

2. 反制裁配套法律规范需完善

除了"工具"有所欠缺，许多学者还指出，我国《反外国制裁法》出台比较匆忙，条文比较简略，在具体实施过程中留下了一些问题。

第一，法规协调问题。例如《国家安全法》《对外贸易法》和《反外国制裁法》都有反外国经济制裁的授权条款，可能会出现主管机关、执法部门各不相同、政出多门、彼此矛盾的情况，而且《反外国制裁法》的具体实施还需要《出入境管理办法》《行政强制法》等作出相应的调整和修改，甚至还需要出台《外国主权豁免法》作出配合。②

此外，《反外国制裁法》中的第 12 和 14 条是域外适用条款，其中第 12 条规定："任何组织和个人均不得执行或者协助执行外国国家对我国公民、组织采取的歧视性限制措施。组织和个人违反前款规定，侵害我国公民、组织合法权益的，我国公民、组织可以依法向人民法院提起诉讼，要求其停止侵害、赔偿损失。"第 14 条规定："任何组织和个人不执行、不配合实施反制措施的，依法追究法律责任。"这两条的适用对象均为"任何组织和个人"，这意味着即使这些组织或者个人不在中国的领土管辖范围内，也不具有中国国籍等属人管辖因素，仍需要遵守中国《反外国制裁法》的规定。但是这与我国法律规定的我国法院享有的管辖权并不衔接。③ 面对这样的困境，有必要修改《民事诉讼法》，增加相关条款。

---

① *GATT* 第 21 条(安全例外)："本协定不得解释为：(乙)阻止任何缔约国为保护国家基本安全利益对有关下列事项采取其认为必须采取的任何行动：(3)战时或国际关系中的其他紧急情况；"《反外国制裁法》第 13 条："对于危害我国主权、安全、发展利益的行为，除本法规定外，有关法律、行政法规、部门规章可以规定采取其他必要的反制措施。"

② 沈春耀：《关于〈中华人民共和国反外国制裁法(草案)〉的说明——2021 年 4 月 26 日在第十三届全国人民代表大会常务委员会第二十八次会议上》，《中华人民共和国全国人民代表大会常务委员会公报》2021 年第 5 期。

③ 《民事诉讼法》第 272 条："因合同纠纷或者其他财产权益纠纷，对在中华人民共和国领域内没有住所的被告提起的诉讼，如果合同在中华人民共和国领域内签订或者履行，或者诉讼标的物在中华人民共和国领域内，或者被告在中华人民共和国领域内有可供扣押的财产，或者被告在中华人民共和国领域内设有代表机构，可以由合同签订地、合同履行地、诉讼标的物所在地、可供扣押财产所在地、侵权行为地或者代表机构住所地人民法院管辖。"

　　第二，工作机制问题。我国《反外国制裁法》的实施涉及诸多领域，需要多个部门协同执行。目前这一法律未对反制裁工作的协调机制以及执行程序作出清晰的规定，只是将法律的实施权授予国务院行政部门，尚未在中央层面设立一个专门的反制裁机构协调执行我国的反制裁措施，例如我国仍通过外交部发言人回答记者提问的方式宣布我国的反制决定，[①]而且并未依据《反外国制裁法》第9条的规定，通过发布命令的方式公布制裁清单，部分决定亦未明确具体的反制措施以及是否对与制裁对象的特定关系人采取反制措施。[②] 2020年9月19日，商务部公布《不可靠实体清单规定》，其中规定中国建立不可靠实体清单制度，若发现或通过调查判定外国实体存在以下行为：危害中国国家主权、安全、发展利益；违反正常的市场交易原则，中断与中国企业、其他组织或者个人的正常交易，或者对中国企业、其他组织或者个人采取歧视性措施，严重损害中国企业、其他组织或者个人合法权益，工作机制可将该外国实体列入不可靠实体清单。[③] 这里所描述的"危害中国国家主权、安全、发展利益"的行为与《反外国制裁法》中的反制目标是重合的，究竟应以哪套工作机制来做出反馈？

　　第三，制裁的救济问题。《反外国制裁法》第7条规定：国务院有关部门依据本法第4—6条规定作出的决定为最终决定。相关企业及个人则缺乏诉讼或复议的法律救济途径以及基于错误的决定获得国家赔偿的权利。要求其进一步细化以此来保障被制裁对象的程序性权利的呼声不绝于耳。

　　第四，程序性要求。建立通报制度，[④]即在行政部门采取反制裁措施之前应该通报目标国，允许目标国在合理的期限内与我国磋商谈判。反制裁本质上也属于单边制裁，是否违反国际法的争论不断，建立通报制度可以彰显反制裁的威慑力，争取谈判的机会。

　　（二）当前《阻断办法》的执法目标应以"再出口"管制为主

　　2021年1月9日，中国商务部颁布《阻断办法》，其并没有选择欧盟式

① 《外交部：中方决定对7个美方人员和实体实施制裁》，https://baijiahao.baidu.com/s?id=1706086870839630827&wfr=spider&for=pc，最后访问日期：2023年1月28日。
② 蔡开明：《美国对华法律政策工具以及我国反制措施研究》，《行政管理改革》2022年第4期。
③ 《不可靠实体清单规定》第2条第1款。
④ 霍政欣：《〈反外国制裁法〉的国际法意涵》，《比较法研究》2021年第4期。

的立法,而是采取类似加拿大的方法,把确定阻断对象的决策权保留在商务部,而是否阻断则还需要报告和评估。《阻断办法》只说明针对对象是"外国法律与措施":① 存在域外适用的情形;② 域外适用"不当"禁止或者限制"中国公民、法人或者其他组织"与"第三国(地区)及其公民、法人或者其他组织"进行正常的经贸及相关活动;③ 域外适用违反了国际法和国际关系的基本准则。[①]

　　从文义上看,《阻断办法》的有效目标不仅在于对美国次级制裁的阻断,而且包括对"再出口"(但未包括国内转让)出口管制的阻断。首先,对"再出口"的出口管制的阻断应得到关注。目前美国频繁使用"外国直接产品规则+再出口"对华进行技术封锁,例如美国 2020 年 8 月在《美国出口管理条例》项下进一步修订了针对华为的外国直接产品规则。具体而言,如果外国产物项是受《美国出口管理条例》管控的集成电路等相关的特定技术或软件的直接产品,或是由作为美国特定原产技术或软件直接产品的工厂或工厂的主要组成部分所生产,并且外国再出口企业"知道"以下情况:① 外国制造物项将被结合到或将被用于华为生产、购买或订购的"部件""零件"或"设备"的"生产"或"开发"中;② 华为是涉及外国制造物项的交易当事方,例如作为"采购方""中间收货人""最终收货人"或"最终用户",则该外国再出口企业需要办理许可证(如图 3)。该规则有效限制了第三国企业与华为之间的交易,使华为无法通过再出口取得日本以及我国台湾地区代工厂生产的管制芯片,面临断供风险(如图 4)。其次,对次级制裁的阻断。次级制裁打击的目标扩展至与初级制裁对象交易的第三国。例如,2021 年 1 月,我国一家企业因对另一家受次级制裁的伊朗钢铁生产企业供货,也被列入特别指定国民清单而受到次级制裁。[②] 我国与"一带一路"沿线国家的交易,使部分企业遭到美国制裁(并附加次级制裁),导致我国企业在交易时不得不先进行"筛选"。从宏观角度来说,次级制裁既对我国"一带一路"倡议的推进构成威胁,也使一些受制裁的中国企业被孤立。

---

① 《阻断办法》第 2 条:"本办法适用于外国法律与措施的域外适用违反国际法和国际关系基本准则,不当禁止或者限制中国公民、法人或者其他组织与第三国(地区)及其公民、法人或者其他组织进行正常的经贸及相关活动的情形。"

② Notice of OFAC Sanctions Actions, Federal Register, http://www.federalregister.gov/documents/2021/01/08/2021-00173/notice-of-ofac-sanctions-actions,最后访问日期：2023 年 1 月 28 日。

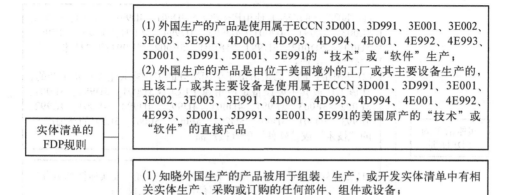

图 3　适用于华为系企业的直接产品规则

资料来源：根据 EAR 734.9(e)(1)整理。

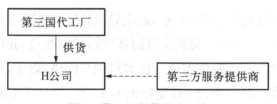

图 4　代工厂断供风险示意

　　如图 5 所示，根据"外国直接产品规则"，第三国代工厂生产的管制芯片不能再出口提供给 H 公司，在华第三方服务提供商（例如物流服务商等）和中间商可能也不再为 H 公司提供服务。对 H 公司货物、服务的断供，直接影响 H 公司的生存发展。

　　我国商务部在进行相关解读时认为，《阻断办法》的主要适用对象是"次级制裁"。① 通过前文分析可知，我国《阻断办法》如同其他国家地区的阻断立法一样，会使相关企业处于两难境地。实际上，如果不是本国企业直接成为被附加次级制裁的目标（对俄罗斯和中国这样的大型经济体被附加大量次级制裁的可能性并不大），对次级制裁的阻断往往进攻效果不及自损后果，上文提到的 Grupo Domos 案件就是典型，这似乎也进一步印证了学者的观点，即

① 《保护正当合法权益，维护国际经贸秩序：权威专家就〈阻断外国法律与措施不当域外适用办法〉答记者问》，http://au.mofcom.gov.cn/article/rdgz/202101/20210103029716.shtml，最后访问日期：2023年2月5日。

```
                    ┌─────────────────────────────────────────────────┐
                    │ (1) 外国生产的产品是使用属于ECCN 3D001、3D991、3E001、3E002、 │
                    │ 3E003、3E991、4D001、4D993、4D994、4E001、4E992、4E993、       │
                    │ 5D001、5D002、5D991、5E001、5E002、5E991的"技术"或           │
                    │ "软件"生产；                                              │
                    │ (2) 外国生产的产品是由位于美国境外的工厂或其主要设备生产的，        │
              ┌─────┤ 且该工厂或其主要设备是使用属于ECCN 3D001、3D991、3E001、       │
              │     │ 3E002、3E003、3E991、4D001、4D993、4D994、4E001、4E992、      │
              │     │ 4E993、5D001、5D002、5D991、5E001、5E002、5E991的美国原产     │
  ┌──────────┤     │ 的"技术"或"软件"的直接产品                                   │
  │ 实体清单的 │     └─────────────────────────────────────────────────┘
  │ FDP规则   │
  └──────────┤     ┌─────────────────────────────────────────────────┐
              │     │ (1) 知晓外国生产的产品被用于组装、生产、或开发实体清单中有相         │
              └─────┤ 关实体生产、采购或订购的任何部件、组件或设备；                     │
                    │ (2) 知晓实体清单中有相关实体是交易参与方，例如买方、中间商、        │
                    │ 最终收货人，或最终用户                                       │
                    └─────────────────────────────────────────────────┘
```

图 5　适用于 28 个中国实体的直接产品规则

资料来源：根据 EAR 734.9(e)(2)整理。

《阻断办法》的目的主要是宣示立场，是应对型的反制裁措施。[①]

值得注意的是，不同于受到次级制裁"波及"的企业，我国高科技企业正在因美国的"再出口"限制措施遭受技术封锁与断供，近年，此类"再出口"限制措施愈演愈烈。2022 年 10 月新增的针对 28 个中国实体的更加严格的外国直接产品规则（如图 5、表 5）、新增的两项关于先进计算和超级计算机的外国直接产品规则（如图 6、7）。可以说，美国正从各个角度阻碍我国与第三国企业间的正常经贸往来，不断加大对我国取得先进计算芯片和制造先进半导体的限制，已经触及我国的核心利益。我国对"再出口"措施进行阻断执法具有必要性和迫切性。

表 5　28 个中国实体名称

1	Beijing Institute of Technology	北京理工大学
2	Beijing Sensetime Technology Development Co., Ltd.	北京市商汤科技开发有限公司
3	Changsha Jingjia Microelectronics Co.,Ltd.	长沙景嘉微电子股份有限公司
4	Chengdu Haiguang Integrated Circuit	成都海光集成电路设计有限公司

---

① 沈伟：《中美贸易摩擦中的法律战：从不可靠实体清单制度到阻断办法》，《比较法研究》2021 年第 1 期。

续　表

5	Chengdu Haiguang Microelectronics Technology	成都海光微电子技术有限公司
6	China Aerospace Science and Technology Corporation (CASC) 9th Academy 772 Research Institute	中国航天科技集团公司第九研究所七七二所
7	Dahua Technology	浙江大华技术股份有限公司
8	Harbin Institute of Technology	哈尔滨工业大学
9	Higon	海光信息技术股份有限公司
10	IFLYTEK	科大讯飞股份有限公司
11	Intellifusion	深圳云天励飞技术股份有限公司
12	Megvii Technology	北京旷世科技有限公司
13	National Supercomputing Center Changsha (NSCC‐CS)	国家超级计算中心（长沙）
14	National Supercomputing Center Guangzhou (NSCC‐GZ)	国家超级计算中心（广州）
15	National Supercomputing Center Jinan	国家超级计算中心（济南）
16	National Supercomputing Center Shenzhen	国家超级计算中心（深圳）
17	National Supercomputing Center Tianjin (NSCC‐TJ)	国家超级计算中心（天津）
18	National Supercomputing Center Wuxi	国家超级计算中心（无锡）
19	National Supercomputing Center Zhengzhou	国家超级计算中心（郑州）
20	National University of Defense Technology (NUDT)	中国人民解放军国防科技大学
21	New H3C Semiconductor Technologies Co., Ltd.	新华三半导体技术有限公司
22	Northwestern Polytechnical University	西北工业大学
23	Shanghai High-performance Integrated Circuit Design Center	上海高性能集成电路设计中心
24	Sugon	曙光信息产业股份有限公司
25	Sunway Microelectronics	成都申威科技有限责任公司
26	Tianjin Phytium Information Technology	飞鹏信息技术有限公司
27	Wuxin Jiangnan Institute of Computing Technology	无锡江南计算技术研究所
28	Yitu Technologies	上海依图网络科技有限公司

先进计算FDP规则	(1) 外国生产的产品是使用属于ECCN 3D001、3D991、3E001、3E002、3E003、3E991、4D001、4D090、4D993、4D994、4E001、4E992、4E993、5D001、5D002、5D991、5E001、5E002、5E991的"技术"或"软件"生产； (2) 外国生产的产品是由位于美国境外的工厂或其主要设备生产的，且该工厂或其主要设备是使用属于ECCN 3D001、3D991、3E001、3E002、3E003、3E991、4D001、4D090、4D993、4D994、4E001、4E992、4E993、5D001、5D002、5D991、5E001、5E002，或5E991美国原产的"技术"或"软件"的直接产品
	(1) 外国生产的产品符合ECCN 3A090、3E001(用于3A090相关物项)、4A090，或4E001(用于4A090相关物项)的技术要求； (2) 外国生产的产品为集成电路、电脑、电子组件或部件，且满足ECCN 3A090和4A090的技术指标
	(1) 知晓外国生产的产品的目的地为中国，或被并入任何目的地为中国且根据技术参数外国生产的产品的ECCN编码为非EAR99的零件、组件、电脑或设备； (2) 知晓外国生产的产品属于总部位于中国的任何实体所开发的用于生产掩膜(mask)、集成电路晶圆(wafer)或晶粒(die)的技术

图6　先进计算直接产品规则

资料来源：根据 EAR 734.9(h)整理。

超算最终用途FDP规则	(1) 外国生产的产品是使用属于ECCN 3D001、3D991、3E001、3E002、3E003、3E991、4D001、4D993、4D994、4E001、4E992、4E993、5D001、5D002、5D991、5E001、5E002、5E991的"技术"或"软件"生产； (2) 外国生产的产品是由位于美国境外的工厂或其主要设备生产的，且该工厂或其主要设备是使用属于ECCN 3D001、3D991、3E001、3E002、3E003、3E991、4D001、4D993、4D994、4E001、4E992、4E993、5D001、5D002、5D991、5E001、5E002，或5E991的美国原产的"技术"或"软件"的直接产品
	(1) 知晓用于设计、开发、生产、运行、安装(包括现场安装)、维护(检查)、修理、大修、翻新位于中国或运往中国的超级计算机； (2) 知晓并入或用于开发、生产任何位于中国或运往中国的超级计算机所使用的任何部件、组件或设备

图7　超算最终用途直接产品规则

资料来源：根据 EAR 734.9(i)整理。

　　针对我国企业所面临的情况，就《阻断办法》的执法，笔者提出如下建议。

　　第一，针对美国对华的技术限制，为帮助中国企业获得所需要的技术，歧视性再出口管制措施应成为我国《阻断办法》下阻断执法和司法救济的重点。

　　第二，建议增加对限制"国内转让"的阻断，以保护中国企业间的交易。即使不能运用《阻断办法》对该限制措施进行阻断，也可借助《反外国制裁法》第3、12条等对歧视性的限制措施进行反击。①

　　第三，建议《阻断办法》下工作机制与《反外国制裁法》《不可靠实体清单规定》衔接，尤其对因"危害中国国家主权、安全、发展利益"而列入相应反制清单的实体进行组合反击。

　　（三）吸取稀土案教训，注重配套法律规范的反制能力

　　近年，我国出台了一系列具有反制功能的法律规范，除传统性地以"对等原则"实施报复外，②以"国家安全"为由实施信息出境限制逐渐被重视。③如前所述，以"对等原则"为前提在反制中会束缚手脚，此外，目前其他明确以"国家安全"为由实施出境限制的对象也是"信息"，并不包括WTO等多边贸易体制所管辖的"货物"。对此，笔者建议吸取稀土案教训，即使出于反制裁的理由，我国具体的贸易管制措施的适用还应注意具有可预测性，才能

---

① 《中华人民共和国反外国制裁法》第3条："中华人民共和国反对霸权主义和强权政治，反对任何国家以任何借口、任何方式干涉中国内政。外国国家违反国际法和国际关系基本准则，以各种借口或者依据其本国法律对我国进行遏制、打压，对我国公民、组织采取歧视性限制措施，干涉我国内政的，我国有权采取相应反制措施"；第12条："任何组织和个人均不得执行或者协助执行外国国家对我国公民、组织采取的歧视性限制措施。组织和个人违反前款规定，侵害我国公民、组织合法权益的，我国公民、组织可以依法向人民法院提起诉讼，要求其停止侵害、赔偿损失。"

② 体现"对等原则"的规定主要包括《出口管制法》第48条：对滥用出口管制措施危害中华人民共和国国家安全和利益的国家和地区对等采取措施；《数据安全法》第26条：任何国家或者地区在与数据和开发利用技术等有关的投资、贸易等方面对中华人民共和国采取歧视性的禁止、限制或者其他类似措施的，中华人民共和国可以根据实际情况对该国家或者地区对等采取措施；《个人信息保护法》第43条：任何国家或者地区在个人信息保护方面对中华人民共和国采取歧视性的禁止、限制或者其他类似措施的，中华人民共和国可以根据实际情况对该国家或者地区对等采取措施。

③ 明确以"国家安全"为由实施出境限制的主要是相关信息。《出口管制法》第32条规定：中华人民共和国境内的组织和个人向境外提供出口管制相关信息，应当依法进行；可能危害国家安全和利益的，不得提供。《数据安全法》第36条规定：非经中华人民共和国主管机关批准，境内的组织、个人不得向外国司法或者执法机构提供存储于中华人民共和国境内的数据。《个人信息保护法》第41条规定：非经中华人民共和国主管机关批准，个人信息处理者不得向外国司法或者执法机构提供存储于中华人民共和国境内的个人信息；第42条规定：境外的组织、从事侵害中华人民共和国公民的个人信息权益，或者危害中华人民共和国国家安全、公共利益的个人信息处理活动的，国家网信部门可以将其列入限制或者禁止个人信息提供清单，予以公告，并采取限制或者禁止向其提供个人信息等措施。

不被认为武断和不公平，①从而增强反制能力。

虽然我国《出口管制法》吸收了诸多《美国出口管理条例》的概念，但是两用物项仍继续用基于 HS 编码②的清单管理。在此基础上，主管部门发证的八项因素也属于自由裁量，且可预测性不强。③ 比较而言，美国出口管制的"ECCN 号（what）④＋国家清单（where）＋最终用户（who）＋最终用途（why）"的"4W 决策树"式管理的方法可预测性较强（见图 8）。2022 年 4 月

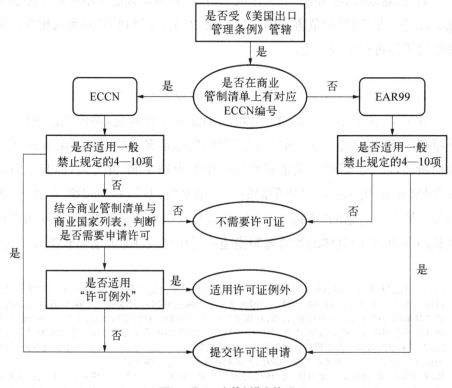

图 8 "4W 决策树"式管理

---

① GATT 第 20 条"一般例外"规定：本协定的规定不得解释为阻止缔约国采用或实施以下措施，但对情况相同的各国，实施的措施不得构成武断或不合理的差别待遇，或构成对国际贸易的变相限制：(a)为维护公共道德所必需的措施。

② HS CODE，即海关编码，其全称为《商品名称及编码协调制度的国际公约》(*International Convention for Harmonized Commodity Description and Coding System*)，简称协调制度(harmonized system, HS)。

③《中华人民共和国出口管制法》第 13 条规定："国家出口管制管理部门综合考虑下列因素，对出口经营者出口管制物项的申请进行审查，作出准予或者不予许可的决定：（一）国家安全和利益；（二）国际义务和对外承诺；（三）出口类型；（四）管制物项敏感程度；（五）出口目的国家或者地区；（六）最终用户和最终用途；（七）出口经营者的相关信用记录；（八）法律、行政法规规定的其他因素。"

④ Export Control Classification Number，即出口管制分类号码。

22日,我国商务部条约法律司公布了《两用物项出口管制条例(征求意见稿)》,向社会公开征求意见,并提出今后两用物项将会进一步整合至《两用物项管制清单》中。与目前的《两用物项和技术出口许可证管理目录》相比,《两用物项管制清单》有以下不同:一是增设了不同于 HS 编码的管制编码;二是规定了制定管制清单时,应当采取适当方式征求意见并开展必要的产业调查和评价,以及时根据国家安全的需要以及行业的需求变更清单内容。

为此,笔者提出以下建议。

第一,管制编码值得引入并可与国际接轨,采取类似于《美国出口管理条例》下出口管制分类号码(ECCN 号),以表明管制两用物项的运用类别、呈现形式以及包括"国家安全"在内的管制目的。

第二,采用出口管制分类号码式的管制编码时注意解决当前技术、服务、数据、信息及一些货物无法对应 HS 编码的问题。

第三,配合管制编码,未来还可以进一步以"国家安全"为由进行国家分级,并通过发布相关实体清单的方法进行有区别的出口管理。在管理方法方面引入采用类似"4W 决策树"式的管理方法,可以进一步增加透明度及可预测性。

第四,加强《反外国制裁法》与《出口管制法》中临时管制物项[①]的衔接。《反外国制裁法》中提到的国家安全作为管制目的而采取临时管制措施更具 WTO 下的合法性,而在《出口管制法》中纳入更加可预测的方式加以管理也更不易被挑战。但应注意,在反制目的的实现后,我国需及时对临时管制措施做出相应调整。

(四)规避措施、替代措施与进攻措施配合使用

俄乌冲突中的制裁与反制措施为我国提供了难得的推演案例。可以预见,除了因中俄经济"压力点"的不同而打击重点不同外,政治制裁、精英制

[①]《出口管制法》第 9 条规定:"根据维护国家安全和利益、履行防扩散等国际义务的需要,经国务院批准,或者经国务院、中央军事委员会批准,国家出口管制管理部门可以对出口管制清单以外的货物、技术和服务实施临时管制,并予以公告。临时管制的实施期限不超过两年。临时管制实施期限届满前应当及时进行评估,根据评估结果决定取消临时管制、延长临时管制或者将临时管制物项列入出口管制清单。"

裁、金融制裁、军事制裁、科技制裁、能源制裁都会成为美国和西方国家在特定情形下打击中国的强制手段。而前文中提到的各国尤其是俄罗斯的反制措施值得我国参考和借鉴。

1. 规避措施包括隐藏原产地、购买零部件而回避对整机的出口限制、通过中介掩饰最终用户进行贸易、重组公司结构切断与被制裁对象的联系或回避 50% 规则的适用等

虽然这些措施一般由企业自行开展，不会以国家的立法和执法的形式呈现，但是政府可以做一些情报收集，以便给重点企业一些时间窗口。如果涉及我国国有企业，相关的主管政府部门可指导相关企业尽早对自己所面临的风险进行评判，并制定应对方案。

2. 替代性措施包括本国进口替代、寻找替代性外国供应商与合作伙伴、替代市场，以及去美元化措施

（1）供应链重构与市场替代。替代性备选方案应根据产业链地位差别分别设计。作为世界工厂，我国政府可以学习俄罗斯采取措施阻碍和延缓相关供应链的外迁，并为自己的产能寻找替代市场。对于极端情形下打算撤资的外商投资企业，可以借鉴俄罗斯采取加大政府审批、增加汇兑障碍等措施。而从市场替代的角度观察，俄罗斯目前的举措是将石油等能源出口转向印度和中国来稳定其能源行业，但是调整方向对中国出口天然气需要很多年，并且需要对新基础设施进行大量投资，因为俄罗斯的大部分天然气管道都通往欧洲。中国需要从中汲取经验，为寻找替代市场提前布局。

对于一些高科技产业，例如芯片等，中国的供应能力不强，在这个领域，中国政府要设法争夺人才，并开展研发。针对美国政府出台的对于美国人服务于中国半导体和超算行业的限制，[1]中国可以为一些美籍华裔提供加入中国籍的便利。[2] 对于涉及国计民生的航空、能源等强监管领域，我国也应积极寻找盟友。

（2）各种去美元化措施。我国已推进运用人民币跨境支付系统（CIPS），

---

[1] EAR744.6.

[2]《中华人民共和国国籍法》第 13 条规定：曾有过中国国籍的外国人，具有正当理由，可以申请恢复中国国籍；被批准恢复中国国籍的，不得再保留外国国籍。

2015年,人民币跨境支付系统一期在上海成功投产。[①] 目前,我国人民币跨境流通金融基础设施建设已初具规模,但是距离摆脱美元霸权体系还有很长的路要走。

此外,我国也应积极开展人民币国际化,以推进人民币对外直接融资和投资。虽然美国和西方国家制裁在一定程度上封堵了国际主要货币直接进入俄罗斯的通道,但是俄罗斯在维持卢布稳定、偿还债务、实体经济发展上存在的大量资金需求,为我国向俄罗斯提供人民币融通服务创造了条件:一是针对俄罗斯为维持币值稳定和偿还债务的资金需求,我国可以为俄罗斯提供人民币借贷;二是针对俄罗斯为实体经济发展而需要我国技术服务或以我国为目标市场(采购市场)的资金需求,我国可为俄罗斯提供相对优惠的人民币借贷资金;三是由于俄罗斯出现了一定程度的资本外逃和投资"真空"地带,故积极发展国内市场已成为俄罗斯反制裁的重要举措。在能源合作、资源开发和利用、远东开发等领域,人民币对俄直接投资也是促进两国共赢发展的重要途径。[②]

加密货币作为支付手段目前在中国无合法地位。[③] 虽然伊朗为了规避制裁进行了加密货币支付合法化,[④]但是需要注意的是,目前全球加密货币的市场有限,每日比特币交易仅占每日 SWIFT 交易的 0.625%。2022 年 11 月,加密货币发生崩盘,加密货币的高波动性阻碍了其操作。欧盟和美国已采取措施打击非法使用加密货币。拜登政府亦于 2022 年 9 月发布了第一个数字资产监管框架,主要内容包括:① 呼吁国会扩大《银行保密法》的范围,并针对未经许可的数字资产交易和举报,制定法规和法律。② 要求财

---

① 唐也斯、杨署东:《中国应对美国次级制裁的反制研究》,《国际贸易》2022 年第 3 期。

② 孙少岩、石洪双:《中俄跨境人民币结算研究:基于人民币国际化和美欧制裁俄罗斯的双重背景分析》,《东北亚论坛》2015 年第 1 期。

③ 《关于防范代币发行融资风险的公告》:"一、准确认识代币发行融资活动的本质属性代币发行融资中使用的代币或'虚拟货币'不由货币当局发行,不具有法偿性与强制性等货币属性,不具有与货币等同的法律地位,不能也不应作为货币在市场上流通使用";《关于防范比特币风险的通知》:"比特币具有没有集中发行方、总量有限、使用不受地域限制和匿名性等四个主要特点。虽然比特币被称为'货币',但由于其不是由货币当局发行,不具有法偿性与强制性等货币属性,并不是真正意义的货币。从性质上看,比特币应当是一种特定的虚拟商品,不具有与货币等同的法律地位,不能且不应作为货币在市场上流通使用。"

④ 《伊朗出台加密货币交易专属法案,可以直付进口货款》,https://www.120btc.com/zcfg/286037772.html,最后访问日期:2023 年 2 月 5 日。

政部在 2023 年 2 月之前对去中心化金融情况进行评估。欧盟在加密货币监管方面处于更先进的阶段，2022 年 10 月 10 日，欧洲议会经济和货币事务委员会通过了《加密资产市场（MiCA）法》，并在 2022 年 10 月 5 日获得欧洲理事会的批准。可以预见，随着时间的推移，加密货币的监管将会更加完善，这也增大了使用加密货币逃脱制裁的难度。总之，中国的经济体量大、金融需求大，不可能照搬伊朗政府的策略，大量使用加密货币完成交易，但是可以考虑试点允许中国个人和企业利用加密货币进行交易。

3. 进攻性反制措施

除了对遵守外国制裁的相关实体和个人加以严厉的处罚甚至是刑事威胁、对制裁方实施对等的黑名单制裁、对制裁方重要的关键领域断供或停止服务之外，俄罗斯主要进攻措施还包括：对外国知识产权的强制许可、制造外国投资的国有化和资本汇兑风险，以及对大量交易设置政府许可、强制卢布结算等。

虽然我国的国情、经济总量、经济结构、国际关系、发展道路与规划等均与俄罗斯不同，但是可为中国提供借鉴，例如，某些国家向俄罗斯购买天然气，俄罗斯要求必须以卢布支付。中国也可以借鉴这一措施，在出口较稀有的资源时要求买方使用人民币支付费用。

另外，俄罗斯航空市场由西方国家主导，其向俄罗斯航空公司出租了 500 多架飞机，为此，俄罗斯通过了《〈俄罗斯航空法〉修正案》，允许俄罗斯公司在俄罗斯注册处直接注册，并租赁外国所有者的飞机，而无需飞机所有者的同意或参与。此外，租赁付款用卢布结算，俄罗斯保险公司可以为此租赁提供保险。如果出租人决定终止租赁协议，俄罗斯政府机构将决定是否将飞机归还给出租人。俄罗斯宣布计划到 2030 年投资 145 亿美元，以增加国产飞机的份额，其副总理尤里·鲍里索夫表示到 2030 年，国产飞机在俄罗斯航空公司机队中的规模应增长到 81%。我国与俄罗斯类似，必要时可以通过法律，强制租赁外国所有者的飞机使用人民币支付租金，并向中国保险公司投保。

后　记

　　上海市法学会国家安全法律研究会自成立以来每年都会通过招标和投标的方式选拔课题，并对这些课题进行专项资助，组织系统研究。

　　值此总体国家安全观提出十周年之际，上海市法学会国家安全法律研究会决定从前四次招投标课题中选取相关的成果结集出版，以展示对总体国家安全观系统理论研究的积极成果，呈现在读者面前的就是这些课题成果的一部分。

　　感谢作者们在很短的时间内更新了课题的有关内容并对格式进行了调整。杭燕、韩燕、赵芳、周渤等同志不辞辛劳，对稿件进行了校对。尽管呈现在读者面前的是 5 份报告，但是筛选、补充、重选的报告不下三轮筛选。对这些幕后同志们的付出和辛劳表示感谢。

　　感谢汪娜、杨雯和芦昕奕在短时间内对书稿和排版稿进行审阅和编辑。感谢美编朱懿的封面设计。

　　感谢周汉民教授撰写本论丛总序，感谢上海市社联王为松书记在本论丛设计和选稿过程中提供的指导。

　　感谢读者选择阅读本丛书，并参与我们的研究，期待你们的批评。

编　者

2025 年 1 月 18 日

"国家安全法治研究丛书"已出版书目

- 总体国家安全观法治理论研究
- 非传统安全理论研究：以总体国家安全观为分析框架
- 国际法框架下航行自由制度研究
- 数字时代的金融平台和加密资产：技术、风险和规制
- 数字时代的货币：风险和监管
- 国际法体系下的岛礁建设：问题与实践
- 国家安全制度的新视角：货币、科技和权益保护